高等职业教育大数据与财务管理专业数智化教学改革教材
校企合作立体化特色教材
高等职业教育财经商贸类专业数智化教学改革教材

智能化成本核算与管理

ZHINENGHUA CHENGBEN HESUAN YU GUANLI

主　编◎张丹丹　雒庆华　丁天明
副主编◎梁　燕　张轶群　赵梦喆　赵佳利
　　　　谢紫微　杨　帆　麦全发

立信会计出版社
LIXIN ACCOUNTING PUBLISHING HOUSE

图书在版编目(CIP)数据

智能化成本核算与管理/张丹丹,雒庆华,丁天明主编. --上海：立信会计出版社,2025.7. --(高等职业教育大数据与财务管理专业数智化教学改革教材).
ISBN 978-7-5429-7925-4

Ⅰ. F231.2-39

中国国家版本馆CIP数据核字第2025BM5965号

策划编辑	孙　勇　战小雨
责任编辑	张巧玲
助理编辑	战小雨
美术编辑	北京任燕飞工作室

智能化成本核算与管理

出版发行	立信会计出版社
地　　址	上海市中山西路2230号　　邮政编码　200235
电　　话	(021)64411389　　　　　　传　　真　(021)64411325
网　　址	www.lixinaph.com　　　　电子邮箱　lixinaph2019@126.com
网上书店	http://lixin.jd.com　　　http://lxkjcbs.tmall.com
经　　销	各地新华书店
印　　刷	上海万卷印刷股份有限公司
开　　本	787毫米×1092毫米　　1/16
印　　张	16.25
字　　数	372千字
版　　次	2025年7月第1版
印　　次	2025年7月第1次
书　　号	ISBN 978-7-5429-7925-4/F
定　　价	49.00元

如有印订差错,请与本社联系调换

前 言

随着信息技术的迅猛发展和企业管理理念的不断革新,智能化已成为现代企业成本核算与管理的重要趋势。在数字化时代,传统的成本管理方法已难以满足企业对精准决策、高效运营和建立竞争优势的需求。智能化技术的引入,不仅提升了成本核算的精确性与效率,还为企业管理者提供了更加科学的数据支持和决策依据。

党的二十大报告明确指出,要加快发展数字经济,促进数字技术与实体经济深度融合,推动经济高质量发展。这一战略部署为智能化成本管理指明了方向,也赋予了财经教育新的使命。

在此背景下,我们组织团队编写了《智能化成本核算与管理》教材,旨在为学生和从业者提供一套系统化、实践性强的学习资源,帮助他们在智能化的浪潮中掌握成本管理的核心技能,为国家经济建设贡献力量。

本教材以培养学生的职业能力和创新思维为目标,紧密结合企业实际需求,融入智能化技术在成本核算与管理中的应用。全书分为"技术基础篇"和"项目实践篇"两大板块,共包含十个项目,涵盖了成本管理的理论基础、方法体系和实践应用。"技术基础篇"从成本管理的认知入手,逐步深入到产品成本核算的基本原理与方法,为读者打下扎实的理论基础。"项目实践篇"则通过设计八个项目,覆盖产品成本归集与分配管理、产品成本计算、标准成本法认知、作业成本法认知、成本效益分析、成本管理视角下的产品经营策略认知、预算管理以及业绩考核与评价认知等核心内容,注重理论与实践的深度融合。

本教材的编写具有以下几个鲜明特点:

一是结构清晰,循序渐进。每个项目均采用项目任务式模块化设计,层层递进,帮助读者从理论理解到实践应用,逐步掌握成本管理的精髓。

二是智能化特色突出。本教材紧扣党的二十大关于数字经济发展的战略部署,通过校企合作,基于广州市福思特科技有限公司开发的新商科智慧学习空间——智能化成本核算与管理实训平台,融入 Python 交互编程、Power BI 数据可视化等现代技术工具,旨在培养学生利用智能技术解决实际问题的能力。这种"数智融合"的教学方式,不仅顺应了技术发展的趋势,也为学生未来服务国家经济建设增添了竞争力。

三是实践导向,注重能力培养。通过丰富的"思维引例""任务训练"

"数字实训"和"决策赋能"环节,本教材将理论知识与企业案例相结合,帮助读者在模拟真实场景中提升分析问题和解决问题的能力,为实现科技自立自强和经济高质量发展储备人才。

四是融入思政,内容全面。本教材在传授专业知识的同时,注重思想政治教育的融入,将"服务国家战略""推动实体经济发展"等理念贯穿教学内容,引导学生树立正确的价值观和使命感。

本教材既满足职业院校财经类专业的教学需求,又可作为企业管理人员和成本会计从业者的参考用书。

本书的编写由多位编者共同完成,主编张丹丹负责全书的总体框架设计、内容统筹与审稿工作,并具体编写"项目一成本管理认知";雏庆华负责"项目二产品成本核算"和"项目五标准成本法认知"的理论构建与案例分析;丁天明负责"项目三产品成本归集与分配管理"和"项目四产品成本计算"的内容设计与实践指导。副主编梁燕负责"项目六作业成本法认知"的编写,重点优化 Python 交互编程部分;张轶群负责"项目七成本效益分析"的内容整合与案例设计;赵梦喆负责"项目八成本管理视角下的产品经营策略认知"的理论梳理与案例补充;赵佳利负责"项目九预算管理"的理论部分编写,谢紫薇负责"项目九预算管理"实践案例编写;杨帆负责"项目十业绩考核与评价认知"的内容撰写;麦全发参与全书的案例分析与智能化工具应用部分的补充,并协助校对。

本教材的编写凝聚了编写团队的集体智慧与心血。编者希望通过这本教材,为财经教育注入新的活力,为培养具备智能化成本管理能力的高素质技术技能型人才贡献力量,助力实现党的二十大提出的"推动高质量发展"目标。

当然,由于智能化技术的快速发展与成本管理领域的复杂性,本教材或存在不足之处,恳请广大读者批评指正,提出宝贵意见,以便我们在后续版本中不断完善。

最后,感谢参与本教材编写的各位老师、学校及相关单位的支持。愿本教材成为您学习与实践路上的良师益友,助您在智能化成本管理的广阔天地中乘风破浪,以专业知识和坚定信念为实现中华民族伟大复兴的中国梦添砖加瓦!

编者

2025 年 4 月

目 录

第一篇 技术基础篇

项目一 成本管理认知 ... 003
【项目导读】... 003
【学习目标】... 003
【知识框架】... 004
【自主预习任务单】... 004

任务一 了解成本管理的概念 ... 005
【思维引例】... 005
【任务导入】... 005
【知识准备】... 005
一、成本管理的定义与范畴 ... 005
二、成本管理与企业竞争力的关系 ... 006
三、成本管理在企业运营中的作用 ... 006

任务二 认识成本管理的目标与原则 ... 007
【思维引例】... 007
【任务导入】... 007
【知识准备】... 007
一、成本管理的目标设定 ... 007
二、成本效益最大化原则 ... 008

任务三 执行成本性态分析 ... 008
【思维引例】... 008
【任务导入】... 008
【知识准备】... 009
一、成本的分类 ... 009
二、成本性态分析 ... 010
三、混合成本的分解与应用 ... 014
【项目小结】... 018
【巩固练习】... 018

项目二　产品成本核算 ································· 019
【项目导读】 ································· 019
【学习目标】 ································· 019
【知识框架】 ································· 020
【自主预习任务单】 ································· 020

任务一　了解成本核算的要求和程序 ································· 020
【思维引例】 ································· 020
【任务导入】 ································· 021
【知识准备】 ································· 021
一、产品成本核算的准备工作 ································· 021
二、成本数据的收集与整理 ································· 021
三、成本核算流程与相关核算账户 ································· 022

任务二　比较变动成本法与完全成本法 ································· 026
【思维引例】 ································· 026
【任务导入】 ································· 026
【知识准备】 ································· 026
一、变动成本法 ································· 027
二、完全成本法 ································· 029
三、完全成本法与变动成本法的比较与选择 ································· 031
【项目小结】 ································· 033
【巩固练习】 ································· 033

第二篇　项目实践篇

项目三　产品成本归集与分配管理 ································· 037
【项目导读】 ································· 037
【学习目标】 ································· 037
【知识框架】 ································· 038
【自主预习任务单】 ································· 038

任务一　生产费用归集与分配作业 ································· 039
【思维引例】 ································· 039
【任务导入】 ································· 039
【知识准备】 ································· 039
一、基本生产费用特点及其归集方法 ································· 039
二、辅助生产费用特点及其归集途径 ································· 041
三、生产费用分配与管理措施 ································· 042
四、Python 交互编程在材料费用分配中的应用 ································· 043

|【任务训练】 | 044
|【决策赋能】 | 051

任务二 基于定额比例法的成本分配作业 · 051
|【思维引例】 | 051
|【任务导入】 | 051
|【知识准备】 | 051
　一、完工产品与在产品的界定 · 052
　二、定额比例法在成本分配中的应用 · 053
　三、Python 交互编程 · 054
|【任务训练】 | 054
|【决策赋能】 | 058

任务三 基于约当产量法的成本分配作业 · 058
|【思维引例】 | 058
|【任务导入】 | 059
|【知识准备】 | 059
　一、约当产量的概念与理解 · 059
　二、产品完工程度的评估 · 059
　三、约当产量法在成本分配中的实施 · 060
　四、Python 交互编程 · 061
|【任务训练】 | 061
|【决策赋能】 | 064
|【项目小结】 | 064
|【巩固练习】 | 065

项目四　产品成本计算 · 066
|【项目导读】 | 066
|【学习目标】 | 066
|【知识框架】 | 067
|【自主预习任务单】 | 067

任务一 初识产品成本计算方法 · 068
|【思维引例】 | 068
|【任务导入】 | 068
|【知识准备】 | 068
　一、生产制造企业的特性解析 · 068
　二、产品成本计算的基础 · 070
　三、产品成本计算的重要性 · 071
　四、生产制造企业特性对产品成本计算的影响 · 072

【任务训练】 ……………………………………………………………………… 073
【决策赋能】 ……………………………………………………………………… 073

任务二　认识品种法 …………………………………………………………… 074
【思维引例】 ……………………………………………………………………… 074
【任务导入】 ……………………………………………………………………… 075
【知识准备】 ……………………………………………………………………… 075
一、品种法的基本概述 …………………………………………………………… 075
二、基于品种法的产品成本核算程序 …………………………………………… 075
三、基于品种法的产品成本核算应用 …………………………………………… 076
四、构建多元线性回归模型 ……………………………………………………… 078
【任务训练】 ……………………………………………………………………… 079
【决策赋能】 ……………………………………………………………………… 086

任务三　掌握分批法 …………………………………………………………… 087
【思维引例】 ……………………………………………………………………… 087
【任务导入】 ……………………………………………………………………… 087
【知识准备】 ……………………………………………………………………… 087
一、分批法的基本概述 …………………………………………………………… 087
二、基于分批法的产品成本核算程序 …………………………………………… 088
三、基于分批法的产品成本核算应用 …………………………………………… 088
四、Python交互编程 ……………………………………………………………… 089
【任务训练】 ……………………………………………………………………… 090
【决策赋能】 ……………………………………………………………………… 093

任务四　理解分步法 …………………………………………………………… 094
【思维引例】 ……………………………………………………………………… 094
【任务导入】 ……………………………………………………………………… 094
【知识准备】 ……………………………………………………………………… 094
一、分步法的基本概述 …………………………………………………………… 094
二、基于分步法的产品成本核算程序 …………………………………………… 095
三、基于分步法的产品成本核算应用 …………………………………………… 096
四、Power BI数据可视化 ………………………………………………………… 098
【任务训练】 ……………………………………………………………………… 099
【决策赋能】 ……………………………………………………………………… 101
【项目小结】 ……………………………………………………………………… 101
【巩固练习】 ……………………………………………………………………… 101

项目五　标准成本法认知 ………………………………………………………… 102
【项目导读】 ……………………………………………………………………… 102

　　【学习目标】……………………………………………………………………… 102
　　【知识框架】……………………………………………………………………… 103
　　【自主预习任务单】……………………………………………………………… 103
　任务一　认识标准成本 ……………………………………………………………… 104
　　【思维引例】……………………………………………………………………… 104
　　【任务导入】……………………………………………………………………… 104
　　【知识准备】……………………………………………………………………… 104
　　　一、走近标准成本 ……………………………………………………………… 104
　　　二、制定标准成本 ……………………………………………………………… 105
　　　三、标准成本在企业中的应用 ………………………………………………… 107
　　【任务训练】……………………………………………………………………… 107
　　【决策赋能】……………………………………………………………………… 108
　任务二　计算、分析和控制标准成本差异 ………………………………………… 109
　　【思维引例】……………………………………………………………………… 109
　　【任务导入】……………………………………………………………………… 109
　　【知识准备】……………………………………………………………………… 109
　　　一、标准成本差异计算方法 …………………………………………………… 109
　　　二、标准成本差异分析与解释 ………………………………………………… 112
　　　三、标准成本差异控制策略 …………………………………………………… 114
　　　四、Python 交互编程 ………………………………………………………… 115
　　【任务训练】……………………………………………………………………… 115
　　【决策赋能】……………………………………………………………………… 122
　　【项目小结】……………………………………………………………………… 122
　　【巩固练习】……………………………………………………………………… 122

项目六　作业成本法认知 ……………………………………………………………… 124
　　【项目导读】……………………………………………………………………… 124
　　【学习目标】……………………………………………………………………… 124
　　【知识框架】……………………………………………………………………… 125
　　【自主预习任务单】……………………………………………………………… 125
　任务一　了解作业的确认与分类 …………………………………………………… 126
　　【思维引例】……………………………………………………………………… 126
　　【任务导入】……………………………………………………………………… 126
　　【知识准备】……………………………………………………………………… 126
　　　一、作业成本法的作业确认 …………………………………………………… 126
　　　二、作业的分类与识别 ………………………………………………………… 127
　　　三、作业与成本对象的关联 …………………………………………………… 128

【任务训练】……………………………………………………………………… 128
　　【决策赋能】……………………………………………………………………… 129
任务二　锁定成本动因与作业成本法的关键要点 ………………………………… 129
　　【思维引例】……………………………………………………………………… 129
　　【任务导入】……………………………………………………………………… 129
　　【知识准备】……………………………………………………………………… 130
　　　一、认识成本动因 …………………………………………………………… 130
　　　二、作业成本法的关键要点 ………………………………………………… 130
　　【任务训练】……………………………………………………………………… 132
　　【决策赋能】……………………………………………………………………… 134
任务三　分配与核算作业成本 ……………………………………………………… 134
　　【思维引例】……………………………………………………………………… 134
　　【任务导入】……………………………………………………………………… 134
　　【知识准备】……………………………………………………………………… 135
　　　一、作业成本的分配原则与方式 …………………………………………… 135
　　　二、作业成本核算体系的基础 ……………………………………………… 135
　　　三、作业成本核算体系的应用与评价 ……………………………………… 136
　　【任务训练】……………………………………………………………………… 140
　　【决策赋能】……………………………………………………………………… 144
　　【项目小结】……………………………………………………………………… 144
　　【巩固练习】……………………………………………………………………… 145

项目七　成本效益分析 ……………………………………………………………… 146
　　【项目导读】……………………………………………………………………… 146
　　【学习目标】……………………………………………………………………… 146
　　【知识框架】……………………………………………………………………… 147
　　【自主预习任务单】……………………………………………………………… 147
任务一　理解成本效益分析 ………………………………………………………… 148
　　【思维引例】……………………………………………………………………… 148
　　【任务导入】……………………………………………………………………… 148
　　【知识准备】……………………………………………………………………… 148
　　　一、成本效益分析的定义与原则 …………………………………………… 148
　　　二、采购成本控制与效益分析 ……………………………………………… 148
　　　三、库存成本控制与效益分析 ……………………………………………… 149
　　　四、项目工程成本利润测算与效益分析 …………………………………… 151
　　　五、函数与窗体工具的应用 ………………………………………………… 151
　　【任务训练】……………………………………………………………………… 155

【决策赋能】 158

任务二 掌握本量利分析 159
【思维引例】 159
【任务导入】 159
【知识准备】 159
一、本量利分析的基本模型 159
二、保本分析 162
三、保利分析 164
四、利润敏感性分析 164
五、单变量求解及窗体工具的应用 166
【任务训练】 169
【决策赋能】 171
【项目小结】 172
【巩固练习】 172

项目八 成本管理视角下的产品经营策略认知 173
【项目导读】 173
【学习目标】 173
【知识框架】 174
【自主预习任务单】 174

任务一 了解短期经营决策 175
【思维引例】 175
【任务导入】 175
【知识准备】 175
一、短期经营决策的基本概述 175
二、短期经营决策的决策过程 176
三、相关成本与不相关成本 176
四、Excel高阶应用——窗体工具的应用 178
【任务训练】 178
【决策赋能】 182

任务二 走近成本管理与生产定价决策 182
【思维引例】 182
【任务导入】 183
【知识准备】 183
一、产品生产决策的基础 183
二、产品生产决策应用场景 183

三、产品定价决策的基础 ·· 185
四、产品的定价方法 ·· 185
五、成本管理视角下产品生产与定价战略 ····················· 187
六、Power BI 数据可视化 ··· 188
【任务训练】··· 189
【决策赋能】··· 193
【项目小结】··· 194
【巩固练习】··· 194

项目九　预算管理 ·· 195
【项目导读】··· 195
【学习目标】··· 195
【知识框架】··· 196
【自主预习任务单】··· 196

任务一　认识预算管理基础 ·· 197
【思维引例】··· 197
【任务导入】··· 197
【知识准备】··· 197
一、预算管理的定义与分类 ·· 197
二、预算管理的原则与作用 ·· 198
三、预算的编制方法 ·· 198
【任务训练】··· 200
【决策赋能】··· 201

任务二　掌握精细化预算管理流程 ································ 201
【思维引例】··· 201
【任务导入】··· 201
【知识准备】··· 201
一、预算体系与预算工作组织 ····································· 201
二、预算计划与预算编制 ··· 202
三、预算执行与预算管控 ··· 207
四、预算分析与预算评价 ··· 210
五、TREND 函数的应用 ·· 211
【任务训练】··· 212
【决策赋能】··· 214
【项目小结】··· 214
【巩固练习】··· 215

项目十　业绩考核与评价认知 ··· 216

【项目导读】 ·· 216
【学习目标】 ·· 216
【知识框架】 ·· 217
【自主预习任务单】 ·· 217

任务一　了解责任体系 ·· 218
【思维引例】 ·· 218
【任务导入】 ·· 218
【知识准备】 ·· 218
一、责任成本 ·· 218
二、责任中心 ·· 220
三、责任报告 ·· 224
【任务训练】 ·· 224
【决策赋能】 ·· 225

任务二　熟悉绩效管理的基本工具 ·· 225
【思维引例】 ·· 225
【任务导入】 ·· 226
【知识准备】 ·· 226
一、关键绩效指标法 ·· 226
二、平衡计分卡 ·· 228
三、目标管理法 ·· 232
四、等级评估法 ·· 233
【任务训练】 ·· 234
【决策赋能】 ·· 237

任务三　掌握业绩考核与评价 ·· 237
【思维引例】 ·· 237
【任务导入】 ·· 238
【知识准备】 ·· 238
一、业绩考核与评价的内容 ·· 238
二、基于EVA的业绩考核与评价 ·· 238
【任务训练】 ·· 241
【决策赋能】 ·· 243
【项目小结】 ·· 243
【巩固练习】 ·· 244

01

第一篇
技术基础篇

项目一　成本管理认知

项目导读

党的十八大以来,以习近平同志为核心的党中央深刻认识并准确把握我国经济社会发展阶段和发展规律,作出我国经济发展进入新常态、已由高速增长阶段转向高质量发展阶段的重大判断。在2021年全国两会上,习近平总书记强调,高质量发展是"十四五"乃至更长时期我国经济社会发展的主题,关系我国社会主义现代化建设全局。

在这一背景下,成本管理作为"健全现代预算制度"的重要举措,与高质量发展的理念、机制、体系高度融合,是新时代改革助推高质量发展的关键路径。在当前财政收支"紧平衡"的形势下,强化成本效益成为推动各项事业发展的重要政策导向。高质量发展要求改革迈上提质增效的新台阶,全面实施成本管理。

成本管理与高质量发展理念高度契合,着力打破"重投入轻管理、重支出轻绩效"的惯性思维,凝聚"成本效益"和"物有所值"的基本理念,倡导"花钱必问效、问效问成本、无效必问责"的原则,开创了以管理导向促进高质量发展的新思路。同时,开展成本管理是提升政策执行效能,推动经济高质量发展的有效手段。实施成本管理,就是要强化全成本信息对投入决策的关键作用,实现资金"精准滴灌"和支出"精准靶向",将更多资金聚焦于促改革、保民生等重点领域,助推高质量发展。此外,成本管理强化成本分析,摸清支出规律,形成支出标准,力求把取之于民的资金分配好、使用好、管理好。

学习目标

【知识目标】
1. 掌握成本管理的定义、范畴及其在企业运营中的重要作用。
2. 了解成本管理的目标和原则。
3. 区分固定成本和变动成本,理解不同类型成本的性质和行为。

【技能目标】
1. 培养分析成本结构和成本变动的能力,能够针对具体问题提出有效的成本控制措施。
2. 提高运用成本管理工具和方法进行实际操作的能力,如成本预测、成本分析、成本考核等。
3. 培养团队协作和沟通能力,能够在团队中有效协作,共同解决成本管理中的实际问题。

智能化成本核算与管理

【素养目标】
1. 在认识到未来企业管理者在追求经济效益的同时,应坚守社会责任,确保成本管理活动不损害社会和环境利益,培养良好的职业道德和社会责任感。
2. 运用正确的成本管理方法,以最小的投入获得最大的产出,确保企业战略目标的实现。

 知识框架

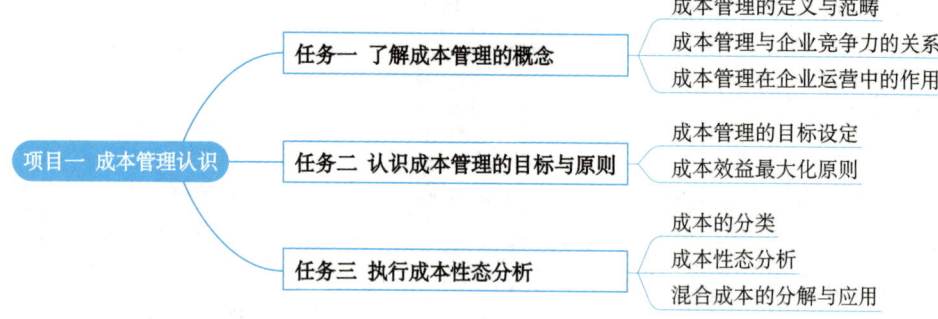

 自主预习任务单

一、学习指南
课题名称:智能化成本核算与管理
达成目标: (1)熟悉成本管理的概念、目标及原则。 (2)基于高低点法或回归直线法的原理,能运用Excel模型分解混合成本,确定总成本关系模型,用于成本性态分析。
学习方法建议: 自主学习与概念理解:建议学生在课前完成预习任务单,通过网络资源或指定教材,了解成本管理的基础概念。建议学生总结关键词,带着问题进入课堂。
课堂学习形式预告: 成本技能实训:课堂上,教师通过技能实训讲解回归分析法,学生分组讨论并提出他们的理解和分析结果。
二、学习任务
学生通过观看教学视频(或阅读教材、分析教师所提供的学习资源)自学,完成下列学习任务: (1)阅读分析成本性态,做好课前预习。 (2)登录智能化成本核算与管理实训平台,进行实操训练。
三、困惑与建议(请在此处记录在本项目学习中遇到的困惑和对课程的建议)

项目一　成本管理认知

任务一　了解成本管理的概念

 思维引例

在一家走在环保技术前沿的公司中,项目经理李明正对着一份新项目的预算报告沉思。作为公司今年的重点投资项目,该项目旨在研发一款具有革命性的环保技术产品。李明清楚地知道,项目的成功与否不仅依赖于产品的创新程度,更关键的是如何对成本进行有效管理,以保证项目在既定预算内顺利推进,并在市场中保持竞争力。

思政动画01 中国造船业的成本逆袭之路

他回想起上个月参加的一个行业研讨会,会上专家们讨论了在当前经济环境下,企业如何通过精细化的成本管理来提升竞争力。专家们强调,成本管理不仅是削减开支的需要,更是一种战略,它要求企业在保证产品质量和服务质量的同时,通过优化资源配置、提高效率和创新管理手段来实现成本控制。李明意识到,要完成这个任务,他需要先深入了解成本管理的基本概念、原则和方法。

思考:成本管理在项目管理中扮演什么角色?

 任务导入

本任务的主要内容包括:
(1) 深入理解和掌握成本管理的基本概念、核心要素及其在企业运营中的重要作用。
(2) 了解成本管理在企业运营中的作用及其和市场竞争力的关系。

 **知识准备**

思政图文案例5 岭南建筑文化中的"节用精神"与成本管理理念

一、成本管理的定义与范畴

(一) 定义

成本管理,作为企业管理体系中的重要组成部分,是指企业在生产经营过程中,通过科学的方法和手段,对各项成本进行预测、计划、控制、核算、分析和考核等一系列管理活动。成本管理不仅关注成本的核算和控制,还强调成本的优化和效益的提升。

课件01:项目一任务一成本管理的基本概念与重要性

(二) 范畴

1. 成本规划

成本规划是成本管理的起点,它根据企业的战略目标、市场环境、产品特点等因素,制定成本管理的总体规划和目标,为后续的成本计算、控制和业绩评价提供指导。

2. 成本计算

成本计算是成本管理的基础工作,它通过归集和分配各项费用,计算出产品的实际成

005

本,为成本控制和业绩评价提供准确的数据支持。

3. 成本控制

成本控制是成本管理的核心环节,它利用成本计算提供的信息,通过制定成本控制标准,采取成本控制措施,实施成本考核等手段,确保成本目标的实现。

4. 业绩评价

业绩评价是对成本控制效果的评估,它通过分析和比较成本指标,评价成本控制的成果,并为未来的成本管理提供改进的方向。

二、成本管理与企业竞争力的关系

成本管理在企业运营中具有至关重要的作用,与企业的竞争力密切相关。企业应高度重视成本管理工作,不断提升成本管理水平,以应对日益激烈的市场竞争。

(一)资源优化配置与竞争力

成本管理通过提供详细的成本信息,帮助企业识别并优化资源配置,确保资源投入的高效性和合理性,从而提升企业的竞争力。

(二)产品成本与市场竞争力

成本管理直接影响产品的成本结构和定价策略。通过有效的成本管理,企业可以降低产品的制造成本,以更具竞争力的价格参与市场竞争,提高产品的市场占有率。

(三)财务健康与长期竞争力

良好的成本管理有助于企业保持健康的财务状况,降低财务风险,确保企业能够应对市场变化和竞争挑战,保持长期的竞争力。

(四)持续改进与创新

成本管理不仅关注当前的成本控制,还强调未来的持续改进和创新。通过不断分析和优化成本管理过程,企业可以发现新的成本控制点和创新点,为自身的长期发展提供源源不断的动力。

三、成本管理在企业运营中的作用

(一)降低生产成本,提升盈利能力

成本管理通过精细化的管理和控制,减少生产过程中的浪费和损耗,提高资源利用效率,从而降低生产成本,提升企业的盈利能力。

(二)优化资源配置,提高运营效率

成本管理有助于揭示企业内部资源的配置情况,通过优化资源配置,提高资源的使用效率,进而提高企业的运营效率。

(三)支持决策制定,提高决策质量

成本管理为企业的决策提供关键的成本数据支持,帮助企业更好地预测和评估未来项目的经济可行性,提高决策的科学性和准确性。

(四)提升管理水平,增强企业竞争力

成本管理不仅关注成本的核算和控制,还强调自身的系统性和全面性,通过不断提升管理水平,增强企业的市场竞争力。

项目一　成本管理认知

任务二　认识成本管理的目标与原则

 思维引例

李明刚刚成立了一家专注于研发智能家居产品的小型科技公司。经过几个月的艰苦研发，李明的公司终于推出了首款智能家居产品。在产品上市前夕，李明发现公司的成本远高于预期，这让他感到非常焦虑。一天，李明召集公司的核心团队成员开会，来讨论如何进行成本管理。会议上，李明说："我们的产品虽然技术先进，但成本太高，这导致产品的售价无法与竞争对手抗衡。我们必须采取措施以降低成本，否则我们的产品很难在市场上立足。但我对成本管理的目标和原则不是很清楚，大家有什么建议？"团队成员纷纷发表了自己的看法，但没有形成一个统一的意见。会议结束时，李明仍然感到困惑。

思考：李明应该如何确立成本管理的目标，并遵循哪些成本管理的原则来确保成本控制的有效性？

 任务导入

本任务的主要内容包括：
（1）熟悉成本管理的目标，为企业制定战略决策提供有力支持。
（2）了解成本管理的原则，确保成本管理的实施与企业的整体战略保持一致。

 知识准备

一、成本管理的目标设定

成本管理是企业运营中至关重要的一环，它涉及企业资源的有效配置和利用，直接影响企业的盈利能力和市场竞争力。因此，设定明确的成本管理目标对于企业的长远发展具有决定性的意义。

动画 01 成本管理的目标

（一）降低总成本

企业通过优化生产流程、提高资源利用效率、减少浪费等方式，降低总成本。这是成本管理的首要目标，有助于企业提高盈利能力。

（二）提升成本效益

企业在降低总成本的同时，保持或提高产品或服务质量，以实现成本效益的最大化。这需要企业在成本控制与市场竞争之间找到平衡点。

课件 02：项目一任务二成本管理的目标与原则

（三）优化成本结构

企业通过调整成本结构，降低固定成本，提高变动成本的比例，增强自身的灵活性和适应性。优化成本结构有助于企业应对市场变化，提高竞争力。

（四）建立成本控制系统

企业通过建立完善的成本控制系统，实时监控成本变化，及时发现并解决问题，以实

现成本管理的持续改进和优化。

二、成本效益最大化原则

成本效益最大化原则是指在满足企业运营需求的前提下,通过合理的成本控制和资源配置,实现成本效益的最大化。

这一原则要求企业在成本管理过程中遵循以下原则。

(一)全面性原则

成本管理应贯穿企业运营的各个环节。企业只有从采购、生产、销售到售后服务等各个环节全面考虑成本控制,才能实现成本效益的最大化。

(二)重点性原则

企业在全面考虑成本控制的同时,要抓住重点环节和关键节点,优先解决影响成本效益的主要问题。这有助于企业实现成本管理的重点突破和效益提升。

(三)前瞻性原则

成本管理应具有前瞻性,即预测未来市场变化和成本趋势,提前做好成本规划和预算。这有助于企业及时应对市场变化,提高竞争力和抗风险能力。

(四)经济性原则

在成本控制过程中,企业要遵循经济性原则,即在降低成本的同时,保证产品或服务的质量和市场竞争力。这要求企业在成本控制与市场竞争之间找到最佳平衡点。

项目一任务二习题

任务三　执行成本性态分析

 思维引例

甲物流公司作为一家知名的物流服务提供商,一直在寻求通过优化成本结构来提升其业务效益的方法。为了实现这一目标,财务经理张明需要对其主要成本要素进行深入分析,以便更好地理解成本行为并制定相应的成本管理策略。他计划运用高低点法或回归直线法来分离混合成本中的固定成本和变动成本。

为此,张明收集了一系列运营成本数据,其中包括业务量、人员工资、折旧费、通信费和冷库电费等。这些数据详细反映了公司在不同业务活动中的成本支出情况,为成本性态分析提供了丰富的信息资源。在这个过程中,有员工提出可以利用Excel的函数公式对这些运营成本进行高效的分析,张明对此表示赞同。

思考:在Excel中,我们可以用哪些函数公式对成本进行有效分解,以准确地区分固定成本和变动成本?

本任务的主要内容包括:

(1)区分固定成本和变动成本,识别不同类型的成本。

项目一 成本管理认知

（2）掌握高低点法和回归直线法，运用 Excel 模型确定总成本关系模型，并将其用于成本性态分析。

知识准备

一、成本的分类

根据使用的目的和用途，成本可按如下标准进行分类。

（一）成本按费用要素分类

成本按费用要素分类可分为如下几类。

（1）外购材料是指耗用的一切从外部购入的原材料及主要材料、半成品、辅助材料、包装物、修理用备件、低值易耗品和商品等。

（2）外购燃料是指耗用的一切从外部购入的各种燃料。

（3）外购动力是指耗用的从外部购入的各种动力。

（4）工资是指企业应计入生产经营成本的职工工资。

（5）职工福利费是指企业按照工资总额的一定比例提取的职工福利费。

（6）折旧费是指企业提取的固定资产损耗。

（7）税金是指应计入生产经营成本的各项税金，如城镇土地使用税、房产税、印花税、车船税等。

（8）其他支出是指不属于以上各要素的耗费，如邮电通信费、差旅费、租赁费、外部加工费等。

微课 01 成本的分类

课件 03：项目一任务三成本性态分析

按照费用要素分类的成本信息，可以反映企业在一定时期内发生的各项生产经营耗费及其数额，用以分析企业耗费的结构和水平；还可以反映物质消耗和非物质消耗的结构和水平，有助于统计工业净产值和国民收入。

（二）成本按经济职能分类

生产经营成本按其经济职能可分为制造成本和非制造成本。制造成本又称生产成本，非制造成本又称非生产成本。

1. 制造成本

制造成本是指在产品制造过程中发生的有关耗费，包括以下成本项目。

（1）直接材料是指直接用于产品生产、构成产品实体的原料及主要材料、外购半成品、有助于产品形成的辅助材料及其他直接材料。

（2）直接人工是指参加产品生产的工人工资及按生产工人工资总额和规定的比例计算提取的职工福利费。

（3）制造费用是指在生产产品和提供服务过程中发生的各项间接费用，包括间接材料、间接人工和其他制造费用。间接材料是指在产品制造过程中发生，但难以直接归属于某一特定产品的有关材料的成本，如机物料消耗等。间接人工是指在产品制造过程中发生，但不直接进行产品加工的有关人员的工资，如生产管理人员、辅助工人、机修工人的工资等。其他制造费用是指除上述两个项目以外的其他制造费，如机器设备的折旧、生产用水电费、照明费、取暖费、办公费等。

009

2. 非制造成本

非制造成本是指在非产品制造或提供服务过程中发生的支出,包括以下成本项目。

(1) 营业费用又称推销成本,是指在销售产品和提供劳务等过程中发生的各项费用,包括营销成本、配送成本和客户服务成本。

(2) 管理费用又称管理成本,是指企业行政管理部门在管理和组织生产经营过程中发生的各项费用,包括研究与开发成本、设计成本和行政管理成本。

成本按经济职能的分类,反映了企业不同职能的耗费。这种分类有利于企业按收益与费用配比原则划分产品成本与期间费用、直接费用与间接费用的界限,这既反映了产品的构成,又适应了财务会计核算的要求,对企业经济核算具有重要意义。

(三) 成本按决策相关性分类

按决策相关性,成本可分为相关成本和无关成本。相关成本是指与决策有关的未来成本,如边际成本、机会成本、重置成本、专属成本、差量成本、付现成本等;无关成本是指与特定决策方案关系不大、对未来决策没有影响的成本。无关成本在决策分析时可以舍弃,无需考虑。常见的无关成本包括沉没成本、历史成本、不可避免成本、共同成本和联合成本。

相关成本与无关成本的区分并不是绝对的。有些成本在某一决策方案中是相关成本,而在另一决策方案中可能是无关成本。

二、成本性态分析

成本性态又称成本习性,是指成本总额与业务量之间的依存关系。其中,业务量是指企业在一定的生产经营期内投入或完成的经营工作量,其可以根据具体的业务性质而有所不同。相关业务量又称成本动因,是指引起成本发生或变化的事件或因素。成本动因包括生产量、销售量、处理的订单数量、材料采购的次数、检验产品的次数、饭店顾客的人数、邮局处理信件的数量等。不同的成本分析对象有不同的成本动因,而影响某一成本项目发生额的动因也可能有许多种。为了让成本性态的考察不至于过分复杂,一般应选择与成本最相关且可以准确计量的动因。有关成本项目及其对应的成本动因如表1-1所示。

表1-1 有关成本项目及其对应的成本动因

成本项目	成本动因
工人工资	工作的小时数
管理者薪金	管理的人数
维修人员工资	机修工时数
折旧	机器运转的小时数
能源	千瓦小时数

按照成本性态分类,成本通常可分为固定成本、变动成本和混合成本。

(一) 固定成本

1. 固定成本总额和单位固定成本

固定成本是指在特定的业务量范围内不受业务量变动影响,一定期间内成本总额能保持相对稳定的成本,如按直线法计提的固定资产折旧费用、租金、行政管理人员工资、财产保险费、广告费、职工培训费、科研开发费等。在成本曲线上,固定成本表现为一条水平线,如图1-1所示。

单位固定成本是成本总额除以业务量的结果。在成本曲线上,它表现为边际递减的凹曲线,即随着业务量的增加,单位固定成本呈下降趋势,且其下降速度逐渐放缓,如图1-2所示。利用固定成本的这些特征,企业可以开展相应的成本管理。尤其是对固定成本比重较高的企业而言,如何降低单位固定成本为企业创造更多的盈利是非常重要的。

图1-1 固定成本总额与业务量的关系

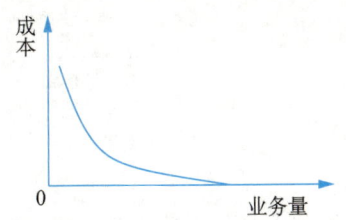

图1-2 单位固定成本与业务量的关系

2. 固定成本的分类

按其支出额是否可以在一定期间内改变,固定成本可分为酌量性固定成本和约束性固定成本。从决策的角度来看,可因决策需要进行调整的固定成本被称为酌量性固定成本;不能调整的则被称为约束性固定成本。

1) 酌量性固定成本

酌量性固定成本是指管理者的决策可以改变其支出数额的固定成本,如广告费、职工教育培训费、技术开发费等。企业管理者通常在每一会计年度开始前,制定酌量性固定成本年度安排,决定每一项开支的多少,以及新增或取消某项开支。许多酌量性固定成本的大小直接关系企业未来竞争力,因此管理者的判断力非常重要。

2) 约束性固定成本

约束性固定成本是指管理者的当前决策无法改变其支出数额的固定成本。典型的约束性固定成本是维持正常生产经营能力所必须负担的最低固定成本,其数额大小只取决于企业生产经营的规模与质量,因而具有很大的约束性,这类固定成本又称经营能力成本。例如,厂房及机器设备按直线法计提的折旧、房屋及设备租金、不动产税、财产保险费、照明费、行政管理人员的薪金等,均属于约束性固定成本。

由以上分析可知,对于约束性固定成本,企业不能采用降低其总额的措施,只能着眼于更为经济合理地形成和利用生产经营能力,以取得更大的经济效益;对于酌量性固定成本,企业在保证不影响生产经营能力的前提下,可以尽量减少这部分支出。

(二) 变动成本

1. 变动成本的概念

变动成本是指在一定时期和一定业务量范围内其成本总额随着业务量的变动而呈正比例变动的成本。例如,直接材料、直接人工都与单位产品的生产直接联系,销售人员的提成与销售数量直接联系。变动成本总额会随着业务量的增减呈正比例增减,两者之间呈线性关系变动。而单位变动成本则是固定的,它一般不会随业务量的变动而变动。例如,某电脑经销商为鼓励销售人员努力推销,制定了一项激励政策:在基本工资的基础上,按销售量给予奖励。奖金的标准是每销售1台电脑,提成100元。变动成本总额与业务量的关系如图1-3所示,而单位变动成本与业务量的关系如图1-4所示。图中,纵轴为成本,横轴为业务量。

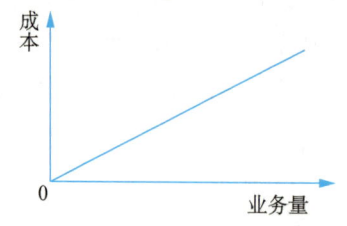

图1-3　变动成本总额与业务量的关系

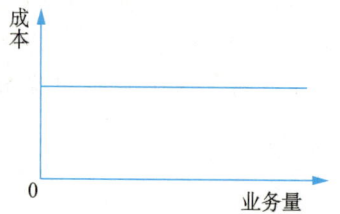

图1-4　单位变动成本与业务量的关系

2. 变动成本的分类

依据管理人员能否决定发生额,变动成本分为技术性变动成本和酌量性变动成本。

(1) 技术性变动成本。技术性变动成本又称约束性变动成本,是指由技术或设计关系决定的变动成本。其单位成本由客观因素决定。例如,生产一辆自行车需要耗用一个车架、前轮和后轮、两个轮胎、两个脚踏板和链条等。这种成本只要生产就必然会发生;如果不生产,则不会发生。该成本与业务量有明确的技术或实物关系,通常表现为直接材料成本、直接人工成本。当企业将产品设计完成后,其产品的外形、大小、色彩、重量和品质就已经确定,其生产过程中耗费的直接材料成本、直接人工成本的数额就具有了很大程度的约束性。对于技术性变动成本,企业可以通过改进设计方案、改造工艺技术条件、采用新设备等技术革新手段来降低其单位产品成本。

(2) 酌量性变动成本。酌量性变动成本是指通过管理层的决策行动可以改变的变动成本,如按销售收入的一定百分比支付的销售佣金、新产品研制费(如研发活动直接消耗的材料、燃料和动力费用等)、技术转让费等。这类成本的特点是其单位变动成本的发生额不由客观因素决定,可由企业最高管理层决定。酌量性变动成本的效用主要是提高竞争力或改善企业形象,其最佳的合理支出难以计算,通常要依靠经理人员的综合判断来决定。经理人员的决策一经作出,其支出额将随业务量的变动呈正比例变动,具有与技术性变动成本同样的特征。

如果把成本分为固定成本和变动成本两类,在相关范围内,业务量增加时固定成本不变,只有变动成本随业务量增加而增加,那么,总成本的增加额是由变动成本增加引起的。

(三) 混合成本

1. 混合成本的概念

从成本性态来看,固定成本和变动成本只是两种极端的类型。在现实经济生活中,大多数的成本介于这两种成本性态之间,这类成本的基本特点是:发生额虽受业务量变动的影响,但其变动的幅度并不与业务量的变动保持严格的正比例关系。这类成本被称为混合成本。

2. 混合成本的分类

混合成本兼有固定成本与变动成本的性质,可细分为半变动成本、半固定成本、延期变动成本和曲线变动成本。

（1）半变动成本。半变动成本是指在有一定初始量的基础上，随着业务量的变化而呈正比例变动的成本。半变动成本的特点是：其通常有一个初始的固定基数，在此基数内的部分与业务量的变化无关，这部分成本类似于固定成本；在此基数之上的其余部分，则随着业务量的增加呈正比例增加。以手机话费为例，其中每月的月租费属于固定成本，而通话费用随着通话时间的增加呈正比例增加。假定月租费为 20 元，每分钟的通话费用为 0.2 元，对于手机用户来讲，若用数学模型表示手机话费支出，设 y 为成本总额（话费支出），a 为其中的固定成本，b 为单位变动成本，x 代表成本动因的数量（通话时间），则有 $y=a+bx=20+0.2x$，如图 1-5 所示。

一般地，机器设备的维护修理费、销售人员的薪金，都是这种性态的成本。

（2）半固定成本。半固定成本又称阶梯式变动成本，是指在一定的业务量范围内，成本发生额是固定的，一旦业务量超过这一范围，成本总额就会上升到一个新的水平，然后在新的业务量范围内又保持不变，当业务量再次超过一定水平时，成本总额又向上达到一个新水平，从而形成类似于阶梯形状的变化轨迹的成本，如图 1-6 所示。

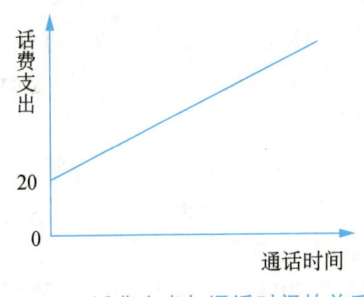

图 1-5 话费支出与通话时间的关系

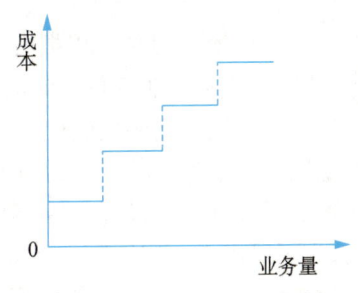

图 1-6 半固定成本

例如，质检人员的工资是 3 000 元，如果产品产量增加 1 000 件，质检部门就要增加一名质检人员，因此，质检人员的工资为半固定成本。通常情况下，企业的化验员、运货员、质检员、保养工人等的工资属于半固定成本。

（3）延期变动成本。延期变动成本在一定的业务量范围内有一个固定不变的基数，当业务量超出了这个范围时，成本总额与业务量的增长呈正比例变动。例如，职工的基本工资在正常工作时间情况下是不变的；但当工作时间超出正常标准时，企业需按加班的时间呈正比例支付加班薪金。手机流量费也是一种常见的延期变动成本。假设每月的套餐费为 50 元，流量额为 5 千兆，每月使用的流量超过 5 千兆后，通信运营商按照 0.1 元/兆收费。如果某月使用的总流量在 5 千兆之内，则流量费为 50 元；如果超出 1 兆，则流量费为 50.1 元，超出 10 兆，则为 51 元。延期变动成本的成本性态如图 1-7 所示。

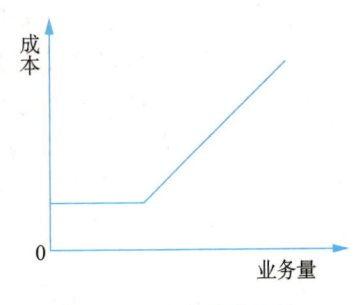

图 1-7 延期变动成本的成本性态

（4）曲线变动成本。曲线变动成本通常有一个不变的初始量，这个初始量相当于固定成本，在此基础上，随着业务量的增加，成本也逐渐变化，但它与业务量的关系是非线性的。曲线变动成本又可以分为以下两种类型：一是递增曲线成本，如累进计件工资、违约金等,即随着业务量的增加,成本逐渐增加,且增幅是递增的;二是递减曲线成本,如有价格折扣或优惠条件下的水、电消费成本,"费用封顶"的通信服务费等,即业务量越大,则总成本越高,但增长越来越慢,变化率是递减的。递增曲线成本和递减曲线成本的成本性态如图 1-8 和图 1-9 所示。

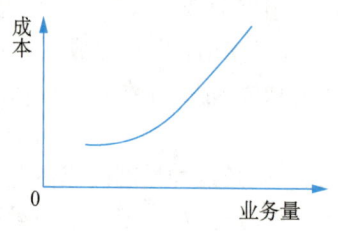

图 1-8　递增曲线成本的成本性态

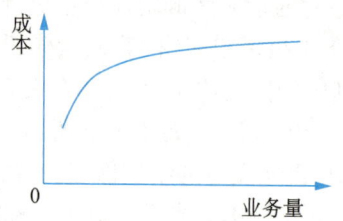

图 1-9　递减曲线成本的成本性态

三、混合成本的分解与应用

混合成本的分解一般是指根据大量的历史成本资料或成本发生的具体过程,进行分析计算,寻找混合成本与业务量之间的规律性数量关系,最终确定固定成本和变动成本的历史平均值或标准值。这些数值代表正常的成本水平。

为确定固定成本和变动成本的历史平均值或标准值,而进行混合成本分解,其目的是建立总成本的直线方程,以便在决策和计划中使用。由于一定期间的固定成本的发生额是稳定的,它可以用 $y=a$ 来表示;变动成本的发生额因业务量而变,它可以用 $y=bx$ 表示;如果只有这两类成本,则总成本可以用 $y=a+bx$ 来表示。只要确定了 a 和 b,便可以方便地计算出在相关范围内任何业务量下的总成本。

混合成本的分解主要有高低点法、回归直线法、账户分析法、技术测定法和合同确认法等。这里重点介绍高低点法和回归直线法。

(一) 高低点法

高低点法以过去某一会计期间的总成本和业务量资料为依据,从中选取业务量最高点和业务量最低点,将总成本进行分解,得出成本性态的模型。其根据企业一定期间资金占用的历史资料,按照资金习性原理和直线方程式 $y=a+bx$(其中 x 代表业务量,y 为总成本,a 是固定成本总额,b 为单位变动成本)先求出 b 的值,再将 b 代入直线方程求出 a 的值。高低点法需要特别注意高低点的选择问题,高低点是指业务量的高低点,而非资金占用量。具体公式如下:

$$单位变动成本 = \frac{最高点业务量成本 - 最低点业务量成本}{最高点业务量 - 最低点业务量}$$

$$固定成本总额 = 最高点业务量成本 - 单位变动成本 \times 最高点业务量$$

或:

$$固定成本总额 = 最低点业务量成本 - 单位变动成本 \times 最低点业务量$$

单位变动成本的计算公式中,分子是业务量变动时总成本的增加量,分母是业务量的增加量,两者相除是单位产品增加时总成本的增量。根据前文对变动成本特点的分析可知,业务量增加时,总成本的增加是变动成本增加引起的,因此,单位产品的增量成本就是单位产品的变动成本。

固定成本总额的计算公式中,分析人员根据计算出的单位变动成本,推算业务量最高期或最低期的变动成本总额,然后用总成本减去变动成本求得固定成本。

使用高低点法分解混合成本时,需要注意,分子不是最高成本与最低成本之差,而是最高点业务量成本与最低点业务量成本之差。

【例 1-1】 裕丰公司的业务量以直接人工小时为单位,2019—2024 年的业务量范围为 60 万～90 万小时,维修成本与业务量之间的关系如表 1-2 所示。假设 2025 年的维修时长为 80 万小时。

要求:预测 2025 年的维修成本。

项目一思维导图

表 1-2 维修成本与业务量之间的关系

年份	业务量(万小时)	维修成本(万元)
2019 年	75	630
2020 年	66	610
2021 年	80	646
2022 年	90	790
2023 年	84	722
2024 年	60	550

解析:

本例中,最高点业务量为 90 万小时,对应的维修成本为 790 万元;最低点业务量为 60 万小时,对应的维修成本为 550 万元,所以可得:

单位变动成本 = (790 − 550) ÷ (90 − 60) = 8(万元/万小时)

固定成本总额 = 790 − 8 × 90 = 70(万元)

或:

固定成本总额 = 550 − 8 × 60 = 70(万元)

维修成本的一般方程式为:

$y = 70 + 8x$

(二)回归直线法

回归直线法是根据过去一定期间的业务量和混合成本的历史资料,运用最小二乘法原理,建立反映成本和业务量关系的回归直线方程,并据此确定混合成本中固定成本和变动成本的一种定量分析方法。

具体步骤有如下五步。

第一步,收集连续的 n 期历史数据,n 大于等于 5。

第二步,通过列表对历史资料进行加工,求出 $\sum x$、$\sum y$、$\sum xy$、$\sum x^2$。

第三步,计算相关系数 r,判断业务量与成本总额之间的线性关系。

相关系数 r 的取值范围一般为 −1～1。当 $r = -1$ 时,x 与 y 完全负相关,即一个变量(产量)增加或减少时,另一个变量(单位产品分摊的固定费用)却相应地减少或增加。当 $r=0$ 时,x 与 y 不存在依存关系。当 $r=1$ 时,x 与 y 完全正相关,即一个变量(成本)完全随另一个变量(产量)的变动而变动。

$$r = \frac{n\sum xy - \sum x \sum y}{\sqrt{\left[n\sum x^2 - \left(\sum x\right)^2\right]\left[n\sum y^2 - \left(\sum y\right)^2\right]}}$$

第四步,计算 b 和 a 的值。

$$b = \frac{n\sum xy - \sum x \sum y}{n\sum x^2 - \left(\sum x\right)^2}$$

$$a = \frac{\sum y - b\sum x}{n}$$

第五步,建立成本性态模型。

将解出的 a、b 值代入 $y=a+bx$,得到成本性态分析模型。

【例 1-2】 以[例 1-1]中裕丰公司的资料来举例说明回归直线法的具体运用。为便于计算,先对资料做如下处理,如表 1-3 所示。

表 1-3 2019—2024 年相关资料

年份	业务量 x（万小时）	维修成本 y（万元）	xy	x^2	y^2
2019 年	75	630	47 250	5 625	396 900
2020 年	66	610	40 260	4 356	372 100
2021 年	80	646	51 680	6 400	417 316
2022 年	90	790	71 100	8 100	624 100
2023 年	84	722	60 648	7 056	521 284
2024 年	60	550	33 000	3 600	302 500
$n=6$	$\sum x = 455$	$\sum y = 3\,948$	$\sum xy = 303\,938$	$\sum x^2 = 35\,137$	$\sum y^2 = 2\,634\,200$

(1) 计算相关系数 r。

$$r = \frac{n\sum xy - \sum x \sum y}{\sqrt{\left[n\sum x^2 - \left(\sum x\right)^2\right]\left[n\sum y^2 - \left(\sum y\right)^2\right]}}$$

$$= \frac{6 \times 303\,938 - 455 \times 3\,948}{\sqrt{\left[6 \times 35\,317 - 455^2\right]\left[6 \times 2\,634\,200 - 3\,948^2\right]}} \approx 0.95$$

相关系数 r 在 -1 和 1 之间,符合相关范围条件,以此判断业务量 x 与成本总额 y 存在线性关系,即 $y=a+bx$。

(2) 计算 a 和 b 的值。

$$b = \frac{n\sum xy - \sum x \sum y}{n\sum x^2 - (\sum x)^2}$$

$$= \frac{6 \times 303\,938 - 455 \times 3\,948}{6 \times 35\,137 - 455^2} = \frac{27\,288}{3\,797} \approx 7.19(万元/万小时)$$

$$a = \frac{\sum y - b\sum x}{n}$$

$$= \frac{3\,948 - 7.19 \times 455}{6} = \frac{676.55}{6} \approx 112.76(万元)$$

(3) 建立成本性态模型。

根据上述计算结果,采用回归直线法得到的设备维修混合成本的直线方程为:

$$y = 112.76 + 7.19x$$

相较于高低点法,回归直线法运用了最小二乘法原理,因此其计算结果更准确;且其选择了包括高、低两点在内的全部观测数据,因而避免了高低点法可能具有的偶然性。回归直线法是一种计算结果较准确的混合成本分析方法,但其计算工作量较大。

技能实训——基于回归直线法分解混合成本模型

宏达金属铸造有限公司主要从事各种金属铸件的研发、生产和销售,产品广泛应用于机械制造、建筑建材领域。

在日常运营中,宏达金属铸造有限公司面临多种成本挑战。其中,混合成本的管理尤为复杂,由于受到众多内外部因素的共同影响,其性质难以简单地归入固定成本或变动成本的范畴。为此,成本组的财务专员决定以维修成本为研究对象,运用回归直线法分离出混合成本中的固定成本和变动成本,从而更准确地进行成本控制和预测。

表 1-4 甲物流公司维修成本数据

年度(年)	2019	2020	2021	2022	2023	2024
产量(件)	750	660	800	900	840	600
总成本(元)	6 300	6 100	6 460	7 900	7 220	5 500

备注:假设 2025 年的预计产量为 1 000 件。

技能实践:

从实训界面获取数据,下载表格"成本性态分析与混合成本分解-答题卡"。在"回归直线法"的页签中将历年的产量和总成本数据填入相应单元格区域(D4:I5);在合并单元格(D6:I6)填入 2025 年的预计产量"1 000"。

单位变动成本:在该页签中,输入高阶复合函数公式"=ROUND(SLOPE(D5:I5,D4:I4),2)"。

固定总成本:在该页签中,输入高阶复合函数公式"=(SUM(D5:I5)−SUM(D4:I4)*F8)/COUNT(D3:I3)"。

> **操作函数提示：**
> SUM 函数：求和。
> COUNT 函数：计数。
> ROUND 函数：保留小数点后的位数。例如，"$f(x)=\text{ROUND}(D6,2)$"表示保留 D6 单元格所在数值小数点后 2 位。
> SLOPE 函数：已知 X、Y 值的集合（即历年的产量和总成本数据），计算线性回归线斜率（即单位变动成本）。

项目小结

笔记

成本管理是企业的永恒主题，成本是企业的"牛鼻子"，成本控制是所有企业都必须面对的一个重要管理课题。产权改革、期权激励等时髦的措施都代替不了强化管理、降低成本这个传统工作，成本管理是企业成功最重要的因素之一。但成本管理并不是为了节约而节约，也不等同于降低成本，而应该是为了建立和保持企业的长期竞争优势所采取的一种措施。

本项目深入探讨了成本管理的核心要素，包括其定义、目标、原则和在企业运营中的重要作用。通过学习成本分类和成本性态分析，学生能够区分固定成本、变动成本和混合成本，并理解其对企业决策的影响。本项目重点讲解了高低点法和回归直线法等混合成本分解方法，帮助学生掌握成本预测和成本控制的工具。

 巩固练习

一、思考题

1. 某企业在推行成本管理时，将"降低所有成本"作为核心目标，压缩研发、员工培训等投入。从成本管理的目标与原则角度分析，该做法是否合理？可能带来哪些潜在风险？
2. 在成本性态分析中，某公司将车间设备的折旧费视为变动成本。请指出该判断的错误之处，并说明正确的成本性态分类及依据。

二、讨论题

1. 结合实际案例，论述成本管理中"成本效益最大化原则"与"重要性原则"的冲突与协调方法。
2. 在企业多元化经营背景下，如何运用成本性态分析优化成本管理策略？请结合具体行业展开讨论。

项目二　产品成本核算

 项目导读

《荀子·富国》有云："故明主必谨养其和，节其流，开其源，而时斟酌焉。"这句历经千年洗礼的经济格言，凝练出"开源节流，成本为先"的至理名言，它不仅照亮了古代治国理政的道路，也为现代企业经营管理提供了宝贵的启示，还深刻地揭示了在追求财富增长和可持续发展的征途中，企业领导者必须悉心维护企业内外的和谐氛围，巧妙调控成本的流向，如同疏导河流一般，使之不浪费、不泛滥，同时需勇于开拓创新，不断拓宽企业的资源渠道。

本项目将深入探讨产品成本核算的深远意义，不仅将帮助我们理解其在企业运营中的核心地位，还将指导我们掌握成本核算的关键要求和一般程序。

 学习目标

【知识目标】
1. 了解产品成本核算的一般程序与步骤。
2. 明确变动成本法与完全成本法的区别及优缺点。
3. 掌握变动成本法和完全成本法下，利润差异产生的原因及其变化规律。

【技能目标】
1. 能够运用变动成本法和完全成本法编制利润表。
2. 能够熟练运用相关核算账户，确保后续产品成本的归集和分配。

【素养目标】
1. 培养成本效益观念，学会在成本和收益之间寻找平衡点。
2. 培养长期经营视角，理解企业经营不仅要考虑短期利润，还要考虑长期发展。

知识框架

项目二 产品成本核算
- 任务一 了解成本核算的要求和程序
  - 产品成本核算的准备工作
  - 成本数据的收集与整理
  - 成本核算流程与相关核算账户
- 任务二 比较变动成本法与完全成本法
  - 变动成本法
  - 完全成本法
  - 完全成本法与变动成本法的比较与选择

自主预习任务单

一、学习指南
课题名称:智能化成本核算与管理
达成目标: (1) 了解成本核算的流程和相关核算账户的设置。 (2) 能基于变动成本法和完全成本法的原理编制利润表。
学习方法建议: 　自主学习与概念理解:建议学生在课前完成预习任务单,通过网络资源或指定教材,了解成本核算的要求。建议学生总结关键词,并带着问题进入课堂。
课堂学习形式预告: 　成本技能实训:课堂上教师通过技能实训讲解变动成本法,学生分组讨论并提出他们的理解和分析结果。
二、学习任务
学生通过观看教学视频自学(或阅读教材、分析提供的学习资源),完成下列学习任务: (1) 阅读分析完全成本法和变动成本法,作好课前预习。 (2) 登录智能化成本核算与管理实训平台进行实操训练。
三、困惑与建议(请在此处记录在本项目学习中遇到的困惑和对课程的建议)

任务一　了解成本核算的要求和程序

 思维引例

在一次部门会议上,某中型制造企业的财务经理李明提出了一个问题:公司的一款主

项目二　产品成本核算

打产品在上一季度的成本核算中出现了一些问题,导致产品定价策略失误,失去了部分市场份额。李经理问道:"我们该如何确保产品成本核算的准确性,避免类似问题再次发生呢?"部门的员工们由于对产品成本核算的一般程序与步骤并不熟悉,没人能回答这个问题,这直接影响了企业成本管理的效率与成本核算的准确性。

思考:该企业是否需要对现有的成本核算流程进行审查和优化?产品成本核算的程序究竟是什么?

任务导入

本任务的主要内容包括:
(1) 了解产品成本核算的一般程序。
(2) 熟悉并掌握相关核算账户的运用。

知识准备

课件04:项目二任务一产品成本核算的一般程序与步骤

一、产品成本核算的准备工作

产品成本核算的准备工作是确保核算过程顺利进行的基础。其主要包括以下几个方面。

1. 组织机构和人员配备

(1) 建立专门负责产品成本核算的组织机构,明确各部门的职责和协作关系。
(2) 配备专业的成本核算人员,并对其进行必要的培训和指导,确保他们具备足够的业务能力和操作技能。

2. 规章制度和流程制定

(1) 制定详细的产品成本核算规章制度,明确核算的范围、原则、方法和程序。
(2) 制定核算流程,确保各环节之间的衔接和配合,防止信息遗漏和错误。

3. 责任分工和权限确定

(1) 明确各相关部门和人员在产品成本核算中的责任和任务,确保责任到人。
(2) 确定各级人员在成本核算中的权限,防止越权操作和数据泄露。

4. 信息系统建设

(1) 建立完善的信息系统,支持产品成本核算的数据采集、处理和分析。
(2) 确保信息系统的稳定性和安全性,防止数据丢失和篡改。

二、成本数据的收集与整理

成本数据的收集与整理是产品成本核算的核心环节。通常而言,其包括以下几个步骤。

1. 确定成本要素

根据企业的实际情况和产品特点,确定影响产品成本的主要要素,如直接材料、直接人工、制造费用等。对各项成本要素进行详细的分类和归集,确保数据的准确性和完整性。

2. 收集成本数据

通过各种途径和方式收集成本数据,如查阅财务报表、生产记录、采购单据等。利用现代信息技术手段,如ERP等财务软件系统,实现成本数据的自动化收集和整理。

3. 校验和核实数据

对收集到的成本数据进行校验和核实，确保数据的准确性和可靠性。而对于异常数据和错误数据，要及时进行修正和调整。

4. 整理和分析数据

将收集到的成本数据按照一定的格式和规则进行整理，形成便于分析和使用的数据表或数据库。利用数据分析工具和方法（如 Excel、Power BI 等数字化工具）对成本数据进行深入分析和挖掘，找出成本变化和异常的原因，为企业决策提供支持。

三、成本核算流程与相关核算账户

（一）成本核算流程概述

企业计算产品成本，在确定了成本计算对象，设置了生产成本明细账后，首先，要根据成本开支范围和有关规定，对各项生产费用进行审核和控制；其次，要根据各种领料单、工资结算单和各种费用的原始凭证，将发生的各项费用，按其经济用途进行归集与分配，先将当月发生且应归属于当月产品成本的生产费用归集至各成本中心，再将其中属于直接费用的部分直接计入各产品成本明细账，属于间接费用的部分按合理标准分配至对应成本项目；最后，月末根据完工产品和在产品的实际情况，将生产费用在完工产品和月末在产品之间进行分配，以便计算出完工产品的总成本和单位成本。

（二）成本核算具体步骤

1. 确定成本计算对象，设置生产成本明细账

成本计算对象是生产费用的承担者，即归集和分配生产费用的对象。确定成本计算对象，就是要解决生产费用由谁来承担的问题。

成本计算对象的确定，是设置产品成本明细账、准确计算产品成本的前提，也是区别各种产品成本计算的主要标志。不同性质的企业，其成本计算对象是不相同的，可能是某种产品、某类产品或某批产品，也可能是某一生产步骤。至于选用什么作为成本计算对象，则取决于企业的生产特点和管理要求，企业应根据自身的生产特点和管理要求，选择合适的成本计算对象并据此设置生产成本明细账。

不论成本计算对象如何确定，最后都要计算出各种产品的生产成本，即能够按成本项目确定某种产品的单位成本和总成本。

2. 严格审核和控制企业的各项支出

对企业的各项支出进行严格的审核和控制，并按照国家有关规定确定其是否应计入产品成本、期间费用，以及应计入产品成本还是期间费用。

成本核算不仅是成本会计的基本任务，它所提供的成本信息还应当满足企业经营管理和决策的需要。为此，成本核算不仅要对各项费用支出进行事后的核算，提供事后的成本信息，而且必须以国家有关的法规和制度以及企业成本计划和相应的消耗定额为依据，加强对各项费用支出的事前、事中的审核和控制，并及时进行信息反馈。也就是说，对于合法、合理、有利于发展生产、提高经济效益的开支，要积极予以支持，否则要坚决予以抵制。对当时已经无法制止的，要追究责任，采取措施，防止以后再次发生。对各项费用的发生情况以及费用脱离定额或计划的差异进行日常的计算和分析，及时进行反馈。若定额或计划不符合实际发生的情况，要按规定程序予以修订。

企业应按照国家成本开支范围的有关规定,正确核算产品成本和期间费用。

凡不属于企业日常生产经营方面的支出,均不得计入产品成本或期间费用;凡属于企业日常生产经营方面的支出,应全部计入产品成本或期间费用,不得遗漏。多计成本,会减少企业利润和国家财政收入;少计成本,则会虚增利润,使企业成本得不到应有的补偿,从而影响企业生产经营活动的正常进行。无论是多计成本还是少计成本,都会造成成本不实,从而不利于企业的成本管理。

因此,企业必须正确划分哪些项目应计入产品成本或期间费用,哪些项目不应计入。

1)应计入成本、费用的项目

(1)生产经营过程中实际消耗的原材料、辅助材料、备用配件、外购半成品、燃料、动力、包装物的原价和运输、装卸、整理等费用。

(2)企业直接从事产品生产人员的职工薪酬。

(3)固定资产折旧费、租赁费和低值易耗品的摊销费等。

(4)为组织管理生产经营活动所发生的制造费用、管理费用、财务费用、销售费用和所得税。其中,制造费用可计入产品成本,管理费用、财务费用、销售费用和所得税不应计入产品成本,而应直接计入当期损益。

2)不应计入成本、费用的项目

(1)购置和建造固定资产的支出,购入无形资产和其他非流动资产的支出。

(2)对外界的投资以及分配给投资者的利润。

(3)被没收的财物,违反法律支付的各项滞纳金、罚款以及企业自愿赞助、捐赠的支出。

(4)规定在公积金中列支的支出。

(5)法律、法规规定以外的各种费用。

(6)规定不得列入成本的其他支出。

企业生产经营发生的费用内容很广,但只有与生产经营直接有关系的费用才能计入产品成本,如工业企业产品生产过程中消耗的材料费用、工资福利费用、制造费用等;而与产品生产无直接关系的费用,则作为期间费用直接计入当期损益,从当月利润中扣除。

因此,对企业日常发生的属于本期的费用必须正确地划分出计入产品成本的费用和不能计入产品成本的期间费用。

3. 正确划分各个期间的费用

为了按月分析和考核产品成本和经营管理费用,正确计算各月损益,还应将计入产品成本的生产费用和作为期间费用的经营管理费用,在各个期间进行划分。

为此,本月发生的成本费用都应在本月入账,不应将其一部分延续到下月入账;也不应未到月末就提前结账,将本月成本、费用的一部分作为下月成本、费用进行处理。

4. 分配和归集生产费用

将应计入本月产品成本的各项生产费用,在各种产品之间按照成本项目进行分配和归集,计算出按成本项目反映的各种产品的成本。这一过程属于本月生产费用在各种产品之间的横向分配和归集。

生产费用发生时,凡能划清由某种产品负担的费用,应直接计入该种产品成本;凡由几种产品共同负担的费用,必须采用适当的办法,在各种产品之间进行分配,并将其计入相关产品的成本,不得人为地在不同产品之间转移费用,不得以盈补亏、弄虚作假。应特别指出,在划分各种产品成本的费用界限时,应注意划清可比产品与不可比产品之间、盈利产品与亏损产品之间的费用界限。应防止在盈利产品与亏损产品之间、可比产品与不可比产品之间任意增减生产费用的错误做法。只有客观正确地反映各种产品的成本,才能正确地考核分析全部产品成本计划的完成情况和各种产品成本的升降情况,寻求降低成本的正确途径。

5. 计算完工产品成本和月末在产品成本

对于月末既有完工产品又有在产品的产品,将该种产品的生产费用(月初在产品生产费用与本月生产费用之和)在完工产品与月末在产品之间进行分配,计算出该种产品的完工产品成本和月末在产品成本。

这一过程属于生产费用在同种产品的完工产品与月末在产品之间纵向的分配和归集。

为了核算生产经营过程中发生的各项成本、费用,提供总括而详细的成本、费用信息,企业应设置成本、费用的总分类账户和明细分类账户。具体做法企业可以根据自己的情况来选择。

一般有两种做法:

第一,设立"生产成本"总账账户,下设"基本生产成本"和"辅助生产成本"两个二级账户,分别用来核算基本生产成本和辅助生产成本。

第二,将"生产成本"总账账户分为"基本生产成本"和"辅助生产成本"两个总账账户,这种做法可以减少二级账户,简化会计分录。

以下介绍第二种做法:

(1)"基本生产成本"账户。

该账户用来核算企业生产产品,提供劳务,自制材料、工具和设备等所发生的各项生产费用;计算产品和劳务的实际成本。该账户的借方登记企业为进行基本生产而发生的各种费用;贷方登记转出的完工入库的产品成本。余额在借方,表示基本生产的在产品成本。

"基本生产成本"账户的基本结构,如图2-1所示。

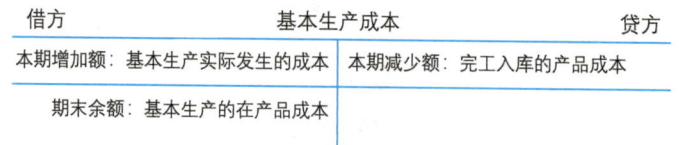

图2-1 "基本生产成本"账户的基本结构

基本生产成本应按产品品种(在分批法或分步法下,按产品批别或生产步骤)设置明细账,账内按产品成本项目分设专栏进行明细登记。成本项目是计入产品成本的生产耗费按照经济用途所作的分类。根据各生产耗费在生产过程中对产品形成所产生的不同作用,一般可以将产品成本划分为直接材料、燃料及动力、直接人工和制造费用这四个成本项目。

(2)"辅助生产成本"账户。

辅助生产是指为基本生产和经营管理服务而进行的产品生产和劳务供应。"辅助

"生产成本"账户的借方登记企业为进行辅助生产而发生的各种费用；贷方登记完工入库产品的成本和分配转出的劳务成本。余额在借方，表示辅助生产在产品的成本。辅助生产成本应按辅助生产车间或生产的产品、劳务设置明细分类账，账内按辅助生产的成本项目分设专栏。

"辅助生产成本"账户的基本结构，如图2-2所示。

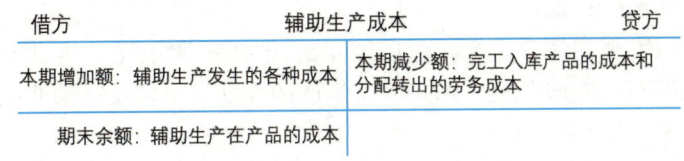

图2-2 "辅助生产成本"账户的基本结构

如果企业基本生产车间和辅助生产车间的会计业务都比较少，为简化核算，"基本生产成本"账户和"辅助生产成本"账户可以合并为"生产成本"账户。"生产成本"账户可根据需要下设"基本生产成本"和"辅助生产成本"二级明细分类账，进行明细分类核算。

（3）"制造费用"账户。

为了核算企业生产车间为生产产品和提供劳务而发生的各项间接成本，企业应设置"制造费用"账户。该账户的借方登记实际发生的制造费用，贷方登记分配转出的制造费用。除了季节性生产的企业，该账户通常月末无余额。

"制造费用"账户的基本结构，如图2-3所示。

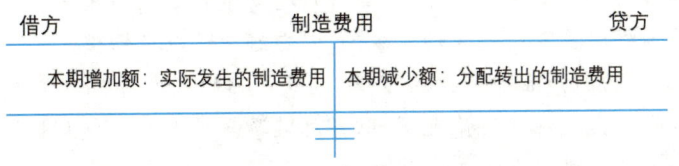

图2-3 "制造费用"账户的基本结构

该账户一般按车间设置明细分类账，账内按耗费项目设立专栏进行明细登记。

（4）"废品损失"账户。

需要单独核算废品损失的企业，应设置"废品损失"账户。

该账户的借方登记不可修复废品的生产成本和可修复废品的修复成本，贷方登记废品残料回收的价值、应收的赔款以及转出的废品净损失。账户月末无余额。该账户一般按产品品种等设置明细账，账内按成本项目设置专栏进行明细登记。

"废品损失"账户的基本结构，如图2-4所示。

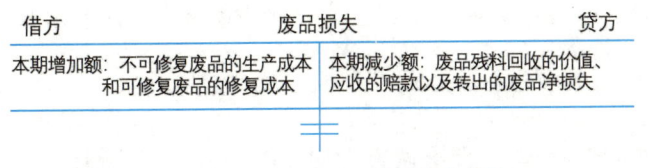

图2-4 "废品损失"账户的基本结构

(5)"期间费用"账户。

"期间费用"账户包括"管理费用""财务费用"和"销售费用"。

期间费用账户借方登记发生的各项费用,贷方登记期末转入"本年利润"的各项费用,结转后期末无余额。"管理费用"账户、"财务费用"账户和"销售费用"账户一般按费用项目设置专栏进行明细登记。

(6)"长期待摊费用"账户。

"长期待摊费用"账户用于核算企业已经支出,但摊销期限在1年以上(不含1年)的各项费用,包括固定资产修理支出、租入固定资产的改良支出以及摊销期限在1年以上的其他待摊费用。

在"长期待摊费用"账户下,企业应按费用的种类设置明细账,进行明细核算,并在会计报表附注中按照费用项目披露其摊余价值、摊销期限、摊销方式等。

项目二任务一习题

任务二　　比较变动成本法与完全成本法

 思维引例

在"智慧制造"这家发展迅速的中小企业中,总经理张伟正面临着一次管理上的抉择。公司一直以来都采用传统的完全成本法来计算产品成本,这种方法在过去一直为公司提供了稳定的财务报告和决策支持。然而,随着市场竞争的加剧和客户需求的多样化,张伟开始思考是否应该转向更灵活的变动成本法,以更好地适应市场变化。

最近,公司的一款新产品即将投入市场,这款产品的研发和生产成本较高,且其市场需求的不确定性也很大。在这种情况下,财务总监李萍提出了一个大胆的建议:对这款新产品采用变动成本法来进行成本控制和利润分析。张伟知道,这个决策可能会对公司未来的发展方向产生重大影响。他决定召开一次高层管理会议,深入探讨变动成本法与完全成本法的适用性。

思考:从完全成本法转向变动成本法的过程中,"智慧制造"应该如何平衡成本控制的灵活性与财务报告的稳定性?

 任务导入

本任务的主要内容包括:
(1)掌握变动成本法和完全成本法下利润差异产生的原因及差异的规律。
(2)比较变动成本法与完全成本法,区分两种成本法在利润表编制上的应用。

课件05:项目二任务二变动成本法与完全成本法

知识准备

在会计实务中,成本计算主要有两方面的目的:一是为编制财务报表而计量成本,二是为管理决策提供成本信息,由此产生了两种不同类型的成本计算方法,即完全成本法和变动成本法。

一、变动成本法

(一) 基本概述与原理

变动成本法也称直接成本法、边际成本法。变动成本法是指在计算产品成本时,只包括生产过程中所消耗的直接材料、直接人工和变动制造费用,不包括固定制造费用,而将固定制造费用全部作为期间费用列入当期损益表,从当期的收入中扣除。

产品成本与其生产量密切相关,在生产工艺没有发生实质性变化以及成本水平保持不变的条件下,产品成本总额应当与完工的产品数量呈正比例变动。因此,只有变动生产成本才构成产品成本。固定制造费用是为企业提供一定的生产经营条件并保持生产能力而发生的费用,与产品的实际产量并没有直接联系,不会随产量变动而发生变动,但它们却随企业生产经营持续期间的长短而增减,产生的效益随时间的推移而消逝,故不应递延到下一个会计期间,而应在费用发生的当期全额列入损益表,作为当期收益的减除项目。

(二) 相关应用

1. 基本公式

在变动成本法下,营业利润的计算公式如下:

$$销售收入 - 变动成本 = 贡献毛益$$

$$贡献毛益 - 固定成本 = 营业利润$$

其中: 变动成本 = 变动生产成本 + 变动非生产成本
　　　　　　　= 单位变动生产成本 × 销售量 + 单位变动非生产成本 × 销售量

　　　　固定成本 = 固定生产成本 + 固定非生产成本
　　　　　　　= 固定制造费用 + 固定销售费用 + 固定管理费用 + 固定财务费用

项目二思维导图

【例 2-1】 甲公司年初产品 A 的库存为 0,本年度生产 A 产品 5 000 件,每件产品消耗原材料 10 元,直接人工 12 元,变动制造费用 6 元,固定制造费用全年为 10 000 元,假设本期销售 1 500 件,销售单价为 60 元,固定销售费用为 1 500 元,变动销售费用为 3 元/件,固定管理费用为 1 000 元,变动管理费用为 2 元/件。

要求:在变动成本法核算下,求解甲公司单位产品成本和期末存货成本。

解析:

单位固定制造费用 = 10 000 ÷ 5 000 = 2(元/件)

变动成本法下:单位产品成本 = 10 + 12 + 6 = 28(元/件)

期末存货成本 = 28 × (5 000 - 1 500) = 98 000(元)

2. 利润表格式

在采用变动成本法进行财务报表编制的过程中,利润表的构建理念是将所有的成本项目根据其成本的变动特性划分为两个主要的类别:变动成本和固定成本。

这样的分类方式具有其独到的优势,这主要体现在它能够极大地便利和加快边际贡献信息的获取。边际贡献是指每单位产品的销售收入减去变动成本后的剩余,其直接体现了产品对企业利润的贡献度。

因此,当成本被如此区分后,编制出的利润表便能够清晰地展示出各产品线或业务部门对企业整体利润的具体贡献,这样,利润表便被赋予了"贡献式利润表"的称号。

通过这种方法编制的利润表,不仅有助于管理层对各产品或部门的盈利能力进行评估,还能够为企业的决策提供有力的数据支持,如定价策略的制定、产品结构的优化以及成本控制的重点确定等。

贡献式利润表的样式如表2-1所示。

表 2-1 贡献式利润表

单位:元

项目	金额
营业收入	
减:变动成本	
变动生产成本	
变动销售费用	
变动管理费用	
边际贡献	
减:固定成本	
固定性制造费用	
固定销售费用	
固定管理费用	
固定财务费用	
营业利润	

【例 2-2】 承接[例 2-1],要求:计算本年度的变动成本法下的贡献毛益和营业利润,并编制相应的利润表,见表2-2。

表 2-2 甲公司的贡献式利润表

单位:元

项目	金额
营业收入	90 000
减:变动成本	49 500
变动生产成本	42 000
变动销售费用	4 500
变动管理费用	3 000
边际贡献	40 500
减:固定成本	12 500
固定性制造费用	10 000
固定销售费用	1 500

(续表)

项目	金额
固定管理费用	1 000
固定财务费用	0
营业利润	28 000

解析：

在变动成本法下：

贡献毛益＝销售收入－变动成本＝60×1 500－(28＋3＋2)×1 500＝40 500(元)

营业利润＝贡献毛益－固定成本＝40 500－(10 000＋1 500＋1 000)＝28 000(元)

二、完全成本法

(一) 基本概述与原理

完全成本法亦称"全部成本法"或"吸收成本法"，其属于传统的成本计算方法。完全成本法在计算产品成本时，不仅把产品生产过程中所消耗的直接材料、直接人工计入产品成本，而且把生产过程中发生的全部制造费用(包括变动制造费用和固定制造费用)都吸收到产品成本中去，同时将非生产成本作为期间费用处理，因而其又称为"吸收成本法"。

(二) 相关应用

1. 基本公式

在完全成本法下，营业利润的计算公式如下：

$$营业利润 ＝ (单价－单位完全成本)×销售量－期间费用$$

【例 2-3】 甲公司年初产品 A 的库存为 0，本年度生产 A 产品 5 000 件，每件产品消耗原材料 10 元，直接人工 12 元，变动制造费用 6 元，固定制造费用全年为 10 000 元，假设本期销售 1 500 件，销售单价 60 元，固定销售费用 1 500 元，变动销售费用 3 元/件，固定管理费用 1 000 元，变动管理费用 2 元/件。

要求：在完全成本法核算下，求解甲公司单位产品成本和期末存货成本。

解析：

完全成本法下：单位产品成本＝10＋12＋6＋2＝30(元/件)

期末存货成本＝30×(5 000－1 500)＝105 000(元)

小贴士：在完全成本法下，每件产品吸收了固定制造费用 2 元，单位产品完全成本为 30 元，无论是产品存货还是已销售产品成本均以 30 元计价。而在变动成本法下，每件产品的单位成本是 28 元，固定制造费用 10 000 元全部成为损益表上销售收入的抵减项目。

2. 利润表格式

在完全成本法的基础上，为了迎合与企业存在经济利益关联的各方需求，该利润表将所有的成本项目细致地划分为生产成本、存货成本等多个不同的类别，这样的排列方式称为"职能式利润表"。

这种编排方法不仅清晰地展现了企业在各个经济职能上的成本支出，而且能让相关利益各方更直观地了解企业的经营状况，从而更好地满足企业的信息需求。

职能式利润表的样式如表 2-3 所示。

表 2-3　职能式利润表

单位：元

项目	金额
营业收入	
减：营业成本	
期初存货成本	
加：本期生产成本	
减：期末存货成本	
营业毛利	
减：期间费用	
销售费用	
管理费用	
财务费用	
营业利润	

【例 2-4】　承接 [例 2-3]，要求：计算本年度的完全成本法下的营业毛利和营业利润，并编制相应的利润表，见表 2-4。

表 2-4　甲公司的职能式利润表

单位：元

项目	金额
营业收入	90 000
减：营业成本	45 000
期初存货成本	0
加：本期生产成本	150 000
减：期末存货成本	105 000
营业毛利	45 000
减：期间费用	10 000
销售费用	6 000
管理费用	4 000
财务费用	0
营业利润	35 000

解析：

在完全成本法下：

营业毛利＝营业收入－营业成本＝60×1 500－30×1 500＝45 000（元）

营业利润＝销售毛利－营业费用＝45 000－(1 500＋3×1 500＋1 000＋2×1 500)＝35 000（元）

 技能实训——运用 Excel 编制贡献式和职能式利润表

小牛插座科技有限公司自创立之初就确立了以电器插座为核心产品的发展战略，创立"小牛插座"品牌。公司专注于生产电器插座。某日，财务部提议采用变动成本法核算。然而，也有人持不同意见，他们认为完全成本法作为更传统的成本核算方法，更符合会计准则和财务报告的规范，能提供更全面的长期成本信息。为此，成本组的财务专员需要基于表 2-5"小牛插座"投产后第 2 年相关成本资料，完成对两种方法的比较分析。

表 2-5 投产后第 2 年相关成本资料

金额单位：元

项目	数量	成本项目	金额		
			变动成本	固定成本	合计
期初存货量（件）	0	直接材料	24 000	0	24 000
本期投产完工量（件）	4 000	直接人工	12 000	0	12 000
本期销售量（件）	3 000	制造费用	4 000	10 000	14 000
期末存货量（件）	1 000	销售费用	600	1 000	1 600
销售单价（元/件）	20	管理费用	300	2 500	2 800
		财务费用	0	600	600

技能实践：

从实训界面获取数据，下载表格"变动成本法与完全成本法的比较与应用分析-答题卡"。根据数据，填列数据表"变动成本法"，在单元格区域(C4)(E5：F7)(E10：E13)(E18)输入相应的数据。其中，变动成本法下的单位额：选中 F5：F7 单元格，输入"=E5：E7/C4"，按下"Ctrl＋Shift＋Enter"。

同理，完成数据表"完全成本法"。

继续根据数据和上面填列完成的表格数据，在"贡献式利润表"的页签中的单元格区域(C4)(F6：F8)(F11：F14)输入相应的数据。同理，完成数据表"职能式利润表"。

三、完全成本法与变动成本法的比较与选择

（一）优缺点比较

1. 变动成本法

优点：变动成本法避免了固定性制造费用分摊的主观性，使成本核算更为直接和清晰，促使企业管理层注重市场销售，防止企业盲目生产。通过将固定成本作为期间费用处理，企业能更清晰地看到销售变化对利润的影响，从而更加注重市场需求和销售策略。

缺点：变动成本法下的产品成本不符合会计报表的编制要求。按照传统的会计报表

动画 02 变动成本法与完全成本法的区别

编制方法,产品成本应包括所有与产品相关的成本,包括固定成本和变动成本。而变动成本法下的产品成本仅包括变动成本,这可能导致会计报表中的产品成本信息失真,影响投资者和其他利益相关者的决策。

2. 完全成本法

优点:完全成本法将固定制造费用分摊到每个产品上,使企业在生产过程中更加注重提高生产效率,降低单位产品成本。这种成本核算方法能激发企业的生产积极性,促进其生产发展。由于单位产品成本受产量的直接影响,产量越大,单位产品成本越低,这种机制能鼓励企业增加生产,提高经济效益。

缺点:完全成本法将固定制造费用分摊给不同种类的产品。按照这种做法,随着产量的增加,单位产品分摊的固定制造费用下降,即使单位变动成本不变,平均成本也会随产量增加而下降。在销售收入不变的情况下,增加生产量可以使部分固定制造费用被存货吸收,减少当期销货成本,在存货能够顺利售出且市场价格稳定的情况下,通过增加产量提升当期利润的短期效应可能促使经理人员过度生产。

(二)两种成本计算方法的选择

通常,管理会计选择使用变动成本法,财务会计选择使用完全成本法。

两种方法的核心区别在于对固定制造费用处理不同。在完全成本法下,固定制造费用计入了产品成本,如图 2-5 所示。

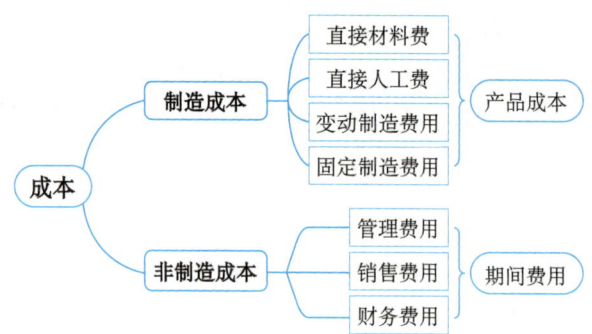

图 2-5 完全成本法下的成本构成

而在变动成本法下,固定制造费用不计入产品成本,全部与期间费用一起一次计入当期损益。产品成本结构不同,导致变动成本法与完全成本法报表之间存在两大差异,即当期利润(收益或损益)计算不同,以及期末存货(产成品)计价不同,如图 2-6 所示。

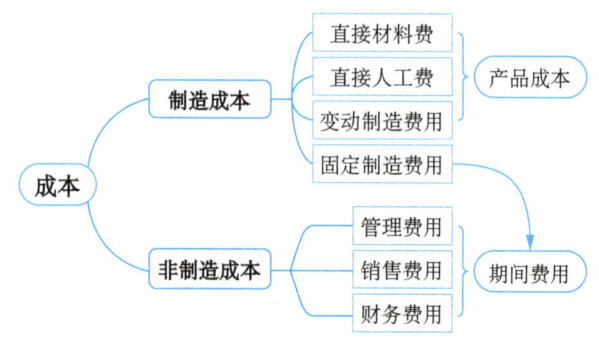

图 2-6 变动成本法下的成本构成

项目二 产品成本核算

 项目小结

笔记

成本核算是企业一项重要的工作,企业不得随意改变费用、成本的确认标准或计量方法,不得虚列、多列、不列或少列费用、成本。会计人员应当严于律己、心存敬畏,自觉维护国家财经纪律和经济秩序。

本项目深入探讨了产品成本核算的要求与程序,通过学习产品成本核算的准备工作、成本数据的收集与整理以及成本核算流程与相关核算账户,学生能够全面掌握成本核算的基本技能。本项目重点讲解了变动成本法与完全成本法的原理及应用,让学生在比较与选择中深刻理解两种成本核算方法的差异及其适用场景。

 巩固练习

一、思考题

1. 企业在进行产品成本核算时,未将制造费用按合理标准分配至各产品,而是直接计入当期损益。请从成本核算的要求和程序角度,分析该做法存在的问题,并说明正确的处理方式。
2. 某企业生产甲产品,本期产量为 1 000 件,销量为 800 件,单位变动生产成本为 50 元,固定制造费用总额为 20 000 元。请分别采用变动成本法与完全成本法计算期末存货成本,并说明两者差异的原因。

二、讨论题

1. 结合制造业企业实际情况,分析在成本核算中严格执行"正确划分各种费用界限"要求的重要性,并举例说明如何落实该要求。
2. 变动成本法与完全成本法各有优劣,企业应如何根据自身经营特点和管理需求选择合适的成本核算方法?请结合具体行业案例说明。

02

第二篇
项目实践篇

项目三 产品成本归集与分配管理

 项目导读

在新时代的浪潮中,企业作为国家经济的微观基础,其成本管理能力不仅关乎自身的生存与发展,更与国家的经济稳定与繁荣息息相关。随着2024年全国两会的胜利召开,国家明确提出了高质量发展的首要任务,并强调要因地制宜发展新质生产力。这一战略方向不仅要求企业在生产过程中注重技术创新和产业升级,更要求企业在成本管理上实现精细化、高效化。因此,产品成本的归集与分配管理成为企业实现高质量发展的关键环节。

顺应国家战略需求,企业应在生产过程中注重技术创新和产业升级,并在分配生产费用时,注重公平、公正、透明,确保各项费用的合理分配和有效利用,同时要关注产品的完工程度和质量,确保成本分配的合理性和有效性。

为实现这一目标,企业应积极采用先进的生产技术和管理方法,提高生产效率,降低生产成本,同时,高度重视成本管理工作,不断提升成本管理能力和水平,为实现高质量发展贡献自己的力量。

 学习目标

【知识目标】
1. 理解生产费用分配的原则与方法,掌握不同费用项目的分配策略。
2. 掌握定额比例法的基本原理,理解其在成本分配中的应用场景和优势。
3. 熟悉约当产量法在成本分配中的实施步骤,理解其计算逻辑和实际应用。

【技能目标】
1. 能够根据企业实际情况,正确归集和分类基本生产费用和辅助生产费用。
2. 能够准确界定完工产品与在产品的数量,为成本计算提供可靠依据。
3. 能够准确评估产品的完工程度,为约当产量的计算提供基础数据。

【素养目标】
1. 通过案例分析和实际操作,提高学生对成本管理的敏感度和洞察力,培养其解决实际问题的能力。
2. 通过学习成本归集与分配管理,使学生深刻认识成本管理对企业经营的重要性。
3. 培养学生的创新意识和能力,鼓励其在成本管理领域不断探索新的方法和策略,为企业创造更大的价值。

 知识框架

- 项目三 产品成本归集与分配管理
  - 任务一 生产费用归集与分配作业
    - 基本生产费用特点及其归集方法
    - 辅助生产费用特点及其归集途径
    - 生产费用分配与管理措施
    - Python交互编程在材料费用分配中的应用
  - 任务二 基于定额比例法的成本分配作业
    - 完工产品与在产品的界定
    - 定额比例法在成本分配中的应用
    - Python交互编程
  - 任务三 基于约当产量法的成本分配作业
    - 约当产量的概念与理解
    - 产品完工程度的评估
    - 约当产量法在成本分配中的实施
    - Python交互编程

 自主预习任务单

一、学习指南
课题名称：智能化成本核算与管理
达成目标： （1）理解不同方法中产品成本费用归集与分配的思路。 （2）能合理运用不同方法进行成本分配作业。
学习方法建议： 　　成本案例分析研讨：选取不同行业或企业的成本归集与分配案例进行深入分析，探讨其成功或失败的原因，以及可借鉴的经验教训。通过小组讨论或角色扮演等形式，引导学生从不同角度审视成本管理问题，培养其批判性思维和解决问题的能力。
课堂学习形式预告： 　　案例讨论与演示：课堂上教师通过案例讲解产品成本归集与分配管理方法，学生分组讨论并提出他们的理解和分析结果。
二、学习任务
学生通过观看教学视频自学（或阅读教材、分析提供的学习资源），完成下列学习任务： （1）阅读产品成本归集与分配管理，作好课前预习。 （2）登录新商科智慧学习空间平台进行实操训练。
三、困惑与建议（请在此处记录在本项目学习中遇到的困惑和对课程的建议）

项目三 产品成本归集与分配管理

任务一　生产费用归集与分配作业

思维引例

作为某小型生产制造企业的经理,小明发现公司在生产费用管理方面存在严重问题。在生产线上,原材料、人工、设备折旧等各项费用纷繁复杂,缺乏一个清晰、系统的归集与分配机制。这导致成本核算不准确,产品成本与实际支出存在较大偏差,严重影响企业的成本控制和盈利分析。

他决定引入先进的生产费用归集与分配方法,确保每一项费用都能准确、及时地反映到对应的生产批次和产品上。他深知,只有建立起科学的费用管理体系,企业才能在激烈的市场竞争中立于不败之地。

思考:小明可以从哪些方面进行生产费用归集与分配管理?

思政视频02：智能成本重构：新质生产力的思政密码

任务导入

本任务的主要内容包括:
(1)熟悉生产费用管理与核算知识内容。
(2)运用 Python 和 Power BI 工具,运用随机森林模型进行生产费用的归集与分配,并进行可视化分析。

知识准备

在企业运营的核心环节中,生产费用的有效管理和准确核算对企业的成本控制和盈利能力至关重要。生产费用的有效管理和准确核算,不仅是企业财务管理的核心环节,更是企业实现可持续发展、提升市场竞争力的关键。

课件06：项目三任务一 生产费用的归集和分配

一、基本生产费用特点及其归集方法

(一)定义与特点

基本生产费用指的是工业企业在生产产品过程中直接消耗的费用。这些费用如同生产线上不可或缺的零部件,与产品的形成紧密相连,共同构成了产品成本的主体。

基本生产费用具有以下几个特点。

1. 直接性

基本生产费用的直接性体现在其直接用于产品的生产上,与产品的形成过程密不可分。无论是原材料的消耗,还是直接人工的投入,抑或是制造费用的支出,都直接指向产品的生产过程,为产品的诞生提供了必要的物质和人力支持。

2. 可计量性

基本生产费用的可计量性是其另一个显著特点。这些费用能够按照一定的成本项目

039

进行分类和归集,形成清晰明了的成本数据。这种可计量性不仅有助于企业准确掌握生产成本,更为企业的成本控制和盈利分析提供了有力的数据支持。

3. 重要性

基本生产费用在产品成本中占比较大,对企业成本控制和产品定价具有重要影响。因此,如何有效管理和准确核算基本生产费用,成为企业成本控制和盈利分析的关键。

(二) 基本原理

1. 归集

归集是一种管理会计的操作过程,它涉及通过一系列规定的方法和程序,系统地搜集和整理在特定会计期间内所发生的所有成本数据。这个过程要求精确地记录和整理各种费用信息,包括但不限于原材料成本、直接人工成本、制造费用、管理费用以及销售费用等,确保每一笔成本数据都能够被准确地识别、分类和记录。简言之,归集就是通过一定的方式,将一定期间内发生的成本数据进行收集或汇总。

2. 分配

分配是归集成本后的下一步操作,其主要目的是将已经归集的成本合理地分配到各个受益对象上。这些受益对象可能是产品、服务、部门或项目等。成本分配的目的是计算每个受益对象的完全成本,从而为定价、预算编制、业绩评估等提供依据。例如,制造企业需要将归集到的生产成本按照不同的产品进行分配,以便计算每个产品的单位成本;服务型企业需要将服务成本根据提供服务的部门进行分配,以便评估各部门的成本效益。正确且公正的成本分配对于企业的成本控制、决策制定以及效益提升具有重要意义。

3. 分配标准

在企业的生产活动中,有一部分生产费用是可以直接确定的,这些费用与生产某一特定产品直接相关,如直接材料费、直接人工费和直接生产费用等。这些费用可以根据产品的生产数量和生产成本进行准确的计算和归集。然而,在实际生产过程中,也存在一些不能直接归集的生产费用,这些费用往往涉及多个产品或者生产环节,无法直接分配到某一特定的产品上。对于这部分费用,企业会采用一定的标准进行合理的分配。这些标准可能包括生产时间、生产数量、产品产值等。根据这些标准,企业可以将不能直接归集的生产费用合理地分配到各个产品上,以确保每个产品都能够承担其应分担的生产费用。这种费用归集和分配的方法,有助于企业更准确地计算产品的成本,从而制定更合理的产品价格,提高盈利能力。

(三) 分配标准的细化与实践

1. 材料费用

材料费用是产品成本的重要组成部分,其分配标准的选择对于产品成本的准确性具有重要影响。常见的材料费用分配标准包括材料定额消耗量比例、材料定额成本比例、产量或重量比例等。这些分配标准的选择应根据产品的生产特点和材料的使用情况来确定,以确保材料费用的合理分配。

2. 人工费用

人工费用是产品成本中不可忽视的一部分。在分配人工费用时,企业通常会采用产品实用工时比例作为分配标准。这一标准能够反映产品生产过程中人工投入的实际情况,有助于实现人工费用的合理分配。

3. 外购动力费用

外购动力如电力、燃气等是企业生产过程中不可或缺的资源。在分配外购动力费用时，企业可以根据用途和使用部门进行分配，也可以按照仪表记录、生产工时、定额消耗量比例等标准进行分配。这些分配标准的选择应根据企业的实际情况来确定，以确保外购动力费用的合理分配。

4. 制造费用

制造费用是企业生产过程中除直接材料费和直接人工费外的其他费用。这些费用通常包括设备折旧费、维修费、保险费、水电费等。在分配制造费用时，企业可以采用实用人工工时、定额人工工时、机器加工工时、直接人工费用等比例作为分配标准。这些分配标准的选择应根据制造费用的性质和产品的生产特点来确定，以确保制造费用的合理分配。

然而，在实际生产过程中，也存在一些不能直接归集的生产费用，这些费用往往涉及多个产品或生产环节，无法直接分配到某一特定的产品上。对于这部分费用，企业会采用一定的标准进行合理分配。这些标准可能包括生产时间、生产数量、产品产值等。根据这些标准，企业可以将不能直接归集的生产费用合理地分配到各个产品上，以确保每个产品都能够承担其应分担的生产费用。

这种费用归集和分配的方法有助于企业更准确地计算产品的成本，从而制定更合理的产品价格，提高盈利能力。同时，其可以帮助企业更好地进行成本控制和资源配置，提高整体竞争力。

二、辅助生产费用特点及其归集途径

（一）定义与特点

辅助生产这一术语如同其字面意义般，指的是为基本生产流程提供必要支持的生产活动。其涵盖领域广泛，涉及供水、供电、供气、运输及设备修理等服务。这些服务如同企业的生命线，为企业的正常运营提供不可或缺的支持。

尽管辅助生产所供应的产品和劳务有时也面向外部市场进行销售，但这并非其主要运营目标。辅助生产的主要职能在于为基本生产流程提供必要的支持，确保生产活动的顺利进行。因此，辅助生产费用的管理和核算对于企业的成本控制同样具有重要意义。

（二）基本原理

1. 归集

在费用归集方面，辅助生产主要涵盖本辅助生产车间所产生的直接材料成本、直接人工成本、制造费用等。这些费用如同辅助生产的血液，为其提供了必要的物质和人力支持。这些费用均按照相关会计准则和财务规定进行精确计算和记录，以确保辅助生产费用的准确性和可追溯性。

2. 分配

与基本生产费用分配相似，辅助生产费用的分配也是将已经归集的成本合理地分配到各个受益对象上。然而，由于辅助生产的特殊性和复杂性，其分配方法可能更加多样和复杂。常见的辅助生产费用分配方法包括直接分配法和交互分配法等。这些方法的选择应根据辅助生产的实际情况和企业的成本控制需求来确定。

(三)分配方法的细化与实践

1. 直接分配法

直接分配法是一种简单而直接的辅助生产费用分配方法。它不考虑辅助生产内部相互提供的劳务量,直接将各辅助生产车间发生的费用分配给辅助生产外的各受益单位或产品。这种方法的优点在于计算简单方便,适用于辅助生产内部相互提供产品或劳务不多的情况。然而,当辅助生产车间相互提供产品或劳务量差异较大时,分配结果往往与实际不符,可能导致成本分配失真。

2. 交互分配法

交互分配法是一种更为复杂但更为准确的辅助生产费用分配方法。它先在各辅助生产车间之间进行一次交互分配,将各辅助生产车间相互提供的劳务费用进行相互抵销;然后将各辅助生产车间交互分配后的实际费用,对辅助生产车间外的各受益单位进行再分配。这种方法的优点在于其提高了分配的准确性,能够更真实地反映辅助生产费用的实际情况。然而,交互分配的过程较为复杂、工作量较大,因此其适用于辅助生产内部相互提供产品或劳务较多的情况。

三、生产费用分配与管理措施

(一)基本生产费用分配与管理措施

1. 相关公式与计算步骤

基本生产费用的分配应确保费用的分配公平、合理,反映各受益对象的实际消耗情况,通常来说其涉及分配率和受益对象成本的计算:

$$分配率 = 待分配费用总额 \div 各种产品的分配标准之和$$

$$受益对象的成本 = 分配率 \times 该对象分配标准$$

在计算过程中,企业需要首先确定或计算待分配金额,其次明确待分配对象,再次依据待分配对象确定其分配标准,然后依据已定的分配标准计算分配率,最后确定各受益对象的成本。

2. 核算与控制策略

为确保基本生产费用的准确核算与有效控制,企业应采取以下策略:

(1)建立成本核算体系:建立健全的成本核算制度,确保每一笔成本数据都能够被准确记录和分类。这包括设置合理的成本账户、明确成本数据的录入和审核流程等。

(2)强化成本分析:定期进行成本分析,包括成本构成分析、成本变化趋势分析等,以发现成本控制中的薄弱环节和潜在风险。

(3)优化生产流程:通过改进生产工艺和流程,降低生产成本,提高生产效率。这包括引入先进的生产设备、优化生产布局、减少生产过程中的浪费等。

(4)加强成本控制:建立成本控制机制,如制定成本预算、设定成本目标、实施成本考核等,以实现对生产费用的有效控制。

(二)辅助生产费用分配与管理措施

辅助生产费用的分配与管理同样重要,它关乎企业整体成本的准确性和合理性,通常采用直接分配法和一次交互分配法进行分配。

1. 直接分配法

直接分配法是一种简单且直接的辅助生产费用分配方法。该方法不考虑辅助生产车间之间的内部劳务交换,而是直接将各辅助生产车间发生的费用分配给外部受益单位或产品。这种方法的优点在于计算简便,易于理解和操作。然而,其缺点也显而易见,即当辅助生产车间之间的内部劳务交换量较大且差异显著时,分配结果可能无法准确反映实际情况,导致成本失真。因此,直接分配法适用于辅助生产内部劳务交换较少,或内部劳务交换对成本分配影响较小的情况。

2. 一次交互分配法

一次交互分配法则是一种更为精细和准确的辅助生产费用分配方法。该方法首先在各辅助生产车间之间进行一次交互分配,将费用按照一定比例分配给内部受益单位;然后,将其各辅助生产车间交互分配后的实际费用,对外部受益单位进行再分配。这种方法的优点在于其提高了分配的准确性,能够更真实地反映辅助生产车间之间的内部劳务交换情况。然而,其缺点在于计算过程相对复杂,增加了工作量。因此,一次交互分配法适用于辅助生产内部劳务交换较多,且内部劳务交换对成本分配影响较大的情况。

3. 核算与控制管理办法

为确保辅助生产费用的准确核算和有效控制,企业应建立相应的核算与控制体系。首先,企业应明确费用归集与分配规则,确保每一笔费用都能被准确记录和分类,并合理分摊至各受益单位。其次,企业应建立定期的成本记录与审核机制,对辅助生产费用的发生情况进行跟踪和记录,确保数据的准确性和完整性。再次,企业还应加强成本控制,制定成本预算和成本目标,实施成本考核和成本分析,及时发现和解决成本控制中的问题。最后,企业应通过持续监督与评估,不断完善管理策略,提高管理效果,确保辅助生产费用的合理分配和有效控制。

通过选择合适的分配方法、建立健全的核算与控制体系,企业可以实现对辅助生产费用的准确核算和有效控制,为自身的持续发展和盈利能力的提升提供有力保障。

四、Python 交互编程在材料费用分配中的应用

在实际业务场景中,企业生产多种产品时,共同领用材料的情况普遍存在,且影响材料消耗的因素繁多,传统方法难以综合考量这些变量。而随机森林回归模型作为一种集成学习算法,能够通过构建多个决策树,对复杂数据进行非线性拟合,精准捕捉材料消耗与各影响因素间的关系,为材料费用分配提供更科学的依据。因此,基于 Python 强大的数据分析库,利用随机森林回归模型,企业可实现共同领用材料费用优化分配方案的构建与实施。

(一) 基本原理

随机森林回归模型是一种在机器学习领域广泛应用的算法,其通过构建多个决策树,并综合这些决策树的预测结果来得出最终的预测值。其关键在于以下两点。

1. 随机性引入

在构建每棵决策树时,随机森林算法通过两种核心机制引入随机性:一是自助采样,即从原始数据中有放回抽取部分样本作为单棵决策树的训练集;二是特征随机选择,在节点划分时仅选取特征子集进行最优划分。这种随机性使每棵决策树的训练数据和特征选择存在差异,集成后可提升模型对噪声的鲁棒性,避免过拟合问题。

2. 决策树构建

在选定的样本和特征子集上，使用 CART 等决策树算法构建决策树。决策树的生长过程中，算法会依据信息增益、基尼指数等度量标准，递归地选择最佳划分特征，将数据集划分为不纯度最小的子集，直至满足预设的停止条件。

（二）应用场景

确定共同领用材料费用分配标准时，应用随机森林回归模型的意义在于通过数据分析与预测，精准地量化各成本对象对共同领用材料的消耗关系，从而制定科学合理的费用分配方案，提高成本核算的准确性和效率。

项目三任务一习题

数智融合——用 Python 与 Power BI 实现费用分配与管理

1. 任务描述

蓝天精密机械有限公司是一家专注于汽车制造的高端装备制造和精密零部件生产企业。随着汽车市场的竞争日益激烈，公司面临提高生产效率、优化成本控制以及确保产品质量等多重挑战。为了在汽车制造行业保持领先地位，公司正积极探索更为科学、合理的材料费用分配方式，以更好地满足市场需求，并提升企业整体竞争力。

材料费用方面，公司主要生产三种核心产品：高精度齿轮 A、复杂机械部件 B 和精密轴承 C。这些产品生产过程中使用的直接领用材料分别是特种合金 M1、高强度塑料 M2 和耐磨涂层材料 M3，共同耗用材料为精密加工液 W，他们的关系如图 3-1 所示。

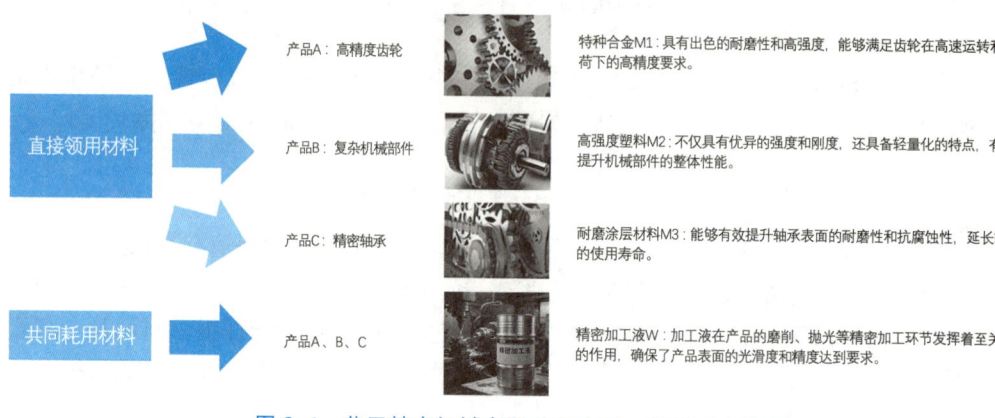

图 3-1　蓝天精密机械有限公司产品—材料对应情况

公司对于构成产品实体并能直接确定归属对象的材料费用，应直接计入各产品成本；对于几种产品共同耗费的材料费用，应选择适当的分配标准分配计入各产品成本。目前，公司采用产量比例来分配共同的材料费用。

人工费用和制造费用方面，公司选择按产品实际工时比例进行分配。

辅助生产费用方面，公司内设有供电和供气两个辅助生产车间，这两个辅助生产车间不仅为其他非辅助生产车间提供所需服务，而且它们之间也存在交叉费用的情况，即彼此为对方提供服务和支持，并因此产生相应的费用往来。

项目三 产品成本归集与分配管理

过去,公司一直采用产量比例来分配材料费用。然而,随着产品结构的调整和生产工艺的改进,这种分配方式逐渐暴露出一些问题。例如,对于某些高附加值但产量较小的产品,其分配到的材料费用过低,可能导致其成本计算不准确,进而影响产品定价和市场竞争力。鉴于上述业务问题,管理层怀疑这种分配方式可能不是最优的。

对此,成本组建议引入机器算法模型,通过 Python 交互编程,运用随机森林回归模型对历史生产、材料消耗及产品性能数据进行深入分析,寻找更科学的共同领用材料费用分配标准。公司再根据模型的执行结果,运用 Power BI 的调参功能,对生产费用项目的归集和分配进行可视化决策分析。

2. 任务分析

随机森林回归模型与 Python 编程的结合,为企业提供了一种高效、精确的数据分析工具,能够深入挖掘历史生产、材料消耗及产品性能数据中的潜在规律,从而帮助企业确定更加科学合理的共同领用材料费用分配标准。这种智能化的分析方法不仅提高了成本计算的准确性,还有效避免了因分配不公而导致的成本扭曲,进一步提升了企业的财务管理水平和市场竞争力。与此同时,Power BI 作为强大的数据可视化工具,能够将复杂的数据分析结果以直观、易懂的方式呈现出来,为企业管理层提供了清晰、全面的决策支持。通过 Power BI 的交互式报表和动态图表,管理层可以迅速洞察数据背后的趋势和关联,及时调整和优化生产策略,确保企业在激烈的市场竞争中保持领先地位。这种数据驱动的管理方式不仅提高了决策效率,还为企业带来了更加稳健和可持续的发展。

3. 任务实训

步骤一:数据采集。

从实训界面获取数据,下载"材料费用分配标准"附件并将其上传到文件列表的个人界面,上传结果如图 3-2 所示。

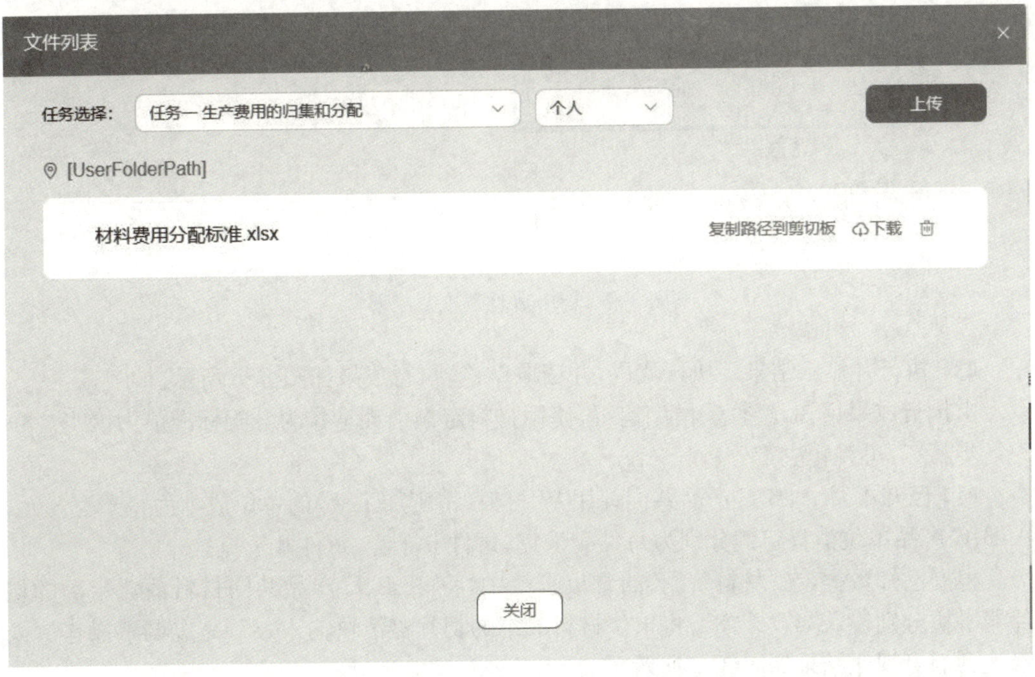

图 3-2 获取数据并上传个人界面

步骤二：运行模型。

（1）技术需求转化。根据关键词的提示，输入参数，特征参数填写结果如图3-3所示。

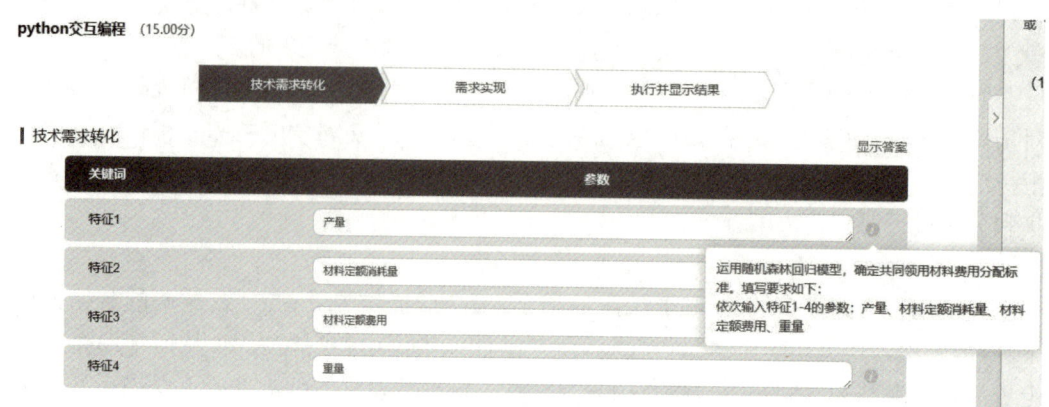

图3-3 特征参数填写结果

（2）需求实现。自动填入特征参数中填写的内容，完善Python代码，Python代码交互成果如图3-4所示。

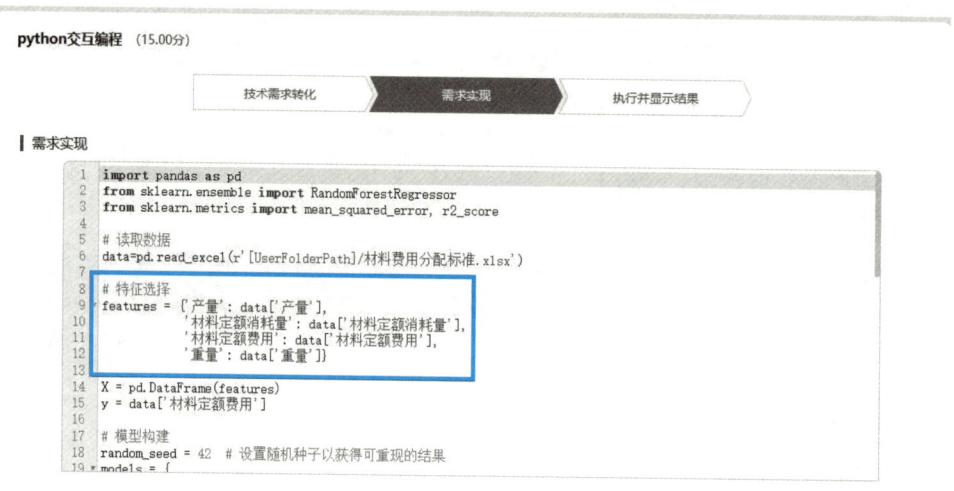

图3-4 Python代码交互成果

（3）执行并显示结果。执行代码，并读取结论，执行成果如图3-5所示。

由执行成果可知，经算法模型运行，使用材料定额消耗量作为分配标准最为恰当。

步骤三：可视化决策分析。

（1）已知本月A、B、C产品共同耗用W材料（精密加工液）的单位成本为每千克8元，A、B、C产品单位消耗定额分别为每件4千克、每件6千克、每件8千克。

根据已知数据，在"材料费用"的看板页签中，将A、B、C产品共同材料消耗定额的切片器滑块分别输入"4""6""8"；将单位材料成本的切片器滑块输入"8"，完成调参操作。调参达到的可视化结果如图3-6所示。

项目三 产品成本归集与分配管理

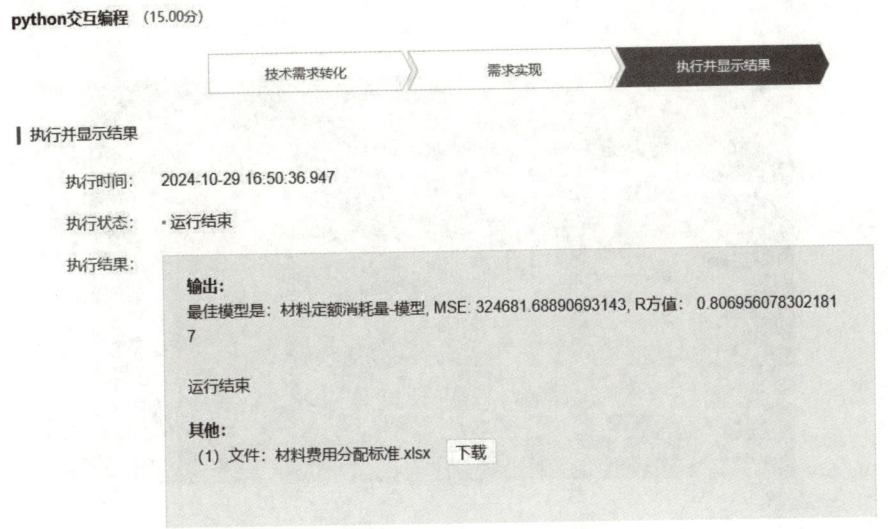

图 3-5　代码执行成功

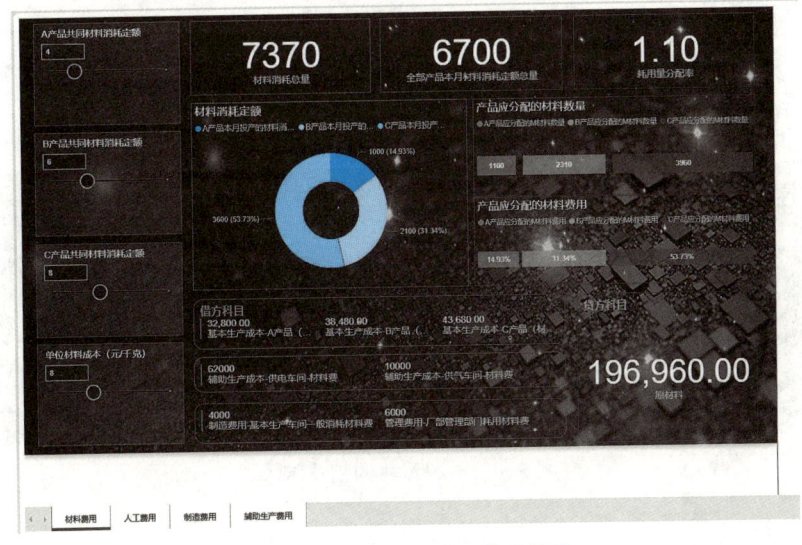

图 3-6　本月材料费用分配情况

通过大屏,可以快速得到可视化结果:本月全部产品材料消耗定额总量为 6 700 千克,其耗用量的分配率为 1.1;W 材料的最主要损耗流向了 C 产品的生产过程。

(2) 随着产品结构的调整和生产工艺的持续改进,公司针对 C 产品采用了更高效的材料利用技术,预计这一举措将使下月 C 产品的单位消耗定额降低至每件 4 千克。同时,通过对供应商的有效管理,公司成功实现了单位材料成本的降低。自下月起,A、B、C 的共同材料 W 材料的材料成本将下降为 7 元/千克。

此时若要预测下月材料耗用情况,应在"材料费用"的看板页签中,调整两个切片器滑块的参数:C 产品共同材料消耗定额的切片器滑块调整为"4";单位材料成本的切片器滑块调整为"7";其他切片器滑块的参数维持不变。通过以上调参操作,快速得到可视化结果,如图 3-7 所示。

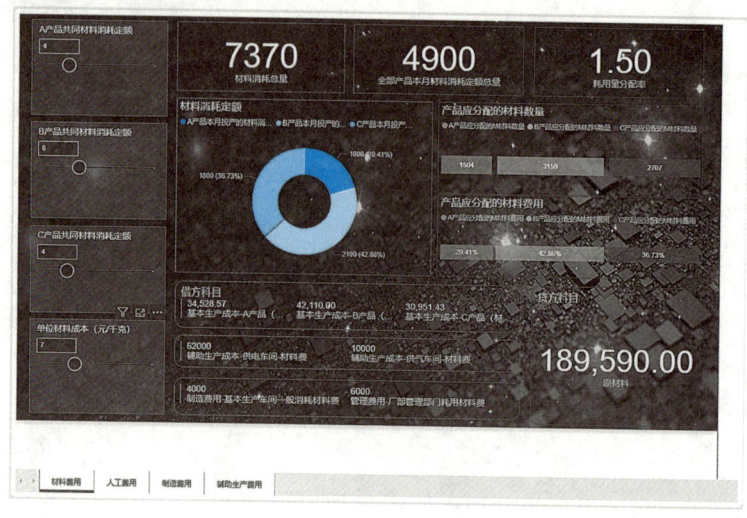

图 3-7　预计次月材料费用分配情况

通过大屏,可以快速得到可视化结果:预计次月全部产品材料消耗定额总量为 4 900 千克,其耗用量的分配率为 1.51;W 材料的最主要损耗流向了 B 产品的生产过程。进一步观察看板可快速得到材料费用的核算结果,如图 3-8 所示。

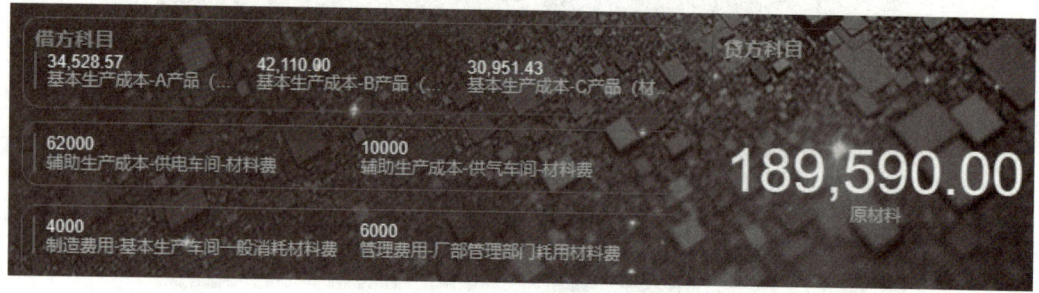

图 3-8　材料费用的核算结果

根据可视化大屏,可直接编制会计分录:

借:生产成本——基本生产成本——(A 产品)　　　　　　　　34 528.57
　　　　　　　　　　　　　　——(B 产品)　　　　　　　　42 110.00
　　　　　　　　　　　　　　——(C 产品)　　　　　　　　30 951.43
　　辅助生产成本——供电车间——材料费　　　　　　　　　62 000.00
　　辅助生产成本——供气车间——材料费　　　　　　　　　10 000.00
　　制造费用——材料费　　　　　　　　　　　　　　　　　4 000.00
　　管理费用——材料费　　　　　　　　　　　　　　　　　6 000.00
　　贷:原材料　　　　　　　　　　　　　　　　　　　　189 590.00

(3) 已知当月产品生产统计 A、B、C 产品生产工时分别为 20 500 小时、28 500 小时、36 000 小时。在"人工费用"的看板页签中,将 A、B、C 产品生产工时的切片器滑块分别输入"20 500""28 500""36 000",完成调参即可快速得到可视化结果,如图3-9所示。

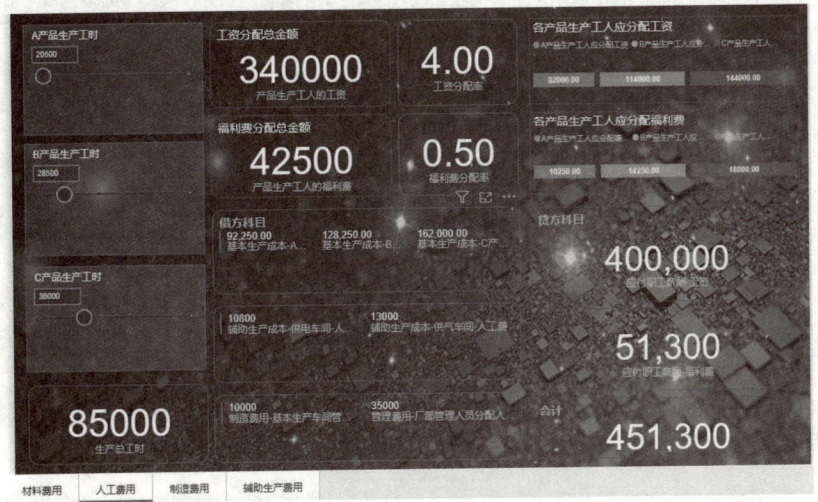

图3-9 本月人工费用分配情况

通过大屏,可以快速得到可视化结果:本月生产总工时为85 000小时;工资分配总金额为34万元,工资分配率为4;福利费分配总金额为4.25万元,福利费分配率为0.5等。

(4)预计次月C产品生产工时因工艺改进降至30 000小时,对应将C产品生产工时的切片器滑块调整为"30 000",快速得到可视化结果,如图3-10所示。

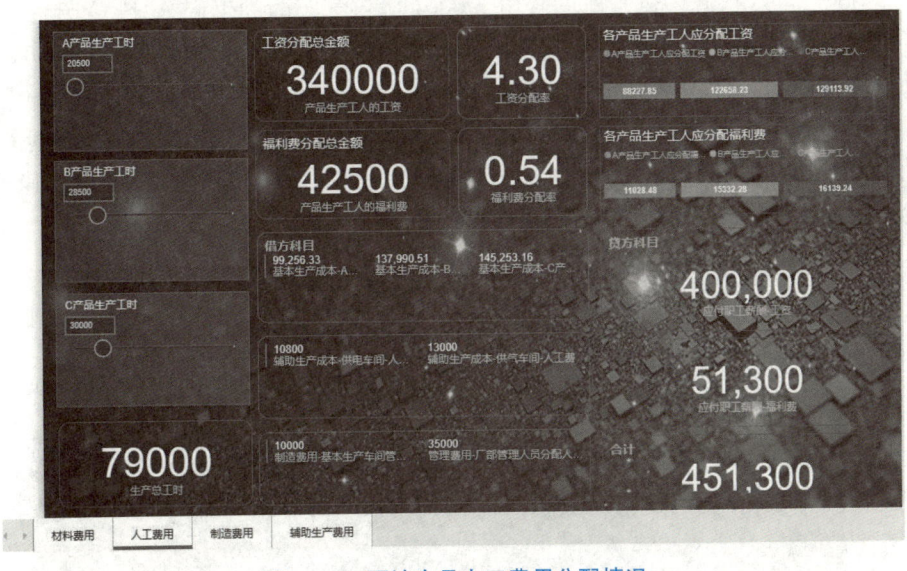

图3-10 预计次月人工费用分配情况

通过大屏,可以快速得到可视化结果:预计次月生产总工时为79 000小时;工资分配总金额为34万元,工资分配率为4.3;福利费分配总金额为4.25万元,福利费分配率为0.54等。

(5)在"制造费用"的看板页签中,将A、B、C产品生产工时的切片器滑块分别输入"20 500""28 500""36 000",完成调参即可快速得到可视化结果,如图3-11所示。

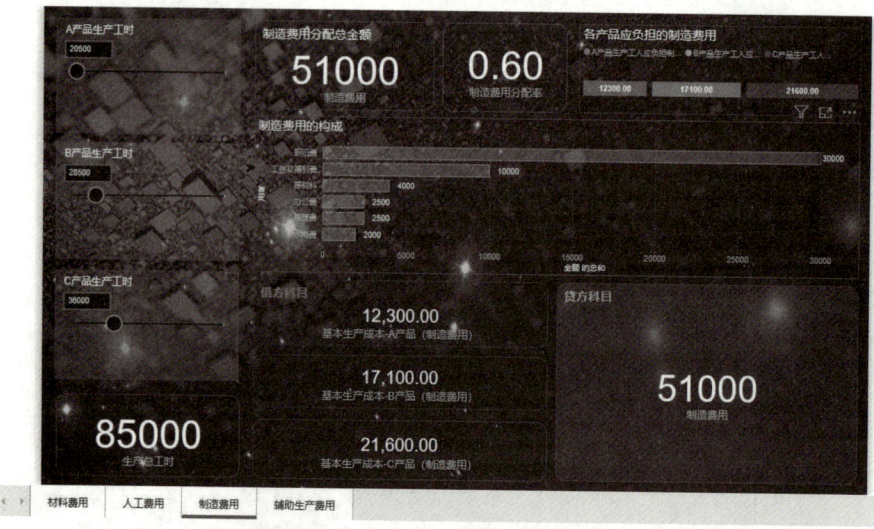

图 3-11 本月制造费用分配情况

通过大屏,可以快速得到可视化结果:制造费用分配总金额为 5.1 万元,制造费用分配率为 0.6 及制造费用的构成情况。进而根据可视化结果分析企业经营状况,例如,由大盘可知折旧费最高,这暗示了企业在固定资产方面的投资较重,侧面反映了企业生产规模较大或设备更新较快。

(6) 已知本月供电车间为生产 A、B、C 产品,车间厂部管理部门和企业行政管理部门等提供 400 000 度电,其中供气车间耗电 5 000 度;供气车间为生产 A、B、C 产品,车间厂部管理部门和企业行政管理部门等提供 5 000 吨蒸汽,其中供电车间耗用 1 000 吨。在"辅助生产费用"的看板页签中,将供电车间总供应量的切片器滑块输入"400 000"、供气车间总供应量的切片器滑块输入"5 000"、供气车间耗电量(度)的切片器滑块输入"5 000"、供电车间耗用量(吨)的切片器滑块输入"1 000"。完成前述调整即可快速得到可视化结果,如图 3-12 所示。

图 3-12 本月辅助生产费用分配情况

项目三 产品成本归集与分配管理

通过大屏,可以快速得到可视化结果:供电车间分配率为 0.2;供气车间分配率为 6;供电车间归集费用为 80 000 元,供气车间归集费用为 30 000 元等。

 决策赋能

通过以上任务训练可以看出,利用 Python 结合随机森林回归模型,可以对历史生产、材料消耗及产品性能数据进行深入且科学的分析。这种方法不仅能够帮助我们发现数据之间的潜在关系,还能为确定共同领用材料费用的分配标准提供更加精准的预测和依据。而通过 Power BI 的调参功能和可视化决策分析,我们能够直观地展示生产费用项目的归集和分配情况,从而实现更加高效和合理的决策制定。这种结合机器学习与数据可视化的方法,极大地提升了生产管理和成本控制的精确性和效率。

思政图文案例1 佛山陶瓷产业中的费用归集智慧与现代成本核算的契合

任务二　基于定额比例法的成本分配作业

 思维引例

小张是制造公司的一名成本会计,该公司专注于生产多种机械零部件,以满足不同客户的需求。随着市场竞争的日益激烈,公司管理层对成本控制的要求越来越高。近期,公司接到了一笔大额订单,需要生产一批复杂的机械零部件。这批零部件的生产过程涉及多个工序,每个工序都有不同的工时定额和材料消耗定额。

小张深知准确、合理的成本分配是成本控制的关键环节之一,因此决定采用定额比例法来进行成本分配,计算每个工序的成本比例,了解每个工序的成本构成和分布情况,从而为公司的成本控制和决策提供更加有力的支持。

思考:小张需要先收集哪些关键数据来确保成本分配的准确性?

 任务导入

本任务的主要内容包括:

(1)熟悉完工产品与在产品的界定,以及定额比例法在成本分配中的应用。

(2)基于定额比例法,运用多元线性回归模型预测产品材料消耗定额,结合 Power BI 进行成本分配。

 知识准备

成本分配是企业财务管理体系中的核心环节,直接关系到企业的成本控制、利润分析及战略决策。其不仅影响企业的财务透明度,还直接作用于企业的市场竞争力和盈利能力。本任务将深入探讨定额比例法的基本原理、适用条件、计算步骤及其在实践中的应用,以期为企业提供一套有效的成本控制与核算工具。

课件 07:项目三任务二 基于定额比例法的完工品与在产品成本分配

051

一、完工产品与在产品的界定

在企业的生产流水线上,产品从原材料到最终成品的转变过程中存在着不同的状态。为了分辨并把握这些状态,企业引入了"完工产品"与"在产品"两个核心概念。

(一) 完工产品

1. 定义

完工产品是指经过全部生产流程,在符合企业既定质量标准的情况下可以直接投放市场进行销售的最终产品。

2. 特征

完工产品通常具有以下特征:

(1) 全面完成。完工产品已历经所有生产环节,无需再加工。
(2) 市场就绪。完工产品可立即投放市场,满足消费者需求。
(3) 质量达标。完工产品已经过严格的质量检测,符合企业的质量标准。
(4) 成本确定。完工产品的成本已经过核算,可以直接计入企业的成本账户。

(二) 在产品

1. 定义

在产品是指处于生产过程中的中间品,包括正在加工中的产品、已完成部分工序但尚未形成最终产品的半成品等。

2. 特征

在产品通常具有以下特征:

(1) 加工中。在产品处于生产流程中的某一阶段,仍需进一步加工或检测。
(2) 半成品状态。在产品尚未形成最终形态,需经过后续工序的完善。
(3) 成本估算。在产品的成本需根据生产进度进行估算,尚未确定。
(4) 非销售品。一般而言,产品需完成整个生产流程后方能进入市场进行销售。然而,随着社会进步与消费者需求多样化,市场上涌现出多种半成品商品,如预制食品。此类商品虽然不能直接食用,但消费者购买后,仅需进行简单的加热处理,即可将其转化为可食用状态,这极大地方便了消费者。

(三) 完工产品与在产品的区分

通常来说,完工产品与在产品可以通过以下特点进行区分。

1. 生产阶段

完工产品已完成整个生产流程,而在产品则正处于某个生产阶段。

2. 质量检测

完工产品已经过全面检测,而在产品可能仅经过部分检测。

3. 市场属性

完工产品可直接上市,而在产品则暂时无法直接面对消费者。

4. 成本核算

完工产品的成本已确定,而在产品的成本则需根据生产进度进行估算。

5. 库存管理

完工产品一般存放在成品仓库中,等待销售;而在产品则存放在生产现场或半成品仓库中,等待进一步加工。

6. 风险控制

完工产品的风险相对较小,因为其已经过全面检测和质量控制;而在产品的风险较大,因为其仍处于生产过程中,可能存在质量问题或生产延误等风险。

7. 决策影响

完工产品的数量和成本直接影响企业的销售和利润;而在产品的数量和成本则影响企业的生产计划和成本控制。

综上所述,深入解析完工产品与在产品的界限,不仅有助于企业精准掌握生产进度,更能确保产品质量,降低生产成本,提升市场竞争力。同时,这也为企业的成本核算和财务管理提供了重要依据,为企业的持续健康发展奠定了坚实基础。

二、定额比例法在成本分配中的应用

定额比例法是一种将生产费用按照完工产品与月末在产品之间的定额消耗量或定额成本比例进行分配的方法。这种方法适用于定额管理基础较好、定额消耗量或定额成本等资料较准确稳定,且各月在产品数量不稳定的产品。

(一) 基本概述

定额比例法根据产品的定额消耗量(如原材料消耗、工时消耗等)或定额成本(如单位产品成本、单位工时成本等),将生产费用在完工产品与月末在产品之间进行分配。这种方法能够确保生产费用的合理分配和成本核算的准确性。

(二) 适用条件

定额比例法适用于以下情况。

1. 定额管理基础较好

企业应建立完善的定额管理制度,确保定额数据的准确性和稳定性。

2. 定额消耗量或定额成本等资料较准确稳定

定额数据应能够真实反映产品的生产消耗和成本情况。

3. 各月在产品数量不稳定

定额比例法能够较好地处理在产品数量波动对成本分配的影响。

(三) 相关计算

定额比例法的计算步骤包括确定分配率、计算完工产品和在产品应分配的成本等。以下以定额成本比例分配为例,详细阐述相关计算公式和步骤。

1. 直接材料

(1) 直接材料的分配率=(月初在产品实际直接材料成本+本月发生直接材料成本)÷(完工产品定额直接材料成本+月末在产品定额直接材料成本)。

(2) 完工产品应分配直接材料成本=完工产品定额直接材料成本×直接材料的分配率。

(3) 月末在产品应分配直接材料成本=月末在产品定额直接材料成本×直接材料的分配率。

2. 直接人工

(1) 直接人工的分配率=(月初在产品实际直接人工成本+本月发生直接人工成本)÷(完工产品定额工时+月末在产品定额工时)。

(2) 完工产品应分配直接人工成本=完工产品定额工时×直接人工的分配率。

(3) 月末在产品应分配直接人工成本=月末在产品定额工时×直接人工的分配率。

3. 制造费用

（1）制造费用的分配率＝（月初在产品实际制造费用＋本月发生制造费用）÷（完工产品定额工时＋月末在产品定额工时）。

（2）完工产品应分配制造费用＝完工产品定额工时×制造费用的分配率。

（3）月末在产品应分配制造费用＝月末在产品定额工时×制造费用的分配率。

三、Python 交互编程

项目三任务二习题

企业可应用多元线性回归模型，优化对材料消耗定额的预测。

（一）基本原理

多元线性回归模型是一种统计方法，用于研究一个因变量与两个或两个以上自变量之间的线性关系。模型假设自变量与因变量之间存在线性关系，误差项满足正态分布且独立同分布。

（二）应用场景

多元线性回归模型在优化材料消耗定额预测中具有重要作用。通过合理构建和优化模型，企业可以更加准确地预测未来的材料消耗情况，并制定有效的优化策略以降低成本、提高效益。

（三）模型的构建

企业可利用多元线性回归模型来预测单位产品的定额消耗。模型将考虑以生产数量、生产时间、设备使用效率等因素为自变量，以单位产品的材料消耗为因变量。

多元线性回归模型可以表示为：

$$Y = \beta_0 + \beta_1 X_1 + \beta_2 X_2 + \beta_3 X_3 + \cdots + \beta_n X_n + \varepsilon$$

其中，Y 是单位产品的材料消耗，β_0 为截距项，X_1，X_2，$\cdots X_n$ 是各种影响材料消耗的自变量（如生产数量、生产时间、设备使用效率等），β_1，β_2，$\cdots \beta_n$ 是相应的回归系数，ε 是误差项。

（1）特征选择。选择与材料消耗相关的自变量，如生产数量、生产时间、设备使用效率等模型拟合；使用统计软件（如 SPSS、R、Python 等）进行多元线性回归模型的拟合，通过最小二乘法估计回归系数。

（2）模型检验。对模型进行统计检验，如 F 检验、t 检验等，以验证模型的显著性和可行性；经过模型拟合后，得到相应回归系数，基于生产参数，代入回归方程式，从而预测材料消耗定额。

 任务训练

数智融合——运用 Python 与 Power BI，基于定额比例法完成成本分配作业

1. 任务描述

恒泰塑料制品公司是一家专注于高品质塑料桶生产的企业。自成立以来，公司始终坚持单一原材料生产策略，即以一种核心的塑料颗粒为原材料，通过精湛的加工技术生产多种规格的塑料桶，具体包括 25 L 塑料桶、50 L 塑料桶、200 L 塑料桶和吨桶。不同规格产品的生产资料如表 3-1 所示。

表 3-1　不同规格产品的生产资料

金额单位:元

产品类别	在产工时（小时/件）	完工工时（小时/件）	期初在产品的人工成本(元/件)	本期发生费用	
				基数	增量
25 L 塑料桶	5	8	150	900	0
50 L 塑料桶	6	10	150	900	380
200 L 塑料桶	8	12	150	900	870
吨桶	10	5	150	900	2 150

以一种核心的塑料颗粒为原材料，公司能够更精确地控制产品的质量和性能，通过精湛的加工技术生产多种规格的塑料桶。因此，不同规格的产品在直接人工费用上存在差异，导致其产品成本各不相同。而直接材料费用和制造费用对于所有产品是相同的。这样的生产方式既保证了产品质量的稳定，又体现了公司对成本控制的精细管理。

近来，公司准备通过科学预测与控制生产流程材料消耗的方式，实现优化成本和提升效率的目标。对此，公司财务组成本专员建议引入机器算法模型，利用多元线性回归模型精确测定每种产品的材料消耗定额。为体现该模型的应用效果，公司财务组成本专员需要采用某一种产品本月数据作为试验资料，通过此模型的预测，科学地得出产品的单位定额消耗，并根据模型的执行结果，运用 Power BI 完成基于定额比例法的完工产品与在产品成本分配。

2. 任务分析

多元线性回归模型与 Python 编程的结合，为企业提供了精确的成本预测与分析能力，有助于优化基于定额比例法的成本分配作业。与此同时，Power BI 作为强大的数据可视化工具，能够直观地展示这些成本分配的结果，帮助企业决策者更好地理解和利用成本数据，从而作出更加明智的经营决策。

3. 任务实训

步骤一：运行模型。

（1）技术需求转化。根据关键词的提示，输入参数，特征参数填写结果如图 3-13 所示。

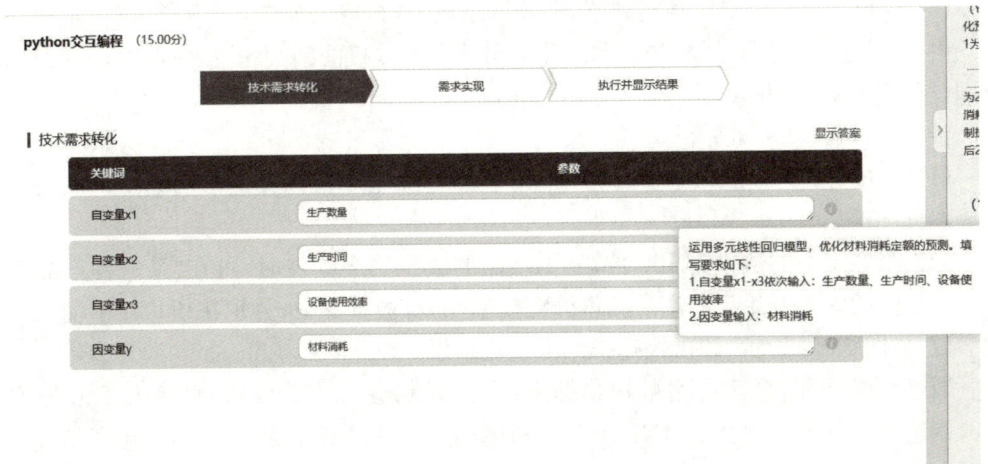

图 3-13　特征参数填写结果

(2)需求实现。自动填入特征参数中填写的内容,完善 Python 代码,Python 代码交互成果如图 3-14 和图 3-15 所示。

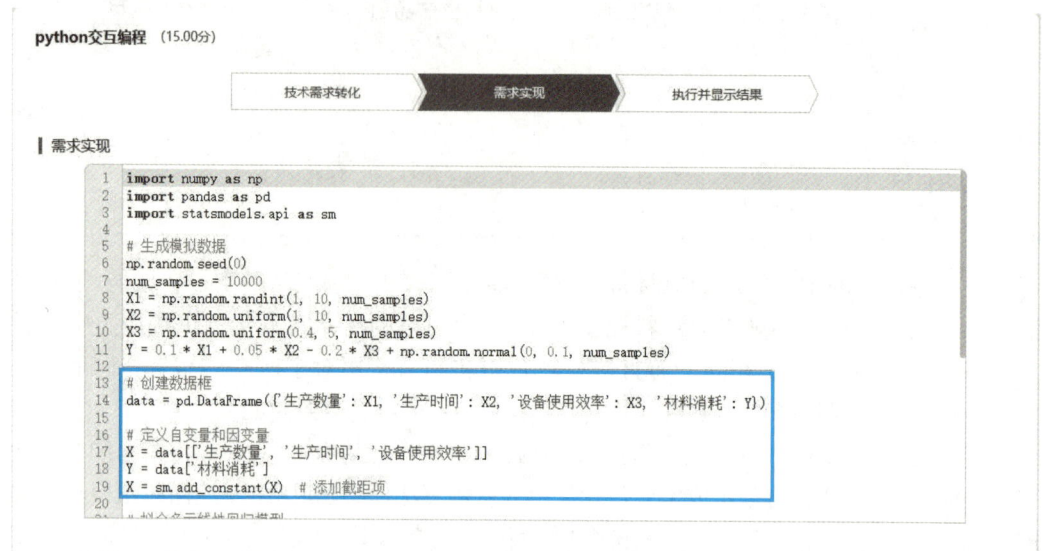

图 3-14　Python 代码交互成果(a)

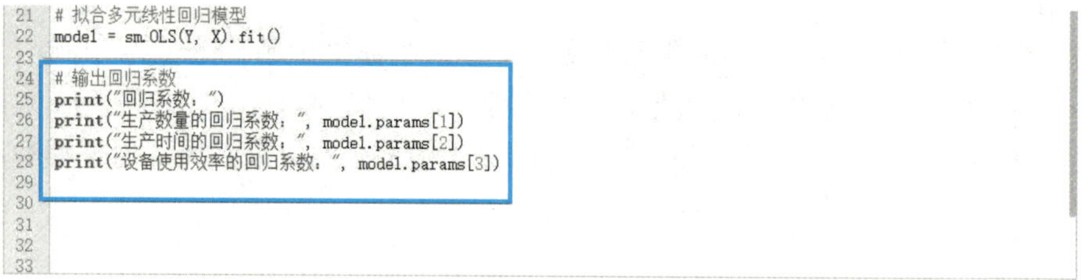

图 3-15　Python 代码交互成果(b)

(3)执行并显示结果。执行代码,并读取结论,执行成果如图 3-16 所示。

由执行成果可得到,经算法模型运算得出的生产数量的回归系数、生产时间的回归系数和设备使用效率的回归系数。

步骤二:可视化决策分析。

(1)已知财务部以 25 L 塑料桶为研究对象,建立基于定额比例法的完工产品与在产品成本分配模型。

当期末在产品的数量为 100 件,完工产品的数量为 200 件时,可在"某一种产品基于定额比例法的完工产品与在产品成本分配模型"的看板页签中,分别在切片器中输入对应的参数,如图 3-17 所示,即可快速得到可视化结果。

通过大屏,可以快速得到可视化结果:直接材料分配率为 1.2,直接人工分配率为 0.5,制造费用分配率为 0.2;本月 25 L 塑料桶的完工产品成本为 2 320 元,在产品成本为 950 元;产品成本结构中,完工产品与在产品的成本比例接近 7∶3 等。

公司可以根据完工产品与在产品的定额消耗量或定额费用比例分配生产成本,从而

图 3-16 代码执行成功

图 3-17 某一种产品基于定额比例法的完工产品与在产品成本分配结果

更加准确地掌握产品的真实成本。

（2）已知公司采用特定的塑料颗粒作为原材料，经过精细化的加工技术，打造出不同规格的塑料桶。根据表 3-1 不同规格产品的生产资料中的生产数据，在"不同产品基于定额比例法的完工产品与在产品成本分配"的看板页签中输入对应的参数，得到可视化结果，如图 3-18 所示。

通过大屏，可以快速得到可视化结果：25 L 塑料桶、50 L 塑料桶、200 L 塑料桶和吨桶的直接人工分配率分别为 0.5、0.55、0.6、0.8；在产品成本分别为 950 元、1 030 元、1 180 元、1 500 元；完工产品成本分别为 2 320 元、2 550 元、2 700 元、3 020 元。

057

智能化成本核算与管理

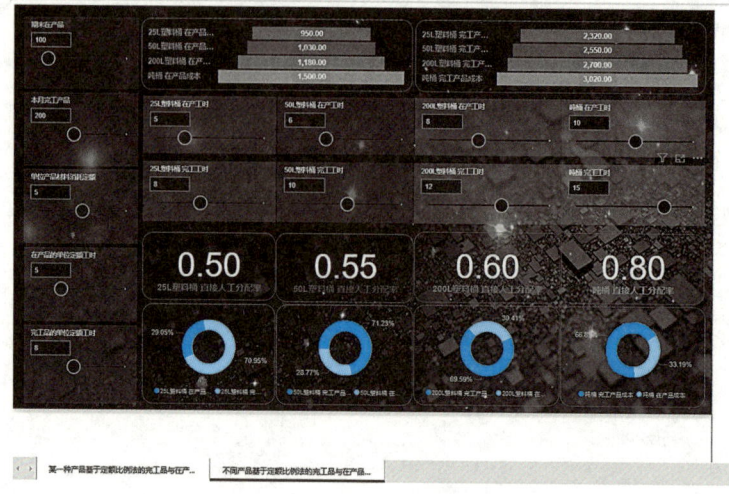

图 3-18　不同产品基于定额比例法的完工产品与在产品成本分配结果

 决策赋能

通过以上任务训练可以看出，利用多元线性回归模型可以精确地预测和优化恒泰塑料制品公司的材料消耗定额。该模型通过考虑生产数量、生产时间、设备使用效率等多个自变量，建立了其与单位产品材料消耗之间的线性关系，从而实现了对材料消耗的准确预测。这不仅为企业提供了科学的决策依据，还有助于企业实现成本优化和效率提升的目标。

此外，结合 Power BI 等可视化工具，企业可以进一步对预测结果进行深度分析和可视化展示，从而更加准确、直观地反映产品的真实成本。

任务三　基于约当产量法的成本分配作业

 思维引例

小王是机械制造公司的一名成本会计，该公司以生产高精度机械零部件而闻名，产品广泛应用于汽车、航空航天等多个领域。随着市场竞争的加剧和客户需求的多样化，公司管理层对成本控制和产品定价的准确性提出了更高要求。

近期，公司接到了一笔紧急订单，需要生产一批复杂的机械零部件。这批零部件的生产工艺繁琐，需要经过多道工序，每道工序都有其特定的工时定额和材料消耗定额。由于订单紧急且数量较大，公司决定采用并行生产方式，即多个工序同时进行，以缩短生产周期。

小王深知，传统的成本分配方法可能无法准确反映这种并行生产方式下的成本构成。

项目三 产品成本归集与分配管理

因此,他决定采用约当产量法来进行成本分配,以满足当前生产状态下企业对于成本控制准确性和有效性的需求。

思考:完工程度的准确性对成本分配有何影响?小王需要如何确定每个工序的完工程度?

任务导入

本任务的主要内容包括:

(1) 熟悉约当产量法的概念、完工程度的评估及约当产量法在成本分配中的实施方法。

(2) 基于约当产量法,运用 Power BI 的参数调控功能,建立一个动态的成本分配模型。

知识准备

在企业的成本核算过程中,如何准确、合理地分配生产费用,是衡量企业成本管理能力的重要指标。约当产量法作为一种有效的成本核算方法,通过将在产品按其完工程度折算为相当于完工产品的数量,实现生产费用的合理分配。

课件 08:项目三任务三基于约当产量法的完工品与在产品成本分配

一、约当产量的概念与理解

(一) 约当产量的概念

约当产量是指在产品按其完工程度约当于完工产品的数量。它通过将未完工的在产品按照其完工程度进行折算,得出一个相当于完工产品的虚拟数量,以便在成本核算中进行分配。

(二) 约当产量法的理解

约当产量法是一种基于产品完工程度的成本核算方法。它通过将月末结存的在产品按照其完工程度折合成约当产量,然后将产品应负担的全部生产费用按照完工产品产量和在产品约当产量的比例进行分配。这种方法能够确保生产费用在完工产品和在产品之间得到合理、准确的分摊。

该方法主要适用于产量可以明确量化、成本结构相对清晰的行业或企业。通过基于实际产量的成本分摊,约当产量法能够为企业提供更为准确、详实的成本信息,从而更好地反映企业的实际经营状况。

项目三思维导图

二、产品完工程度的评估

(一) 完工程度的定义

完工程度是指一个产品、项目或工程已经达到的进展程度,表示产品、工程或项目已经完成了多少部分。在产品生产过程中,完工程度是衡量产品完成情况的重要指标,通常以百分比形式表示。

(二) 完工程度的理解

完工程度反映了产品生产的进度和成果。高完工程度表示产品完成度高,而低完工程度则表示产品完成度低。在一个产品生产周期中,完工程度通常会随着时间推移而不断提高,直到达到100%(表示产品完全完成)。

(三) 完工程度的计算

1. 对于直接材料费用而言的约当产量

直接材料费用项目约当产量的确定,取决于产品生产过程中的投料程度。在产品投料程度是指在产品已投材料占完工产品应投材料的百分比。由于投入形式不同,在产品投料程度也不同。

(1) 若原材料在生产开始时一次投入:

$$直接材料的投料百分比 = 100\%$$

若直接材料在生产开始时一次投入,则投料百分比为100%。这时不论在产品完工程度如何,其单位在产品耗用的原材料与单位完工产品耗用的原材料相等。因此,用以分配直接材料费用的在产品约当产量即为在产品的实际数量。

(2) 若原材料随生产过程陆续投入:

$$直接材料的投料百分比 = 累计耗用 \div 全部所需 \times 100\%$$

若直接材料随生产过程陆续投入,则在产品投料程度的计算方法与完工程度的计算方法相同(参考完工程度的计算)。此时,用以分配直接材料费用的在产品约当产量按完工程度折算。

2. 对于直接人工费用和制造费用而言的约当产量

对于直接材料以外的其他成本项目,通常按完工程度计算约当产量。当企业生产进度比较均衡,各道工序在产品数量相差不大时,全部在产品完工程度都可以按50%平均计算;否则,各道工序在产品的完工程度应按工序分别测定。

$$某道工序在产品完工率 = (前面各道工序的累计定额工时 + 本道工序定额工时 \times 50\%) \div 完工产品定额工时 \times 100\%$$

三、约当产量法在成本分配中的实施

(一) 约当产量的计算

1. 基本原理

约当产量法的基本原理是将未完工的在产品按照其完工程度折算为相当于完工产品的数量,即约当产量。这个虚拟的完工产品数量将用于后续的成本分配过程。

2. 相关公式

在约当产量法的实施中,可使用以下公式进行计算:

(1) 月末在产品约当产量=月末在产品数量×完工(投料)程度。

这个公式用于计算月末在产品的约当产量,它考虑了月末在产品的数量和完工程度。

(2) 成本分配率=本期总成本÷总约当产量(用于按比例分摊总成本)。

第一个公式用于计算单位成本,第二个公式用于计算成本分配率,它考虑了月初在产品成本、本月生产成本以及完工产品数量和月末在产品约当产量。

(3) 完工产品成本＝完工产品数量×单位成本

这个公式用于计算完工产品的成本,它考虑了完工产品数量和单位成本。

(4) 月末在产品成本＝月末在产品约当产量×单位成本

这个公式用于计算月末在产品的成本,它考虑了月末在产品约当产量和单位成本。

(二) 约当产量法的实施步骤

1. 收集数据

在实施约当产量法之前,我们需要收集相关的数据,包括月初在产品成本、本月生产成本、月末在产品数量和各道工序的完工程度等。

2. 计算约当产量

根据收集的数据,我们可以使用公式计算月末在产品的约当产量。这个虚拟的完工产品数量将用于后续的成本分配过程。

3. 计算单位成本

在计算出月末在产品的约当产量后,我们可以使用公式计算单位成本或分配率。这个单位成本将用于计算完工产品和月末在产品的成本。

4. 分配成本

我们可以使用计算出的单位成本来分配完工产品和月末在产品的成本。这个分配过程将确保生产费用在完工产品和在产品之间得到合理、准确的分摊。

四、Python 交互编程

项目三任务三习题

企业可通过参数调控的图表可视化分析,完成投料方式与完工程度的不同抉择。

(一) 基本原理

在 Power BI 中,参数(parameters)是一种允许用户输入数值或选择选项的数据类型,这些数值或选项随后可以作为过滤器、切片器、条件格式或 DAX 表达式中的条件以动态地改变报表的显示内容和计算结果。参数调控的核心在于赋予了用户根据自己的需求调整数据视图的能力。用户可通过选择预设的数值范围、日期区间,或自定义的类别选项等完成调整工作。

(二) 参数调控的作用

Power BI 参数调控的实质是通过灵活运用包括切片器在内的多种视觉对象和交互机制,结合用户定义的参数,动态地控制和展示数据,从而帮助用户更深入地理解数据背后的情况,并作出更加明智的决策。

任务训练

数智融合——运用 Power BI,基于约当产量法完成成本分配作业

1. 任务描述

德兴家具制造厂位于家具之都——佛山市,自 2008 年成立以来,德兴家具凭借多年"中国家具,佛山为冠"的行业经验和家具制造技术,在竞争激烈的家具市场中稳健前行。在实木的选择上,公司严选红木、黑胡桃木、橡木、松木等多种优质木材,确保每一件家具具备卓越的品质和独特的魅力。

德兴家具制造厂深耕家具制造业多年，专注于生产实木类家具，其主要包括餐桌、沙发、床、柜台、吧台等产品。实木类家具的制造分为以下三个工序进行，如表3-2所示。

表3-2 实木类家具制造工序

工序	工序工时（小时）	未完工数量（件）
第一工序	4	20
第二工序	8	40
第三工序	8	60

考虑到生产过程中的实际情况，各工序的完成度按50%计算。其中，餐桌的单件产品工时定额为20小时，相关生产成本如表3-3所示；沙发、床、柜台、吧台的生产数据如表3-4所示。

表3-3 餐桌生产成本

单位：元

项目	直接材料	直接人工	制造费用
期初在产品成本	6 000	2 980	3 512
本期发生费用	10 000	5 000	5 000

表3-4 生产数据

项目	产品	第一工序	第二工序	第三工序	投料方式
工时（小时）	沙发	4	6	8	一次投料
	床	3	5	6	一次投料
	柜台	3	4	7	陆续投料
	吧台	5	7	9	陆续投料
未完工数量（件）	沙发	10	50	70	一次投料
	床	20	60	80	一次投料
	柜台	30	40	60	陆续投料
	吧台	20	50	70	陆续投料

公司采用约当产量法核算实木家具的生产成本。尽管以该方法核算实木家具的生产成本能够准确反映实际情况，但由于公司产品种类繁多，这一方法涉及的计算过程在Excel表中显得尤为复杂。为了改善这一状况，公司需要探索更简洁、直观的方式来展示

这些数据,以便管理层能够更轻松地理解和把握生产成本的情况。

由于公司生产家具的工序基本一致,只是不同产物的生产数据有所不同,成本组建议先以某一种典型产品(如餐桌)为例,建立一个基于约当产量法的完工产品与在产品成本分配的模型。在模型中,分析人员通过设置参数变量,根据不同产品的生产数据进行调整,实现数据的动态变化,满足管理层对于直观展示的需求。

2. 任务分析

Power BI 为企业提供了强大的数据可视化与分析平台。特别是在基于约当产量法的成本分配作业中,它能够直观展示各生产阶段的成本分布、变化趋势及效率情况,帮助企业快速识别成本控制的关键点,优化成本分配策略,从而支持更加精准和高效的生产决策。

3. 任务实训

(1) 以餐桌为研究对象,建立基于约当产量法的完工产品与在产品成本分配模型。已知直接材料随着生产进度陆续均衡投入,且在第一工序也是陆续投入的。当完工产品的数量为 200 件时,在"基于约当产量法的完工产品与在产品成本分配模型"的看板页签中,输入对应的参数,即可得到可视化结果,如图 3-19 所示。

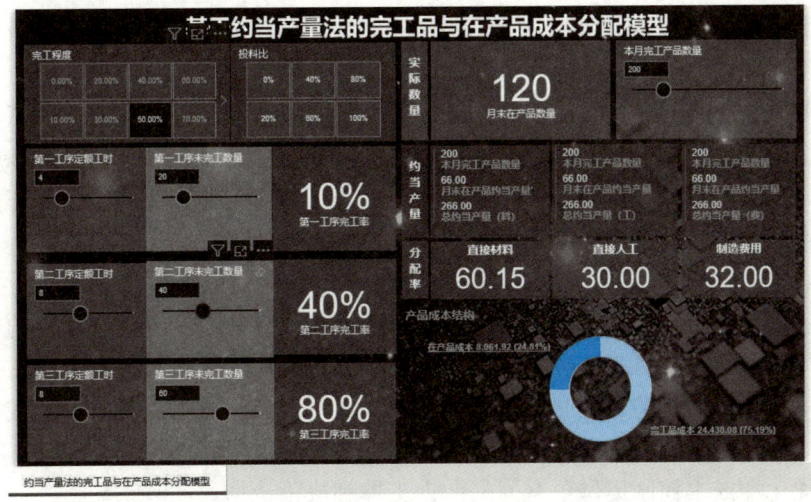

图 3-19　基于约当产量法的完工产品与在产品成本分配情况

通过大屏,可以快速得到可视化结果:第一工序完工率为 10%,第二工序完工率为 40%,第三工序完工率为 80%,月末在产品数量为 120 件等;产品成本结构中,完工产品与在产品的成本比例接近 3∶1 等。

(2) 如果直接材料在开始生产时是一次投入的,其他条件不变,则在"基于约当产量法的完工产品与在产品成本分配模型"的看板页签中现有数据的基础上将"投料比"参数选择"100%",即可得到可视化结果,如图 3-20 所示。

通过大屏,可以快速得到可视化结果:第一工序完工率为 10%,第二工序完工率为 40%,第三工序完工率为 80%,月末在产品数量为 120 件等;产品成本结构中,完工产品与在产品的成本比例接近 7∶3 等。

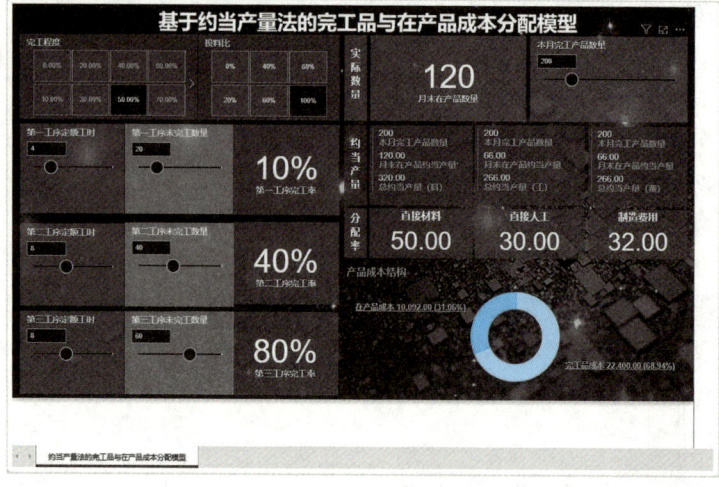

图 3-20 一次投料时基于约当产量法的完工产品与在产品成本分配情况

 决策赋能

通过上述任务实践,我们深刻体会到 Power BI 在构建实木家具生产成本分配模型中的强大作用。

借助 Power BI 丰富的可视化工具,我们将复杂的成本分配过程以直观、简洁的方式呈现出来。通过图表、切片器等视觉元素,用户可以迅速把握生产成本的结构和分布,从而更加深入地理解数据背后的情况。这种直观性不仅有助于提升决策效率,还能激发用户的洞察力和创造力。

此外,该模型还展现出良好的扩展性和通用性。虽然我们以餐桌为例进行了详细建模,但模型的设计思路和方法同样适用于其他家具产品。用户只需调整相应的参数和输入数据,即可轻松扩展模型的应用范围,为公司的整体生产成本控制提供全面支持。

通过对比不同投料方式下的成本分配结果,我们深刻认识到生产方式对成本结构的重要影响。这一发现不仅有助于公司制定更加合理的生产计划和成本控制策略,还为未来的生产优化和成本控制提供了有力的数据支撑和决策依据。

 项目小结

本项目旨在全面探讨产品成本归集与分配管理的关键环节,从基本生产费用与辅助生产费用的特点及其归集方法出发,深入分析了生产费用的特性与归集途径;随后进一步探讨定额比例法与约当产量法在成本分配中的应用,明确了完工产品与在产品的界定,以及产品完工程度的评估方法。这些内容与措施共同构成了产品成本管理的核心,旨在提升成本分配的准确性和效率,为企业的生产成本控制与财务管理提供有力支持。

笔记

 巩固练习

一、思考题

1. 在生产费用归集与分配作业中，基本生产费用与辅助生产费用的主要区别是什么？它们各自的归集方法有何特点？
2. 定额比例法和约当产量法在成本分配中各有何优缺点？在实际应用中应如何选择？

二、讨论题

1. 在生产费用归集过程中，如何有效区分直接费用和间接费用，并合理进行归集？
2. 在成本分配过程中，如何平衡不同产品、部门或工序之间的成本分配，以实现公平性和效率性的双重目标？

项目四 产品成本计算

项目导读

《汉书·食货志》记载了一段关于酿酒销售计利的文字,详细描述了酿酒的成本计算过程,包括原材料(粗米和酒曲)的消耗、成酒的产量和销售价格的确定等。通过计算原材料成本和销售价格,汉代人能够清晰地了解酿酒业务的盈利情况,从而作出更明智的经营决策。如今,随着市场经济的不断发展和企业竞争的日益激烈,产品成本计算方法的重要性更加凸显。企业需要通过精确的成本计算,了解产品成本的构成和分布情况,为成本控制提供数据支持;同时,还需要根据成本数据制定合理的定价策略,以提高市场竞争力。因此,掌握和应用产品成本计算方法,对于企业的生存和发展具有至关重要的意义。

学习目标

【知识目标】
1. 掌握品种法、分批法、分步法的原理与计算方法。
2. 掌握基于不同产品成本计算方法所构建的产品成本核算系统的应用。
3. 掌握并运用Python、Power BI等工具进行财务数据分析和可视化呈现。

【技能目标】
1. 运用多元线性回归模型探究两种产品之间的成本折算关系,根据模型的执行结果运用Power BI搭建成本分析驾驶舱,进行可视化决策分析。
2. 基于分批法原理,运用神经网络模型,建立间接费用分配模型,根据模型的执行结果运用Power BI搭建成本分析驾驶舱,进行可视化决策分析。
3. 基于逐步综合结转分步法及成本还原的原理,运用Power BI搭建成本分析驾驶舱,进行可视化决策分析。

【素养目标】
1. 掌握多种成本核算方法,形成全面视角,理解不同方法对企业成本控制及盈利能力的深远影响,提升从全局出发制定成本控制策略的战略思维。
2. 在成本核算中坚守职业道德,确保数据真实可靠,兼顾企业利益与社会责任,维护经济秩序与公众利益。

项目四 产品成本计算

知识框架

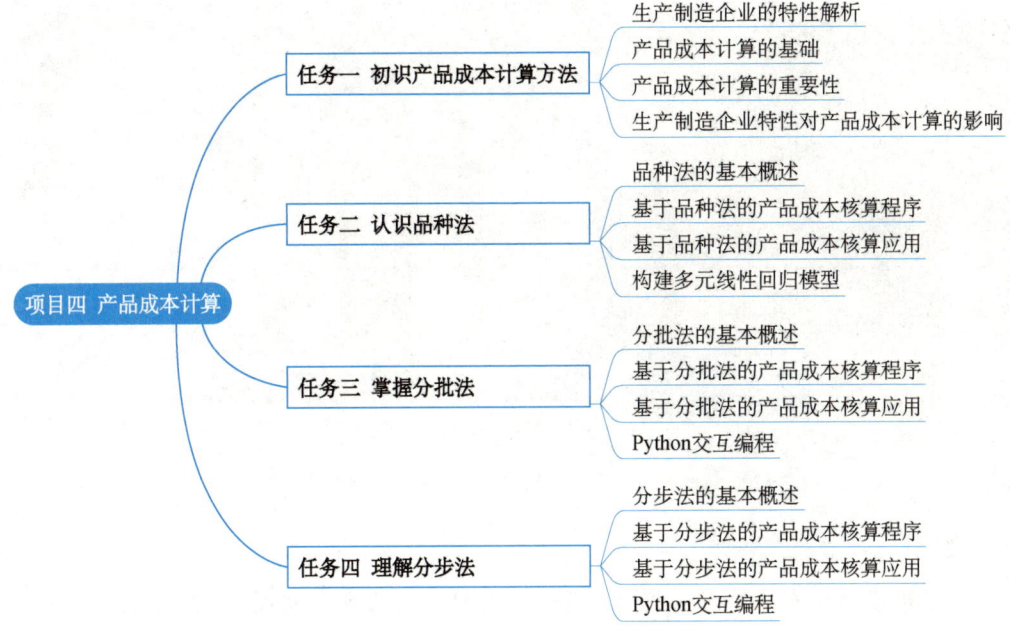

自主预习任务单

一、学习指南
课题名称:智能化成本核算与管理
达成目标: (1)掌握品种法、分批法、分步法三种产品成本核算方法。 (2)能熟练运用大数据技术对成本数据进行可视化决策分析。
学习方法建议: (1)数据模型构建:学生通过掌握不同成本核算方法,利用 Python 或 Power BI 进行成本数据结构化处理,并建立成本费用模型。 (2)场景化学习:结合模拟企业的成本费用数据,学生可以通过构建成本分析结构驾驶舱,了解数据可视化的应用。
课堂学习形式预告: (1)模型演练与分析:教师示范如何使用 Power BI 构建成本分析模型,学生在课堂上仿照老师的步骤进行操作。 (2)小组分析与汇报:学生以小组为单位,进行不同产品计算方法的成本分析,并通过课堂汇报分享结果。
二、学习任务
学生通过观看教学视频(或阅读教材、分析提供的学习资源)自学,完成下列学习任务: (1)阅读成本分析与预测,做好课前预习。 (2)登录智能化成本核算与管理实训平台进行实操训练。

(续表)

三、困惑与建议（请在此处记录在本项目学习中遇到的困惑和对课程的建议）

任务一　初识产品成本计算方法

 思维引例

许多国家的生产制造企业花费大量的时间研究精益生产方式，以追求生产的高效与成本的降低。2024年10月，星科机床股份有限公司引入了精益生产方式。与单件生产方式不同，精益生产方式并不完全按照顾客需求，公司生产的产品更加多样化、系列化，生产过程的柔性和效率也得到了提升。

年末制定来年生产计划时，姜明作为该公司的管理层，收到了来自财务人员的疑问：产品成本计算方法是否也需要根据生产方式的改变进行更改？何种成本计算方法更加适合精益生产方式的企业？

思考：姜明应选择哪种成本计算方法，为来年制订生产计划提供数据支撑呢？

 任务导入

本任务的主要内容有：
（1）掌握品种法、分批法、成本法的原理与应用。
（2）理解生产制造企业特性对产品成本计算的影响。

课件09：项目四任务一产品成本计算方法概述

知识准备

一、生产制造企业的特性解析

制造业是经济中的重要组成部分，对一个国家的经济发展和就业增长具有关键作用。生产制造企业的特性往往由其生产类型决定。依据不同的分类标准，企业的生产活动可被归入不同的生产类型。这些不同的生产类型决定了企业独特的生产特性。

产品成本计算方法的分类标准有两个：一是按照生产工艺过程，可以分为单步骤生产和多步骤生产；二是按照生产组织方式，可以分为大量生产、成批生产和单件生产。

1. 按工艺过程分类

1)单步骤生产

单步骤生产又称简单生产,是指生产工艺技术过程不能间断,或因技术限制而不能分散在不同的地点进行的生产活动。它的主要特点为加工过程不间断、生产工艺相对简单、生产周期较短、产品品种较稳定。

单步骤生产主要适用于生产过程简单、一次性加工就能完成的产品,如发电、供水、供气、采掘、铸造,以及某些化学制品、食品加工业中的简单产品等。这些行业中的生产线通常是连续运行的,从原材料到成品一步到位,整个生产过程中不产生自制半成品。

2)多步骤生产

多步骤生产又称复杂生产,是指产品的生产过程在工艺技术上可以间断,并能划分为若干个有序且独立的步骤。这些步骤可以在不同的时间、地点进行,甚至可能由几个企业共同协作完成。它具有生产过程多阶段性、产品复杂性、成本计算与管理多样性、质量控制与检验严格性和生产效率与成本效益高等特点。多步骤生产在制造复杂产品方面具有独特的优势,主要包括连续加工式生产和装配式生产两种形式。

其中,连续加工式生产是指原材料遵循预设的顺序,经过一系列有序且相互衔接的生产工序,逐步被转化为最终的产成品的生产过程。在此过程中,除了最终的生产阶段,每一个生产步骤的完成都会生成企业内部的自制半成品。这些半成品不仅是后续生产环节中不可或缺的加工材料,同时自身也具备了作为独立产品对外销售的潜力。

以棉纺企业为例,生产过程中首先将皮棉经历清花、梳棉、并条、粗纱及络筒等多道工序,加工为棉纱。随后,棉纱再经过整经、浆纱、穿经、织造和整理等步骤,最终制成坯布。在此流程中,棉条、粗纱、细纱均为企业自制半成品,具有面向外部市场销售的资质。再如,冶金企业通过烧结、炼铁、炼钢、轧钢等多个步骤制成钢材,生产过程中产生的烧结矿、生铁、钢锭均为企业自制半成品,这些半成品同样可以向外部市场销售。除此之外,化工企业、食品企业、造纸企业等企业也采用连续加工式生产。

而装配式生产是一种特定的生产流程,它涉及将各类原材料分配至不同的加工单元。这些单元包括同一企业内部的不同车间、分厂或跨企业的合作单位,以便生产完工产品所需的各种零部件。随后,这些零部件被集中到一个或多个组装环节,通过精确的装配流程,组合成完整且功能完备的成品。与连续加工式生产不同,装配式生产的各个生产步骤具有相对的独立性,不存在严格的前后顺序和依存关系。

在机械制造行业中,众多企业均采用多步骤生产模式。举例来说,自行车生产企业按照这一流程运作,首先将原材料加工成车架、车把、前叉、钢圈、轮胎和车链等关键部件,随后经过精确的组装步骤,将这些部件整合为一辆完整的自行车。同时,汽车、家电等制造业也遵循相似的生产流程。

2. 按生产组织方式分类

1)大量生产

大量生产是指在较长时间内接连不断地重复制造品种相同产品的生产活动。其显著特点包括生产流程的连续性,即原料的陆续投入与产品的陆续产出;产品种类的单一性与稳定性,即生产的产品品种较少且相对固定;以及产量的规模性,即产量相对较大。这种生产方式常见于纺织、面粉加工、酿造、冶金等生产企业,以及产品标准化、市场需求稳定和成本控制要求高的企业。

2）成批生产

成批生产是指依据预设的产品批别与数量进行的生产活动，其主要特点包括产品品种的多样性、产量的规模化、生产过程的重复性。成批生产根据每批产品数量的多少及工作执行工序的重复程度，又可以分为大批生产、小批生产。大批生产的显著特点在于产品批量庞大，往往呈现重复性生产，其性质趋近大量生产。小批生产侧重于较小规模的产品批量，一批产品通常能同时完成，其性质则更接近单件生产。

成批生产适用于市场需求多样化、产品品种较多且每种产品都有一定需求量的生产场景。例如，机床、机车、电动机、纺织机、服装、工具、混凝土构件等产品的生产，通常都采用成批生产方式。此外，成批生产也适用于需要定期或不定期重复生产，但每次重复生产批量不大的产品。

3）单件生产

单价生产是一种独特的生产方式，其根据购买单位的订单所提出的具体要求，专注于生产高度定制化、非标准化的产品。这种生产方式常见于船舶、飞机、艺术品、高端定制家具等产品的生产，确保在新产品的试制过程中，每一件产品都能够满足客户的特定要求和标准。

在单件生产中，企业生产的产品品种繁多，但每种产品的产量很少，往往只生产一件或几件，并且很少重复生产。即使某些产品需要重复生产，也没有固定的重复周期。它具有产品品种繁多、生产稳定性差、工艺化程度低、生产周期长、成本高等特点。

此外，生产活动的分类也可以依据工艺过程与组织方式相结合进行界定。

二、产品成本计算的基础

1. 基本原理

产品成本计算的常用方法主要包括品种法、分批法和分步法，此外还有分类法、定额法、作业成本法和标准成本法。以下主要介绍品种法、分批法和分步法这三种常用方法。产品成本计算方法不仅涉及成本的合理分配，更关乎企业经济效益的准确评估，是企业进行成本管理和决策的核心环节。

产品成本计算方法的选择会影响企业成本计算的准确性、成本控制的策略、成本决策的合理性、成本分析的深度和企业的竞争力。因此，选择合适的产品成本计算方法对企业而言至关重要。企业应综合考虑自身的生产特点、管理需求、成本效益和市场环境等因素，选择最适合自己的成本计算方法。同时，随着管理会计理论和实践的不断发展，企业也应保持对新型产品成本计算方法的关注和探索，以适应不断变化的市场环境。

2. 基本方法

1）品种法

品种法是指将产品品种作为计算对象进行生产成本归集的核算方法。在品种法下，企业将所有生产成本按照产品的品种进行详细的归集与分配，确保每种产品的成本得到精确计算。

这类方法主要适用于大量大批的单步骤生产企业、管理上不要求按照生产步骤计算产品成本的多步骤生产企业、企业的辅助生产车间。此外，品种法还适用于生产周期较短、月末一般没有或只有少量在产品存在的情况。

2）分批法

分批法又称订单法，是指将产品批次或订单看作成本计算对象进行生产成本归集和分配的方法。在分批法下，企业将各项生产成本精确地归集至各产品批次，确保每批产品的成本得到准确核算。

分批法主要适用于单件、小批生产类型的企业，产品种类经常变动的小规模制造企业，承揽修理业务的工厂等生产情况。另有其他特殊生产情况适用分批法，如在建工程、设备修理作业等。

3）分步法

分步法是指以产品的生产步骤作为成本计算对象，归集和分配生产成本的核算方法。在分步法下，企业按照生产步骤将生产费用、产品成本进行归集与分配，从而得出各步骤的成本数据。它适用于连续、大量、多步骤生产的工业企业。这些企业从原材料投入到产品完工，要经过若干连续的生产步骤。除了最后一个步骤生产的是产成品，其他步骤生产的都是完工程度不同的半成品。这些半成品除少数可能出售外，都是下一步骤加工的对象。分步法可以分为逐步结转分步法和平行结转分步法两类。

逐步结转分步法是指企业在生产过程中，按照产品连续加工的先后顺序，将每一步骤的生产成本逐步计算并结转到下一步骤。逐步结转分步法根据半成品成本的结转方法不同，分为综合结转分步法和分项结转分步法。综合结转分步法是指将各步骤所耗用的上一步骤半成品成本，按照成本项目综合转入各该步骤产品成本明细账的各个成本项目。它可以按照半成品的实际成本结转，也可以按照半成品的计划成本（或定额成本）结转。其成本结转工作相对简单，但需要进行成本还原，从而增加了核算的工作量。分项结转分步法是指将各步骤所耗用的上一步骤半成品成本，按照原始成本项目分项转入各该步骤产品成本明细账的各个成本项目。该方法需要按照原始成本项目分项结转，因此成本结转工作比较复杂。但它可以直接、正确地提供按原始成本项目反映的企业产品成本资料，不需要进行成本还原。

平行结转分步法又称不计算半成品成本法与非积累分步法。该方法与逐步结转分步法不同，各步骤不计算半成品成本，它的计算对象是各种产品发生的费用及应由产成品负担的份额。平行结转分步法同样适用于多步骤生产的企业，但更注重各步骤之间的成本平衡。

三、产品成本计算的重要性

产品成本计算对企业的影响深远且广泛，它不仅关乎企业的内部管理和财务健康，还直接影响企业的市场竞争力和长期发展。以下是产品成本计算对企业的具体影响。

1. *帮助企业明确成本构成，指导成本控制*

产品成本计算通过详细解析各项成本元素，如直接材料、直接人工和制造费用等，使企业能够清晰地了解成本结构。这有助于管理层识别成本控制的关键环节，并采取针对性措施降低不必要的开支，提高资源利用效率。例如，通过对比不同产品线的成本构成，企业可以发现哪些产品线的成本过高，进而采取措施进行成本削减或优化。

2. *支持合理定价，增强市场竞争力*

准确的产品成本信息是企业制定合理销售价格的基础。通过计算产品成本，企业可

以确保定价既能覆盖成本又能反映市场价值,从而在保持盈利的同时,增强市场竞争力。合理的定价策略有助于企业吸引更多消费者,提高市场份额,并在激烈的市场竞争中脱颖而出。

3. 辅助决策制定,优化资源配置

产品成本数据是企业进行经营决策的重要依据。无论是产品线的调整、生产规模的扩大、新技术的投资,还是市场策略的制定,都需要基于准确的产品成本信息评估其经济可行性和潜在回报。这有助于企业优化资源配置,确保资源被用于最具有经济效益的项目上,从而实现可持续发展。

4. 促进财务透明,增强投资者信心

产品成本计算有助于提升企业财务报告的准确性和透明度。通过清晰展示产品成本构成和利润情况,企业可以向投资者和利益相关者展示其运营状况和盈利能力。这有助于增强投资者信心,吸引更多资本投入,为企业的发展提供有力支持。同时,财务透明也有助于提升企业的信誉度和声誉,为企业树立良好的市场形象。

5. 推动持续改进和创新

产品成本计算不仅关注当前的成本情况,还为企业提供持续改进和创新的动力。通过对成本数据的分析和比较,企业可以发现生产过程中的瓶颈和问题,进而采取措施进行改进和优化。同时,准确的产品成本信息也有助于企业评估新技术和新方法的成本效益,推动企业进行技术创新和流程优化。

综上所述,产品成本计算在企业运营中扮演着至关重要的角色。它不仅帮助企业明确成本构成,指导成本控制,还支持合理定价,增强市场竞争力,辅助决策制定以优化资源配置。同时,产品成本计算促进了企业财务透明度的提升,增强了投资者信心,并为企业持续改进和创新提供了有力支持。因此,企业应高度重视产品成本计算工作,以确保其在激烈的市场竞争中保持领先地位并实现可持续发展。

四、生产制造企业特性对产品成本计算的影响

生产制造企业特性对产品成本计算的影响可以主要分为三个部分。

(1)生产制造企业特性影响成本计算对象的确定。从生产工艺过程特点的角度来看,由于单步骤生产的生产流程具有连续性,其生产工艺不可被打断,故需以产品品种为成本计算的核心对象。而对于多步骤连续加工式生产,需以生产步骤为成本计算的基本单位,既要按照生产步骤,又要根据产品品种,分别计算各步骤的半成品和最终产成品的成本。在多步骤装配式生产中,若零部件具有独立的核算价值,则应以生产步骤或零部件为成本核算的主要对象;若零部件无独立的核算意义,则无需按步骤计算半成品成本,而直接以产品品种作为成本计算的核心对象。从产品生产组织特点的维度出发,在大量生产中,由于连续不断地生产相同产品,企业只能以产品品种为成本计算的主要对象。对于大批生产,企业可以根据具体情况,选择按产品品种或产品批别来计算产品成本。而在单件、小批生产中,由于一批产品通常能够同时完工,企业可以按产品批别来计算产品成本。

(2)生产制造企业特性对成本计算期的确定有着直接影响。对于大量、大批生产,成本计算在月末进行,成本计算期与生产周期不一致而与会计期间一致;对于单件、小批生产,产品成本只能在某批、某件产品完工后计算,故成本计算不定期,与生产周期一致而与

会计期间不一致。

（3）生产制造企业特性对完工产品与在产品之间费用分配有着直接影响。在单步骤大量、大批生产的环境中，鉴于生产过程的高度连续性和短暂的生产周期，通常很少或没有在产品，因此无需对月末在产品成本进行计算。在多步骤大量、大批生产的环境中，因生产过程中经常有在产品，故需对生产费用在完工产品与在产品之间进行合理分配。在多步骤单件、小批生产的环境中，其成本计算期通常与生产周期一致，在每批、每件产品完工前，产品成本明细账的月末余额就是月末在产品的成本，完工后，产品成本明细账所归集的费用就是完工产品的成本。

此外，生产制造企业特性对物料成本、人工成本、管理成本等其他因素也会产生影响。

任务训练

1. 任务描述

使用合适的产品成本计算方法进行成本核算可以帮助企业精准掌握成本构成、优化定价策略与生产流程、提高决策效率、加强成本控制，从而提升企业的市场竞争力和可持续发展能力。各行业都需要对自身产品成本进行精确核算，为自身下一步运营决策提供精准数据。

2. 任务分析

通过观察、分析企业生产流程，按照产品成本计算方法的分类标准，选择合适的产品成本计算方法，为成本控制、决策、预测提供更有效的信息。

3. 任务实训

步骤一：观察企业生产流程。

昆仑发电厂主要负责电力的生产，其生产过程相对单一，且规模庞大。

辰阳机床厂根据客户的具体需求定制机床。

苏河酒厂的生产流程包括发酵、蒸馏、陈酿等多个步骤，每个步骤都会产生不同的半成品，且这些半成品在后续步骤中会被继续加工成最终产品。

步骤二：判断合适的产品成本计算方法。

品种法主要适用于大量大批的单步骤生产企业，以及多步骤但规模较小、管理上不要求提供各步骤成本资料的企业。昆仑发电厂步骤单一且规模庞大，可以使用品种法进行产品成本计算。

分批法适用于单件、小批生产的企业，这些企业的生产通常是根据客户的订单进行的。辰阳机床厂根据顾客需求生产机床，属于单件生产企业，可以使用分批法进行产品成本计算。

分步法适用于大量大批、多步骤生产，且对步骤成本有要求的企业。苏河酒厂生产流程中有多个步骤，因为每个步骤产生的半成品在后续步骤中会被加工成最终产品，流程对步骤成本有要求，所以其可以使用分步法进行产品成本计算。

项目四任务一习题

决策赋能

企业在运营过程中，若未能选择合适的产品成本计算方法，则将可能面临一系列负面影响。这不仅关乎企业的成本控制与经济效益，更可能对企业的市场竞争力与长期发展

造成深远影响。

第一,不合适的成本计算方法可能导致成本数据的失真,降低企业成本控制的效果。成本数据是企业进行决策的重要依据,若数据不准确,则将直接影响企业的定价策略、生产安排以及投资决策。例如,若企业采用不恰当的成本核算方法,可能导致产品成本被低估或高估,进而影响企业的利润空间和市场竞争力。成本控制是企业提升经济效益的重要手段,正确的成本核算方法是成本控制的基础。若企业采用的成本核算方法无法准确反映产品的真实成本,则成本控制措施难以精准实施,甚至可能导致企业误判成本构成,进而采取错误的成本控制策略。

第二,错误的成本计算方法可能影响企业的决策效率、对企业可持续发展能力造成负面影响。在激烈的市场竞争中,企业需要快速响应市场变化,作出明智的决策。若成本数据不准确,则企业难以判断不同生产方案的经济效益,进而影响企业的决策速度和决策质量。正确的成本核算方法有助于企业了解产品的成本构成,发现成本控制的潜力,进而采取措施降低成本、提高经济效益,错误的成本核算方法则可能使企业忽视成本控制的重点,导致成本持续上升,进而影响企业的盈利能力和可持续发展能力。

因此,企业应高度重视成本核算方法的选择,根据自身生产特点和产品特性,选择最合适的成本核算方法。对于大量大批的单步骤生产企业,品种法可能是一个不错的选择;对于单件、小批生产的企业,分批法可能更合适;而对于大量大批、多步骤生产的企业,分步法则可能更具优势。企业在选择成本计算方法时,还应考虑成本核算的准确性和可操作性。准确性是成本核算的基本要求,企业应确保所选方法能够准确反映产品的真实成本;而可操作性则是成本核算方法能否得到有效实施的关键,企业应选择易于理解、便于操作的成本计算方法,以确保成本核算工作的顺利进行。

综上所述,选择合适的成本计算方法对企业至关重要。企业应高度重视成本计算方法的选择,根据自身实际情况,选择最适合自己的成本计算方法,以确保成本数据的准确性、成本控制的有效性和决策的科学性,进而提升企业的市场竞争力和可持续发展能力。

思政 PPT 01 粤东西北农业合作社中的"品种法"与乡村振兴共富路径

任务二　　认识品种法

 思维引例

在煤炭资源丰富的地区,王庆所在的原煤开采企业面临着市场竞争加剧和成本上升的双重压力。尽管环境严峻,王庆仍坚守初心,秉持着精益求精、绿色开采的经营理念,不断提升煤炭开采的效率和安全性。

为了应对挑战,他使用品种法来精确核算不同品质煤炭的成本,并利用 Python 技术进行大数据分析,多维度挖掘市场信息和客户需求。在这个过程中,企业充分发挥了自身资源和技术优势,坚定不移地走上了高质量发展之路,为行业的可持续发展贡献力量。

思考:企业财务分析人员应该如何利用大数据技术帮助企业在复杂形势下精确计算成本并进行数据分析呢?

项目四　产品成本计算

本任务的主要内容有:

(1) 掌握以产品品种为成本核算对象的基本方法,能够准确归集和分配生产费用,计算各品种产品的总成本和单位成本,为企业成本控制和决策分析提供可靠的成本数据支持。

(2) 掌握基于品种法构建的产品成本核算系统的应用。

(3) 运用多元线性回归模型,探究两种产品之间的成本折算关系,根据模型的执行结果,利用 Power BI 搭建成本分析驾驶舱,进行可视化决策分析。

一、品种法的基本概述

品种法作为一种基础且核心的成本计算方法,其核心在于以产品品种为成本计算对象进行生产费用的归集与分配。该方法之所以被视为基石,是因为在各类成本计算途径中,无论具体采取何种策略,最终均需精确核算各产品品种的成本。此外,品种法的成本计算流程,实际上构成了成本计算领域的一般性、标准性程序。

动画 03：品种法的特点和适用范围

品种法的特点有两个。一是成本核算对象明确,以产品品种作为成本计算对象。二是品种法成本计算期固定,一般定期(每月月末)计算产品成本,成本计算期与会计报告期一致,与产品生产周期不一致。

品种法通过合理地将直接材料成本、直接人工成本和制造费用等分配到单个产品上,以计算每个产品的成本。这种方式使企业能够清晰了解产品的成本构成,有助于企业准确评估产品的盈利能力,为产品定价、市场决策提供可靠依据。例如,企业可以通过品种法核算出高利润产品和低利润产品,从而调整生产和销售策略,加大对高利润产品的投入,优化产品结构。

课件 10：项目四任务二品种法

二、基于品种法的产品成本核算程序

首先,按照产品品种开设基本生产成本明细账,账内按成本项目设立专栏,并登记期初余额。如果企业生产一种产品,则只需开设一张基本生产成本明细账;如果企业生产两种或两种以上产品,则应为不同的产品分别开设基本生产成本明细账。同时还应按车间开设辅助生产成本明细账和制造费用明细账。

其次,根据生产过程中发生的各项费用的原始凭证和其他有关资料,编制各种费用分配表。依据企业产生的各种要素费用,分别登记基本生产成本明细账、辅助生产成本明细账和制造费用明细账。

再次,分配辅助生产费用与制造费用。根据辅助生产成本明细账归集的全部费用,编制辅助生产费用分配表,分配辅助生产费用,并据以登记有关成本明细账。根据制造费用明细账归集的全部费用,编制制造费用分配表,分配制造费用,并据以登记各产品基本生产成本明细账。

最后,计算结转完工产品成本。月末如果没有在产品,则本月发生的生产费用全部是完工产品的成本。如果月末有在产品,而且数量很大,则应采用一定的方法,将生产费用在完工产品和月末在产品之间分配,计算出完工产品成本及月末在产品成本,并把完工产品成本从基本生产成本明细账中转出。

三、基于品种法的产品成本核算应用

品种法的产品成本核算是指根据企业会计制度的规定,对企业生产过程中发生的各项生产费用进行审核、归纳和分配,最终计算出完工产品成本的过程。

品种法主要适用于大量大批单步骤生产模式的企业,如发电、供水、采掘等行业,其生产流程具有显著的集中性和规模化特点。在大量大批的多步骤生产中,如果企业规模较小,管理上又不要求提供分步骤成本资料,则可以采用品种法计算产品成本,如小型水泥厂、织布厂等。

【例 4-1】 品种法计算与归集产品成本。

甲公司是大量大批单步骤生产的企业,只设有一个基本生产车间,没有辅助生产车间,生产 A、B 两种产品,产品只经过一个生产步骤加工完成。其中总材料费用为 200 000 元,总人工费用为 15 000 元,总水电费为 20 600 元,本月 A 产品消耗 2 000 小时,B 产品消耗 3 000 小时。相关成本资料如下表 4-1 所示。

要求:运用品种法进行产品成本核算。

表 4-1 使用指标法描述数据后的结果

数量单位:件
金额单位:元

产品名称	数量				完工率
	月初在产品	本月投产品	本月完工产品	月末在产品	
A 产品	10	110	100	10	50%
B 产品	5	105	100	10	60%

产品名称	金额				合计
	直接材料	燃料动力	直接人工	制造费用	
A 产品	650.00	150.00	300.00	600.00	1 700.00
B 产品	420.00	106.00	368.00	430.00	1 324.00
合计	1 070.00	256.00	668.00	1 030.00	3 024.00

解析:

(1)材料费用的归集和分配。

分配率 = 200 000.00 ÷ (100 + 10 + 100 + 10 × 50%) = 930.23(元/件)

A 产品应负担材料费用 = (100 + 10) × 930.23 = 102 325.30(元)

B 产品应负担材料费用 = 200 000.00 − 102 325.30 = 97 674.70(元)

借:生产成本——A 产品　　　　　　　　　　　　　　　　　102 325.30
　　生产成本——B 产品　　　　　　　　　　　　　　　　　 97 674.70
　　制造费用　　　　　　　　　　　　　　　　　　　　　　 3 000.00
　　管理费用　　　　　　　　　　　　　　　　　　　　　　 2 000.00
　贷:原材料　　　　　　　　　　　　　　　　　　　　　　205 000.00

(2)人工费用的归集和分配。

分配率=15 000.00÷(2 000+3 000)=3(元/小时)

A产品应负担人工费用=2 000×3=6 000.00(元)

B产品应负担人工费用=15 000.00-6 000.00=9 000.00(元)

借:生产成本——A产品　　　　　　　　　　　　　　　　　　　　6 000.00
　　生产成本——B产品　　　　　　　　　　　　　　　　　　　　9 000.00
　　制造费用　　　　　　　　　　　　　　　　　　　　　　　　　5 000.00
　　管理费用　　　　　　　　　　　　　　　　　　　　　　　　　8 000.00
　　贷:应付职工薪酬　　　　　　　　　　　　　　　　　　　　　28 000.00

(3)其他费用的归集和分配。

水电费的分配率=20 600.00÷(2 000+3 000)=4.12(元/小时)

A产品应负担水电费用=2 000×4.12=8 240.00(元)

B产品应负担水电费用=20 600.00-8 240.00=12 360.00(元)

借:生产成本——A产品　　　　　　　　　　　　　　　　　　　　8 240.00
　　生产成本——B产品　　　　　　　　　　　　　　　　　　　　12 360.00
　　制造费用——折旧费　　　　　　　　　　　　　　　　　　　　50 000.00
　　制造费用——办公费　　　　　　　　　　　　　　　　　　　　500.00
　　制造费用——水电费用　　　　　　　　　　　　　　　　　　　500.00
　　管理费用——折旧费　　　　　　　　　　　　　　　　　　　　20 000.00
　　管理费用——办公费用　　　　　　　　　　　　　　　　　　　1 500.00
　　管理费用——水电费用　　　　　　　　　　　　　　　　　　　600.00
　　贷:其他应付款——办公费用　　　　　　　　　　　　　　　　22 600.00
　　　　其他应付款——水电费用　　　　　　　　　　　　　　　　1 100.00
　　　　累计折旧　　　　　　　　　　　　　　　　　　　　　　　70 000.00

(4)制造费用的归集和分配。

制造费用发生总额=3 000.00+5 000.00+50 000.00+500.00+500.00=59 000.00(元)

分配率=59 000.00÷(2 000+3 000)=11.80(元/小时)

A产品应负担制造费用=2 000×11.80=23 600.00(元)

B产品应负担制造费用=59 000.00-23 600.00=35 400.00(元)

借:生产成本——A产品　　　　　　　　　　　　　　　　　　　　23 600.00
　　生产成本——B产品　　　　　　　　　　　　　　　　　　　　35 400.00
　　贷:制造费用　　　　　　　　　　　　　　　　　　　　　　　59 000.00

(5)月末完工产品与在产品生产成本计算单。

表4-2　A产品成本计算单(一次投料)

产品:A产品　　完工数量:100件　　在产品数量:10件　　完工率:50%　　金额单位:元

项目	直接材料	直接人工	燃料动力	制造费用	合计
月初在产品成本	650.00	300.00	150.00	600.00	1 700.00
本月发生生产费用	102 325.30	6 000.00	8 240.00	23 600.00	140 865.30
生产费用合计	102 975.30	6 300.00	8 390.00	24 200.00	141 865.30

(续表)

项目	直接材料	直接人工	燃料动力	制造费用	合计
完工产品数量(件)	100.00	100.00	100.00	100.00	—
在产品约当产量(件)	10.00	5.00	5.00	5.00	—
约当总产量(件)	110.00	105.00	105.00	105.00	—
费用分配率(元/件)	936.14	60.00	79.90	230.48	1 306.52
本月完工产品总成本	93 613.91	6 000.00	7 990.48	23 047.62	130 652.00
月末在产品成本	9 361.39	300.00	399.52	1 152.38	11 213.30

表4-3 B产品成本计算单(陆续投料)

产品:B产品　　完工数量:100件　　在产品数量:10件　　完工率:60%　　金额单位:元

项目	直接材料	直接人工	燃料动力	制造费用	合计
月初在产品成本	420.00	106.00	386.00	430.00	1 324.00
本月发生生产费用	97 674.70	9 000.00	12 360.00	35 400.00	154 434.70
生产费用合计	98 084.70	9 106.00	12 728.00	35 830.00	155 758.70
完工产品数量(件)	100.00	100.00	100.00	100.00	—
在产品约当产量(件)	6.00	6.00	6.00	6.00	—
约当总产量(件)	106.00	106.00	106.00	106.00	—
费用分配率(元/件)	925.42	85.91	120.08	338.02	1 469.42
本月完工产品总成本	92 542.17	8 590.57	12 007.55	33 802.00	146 942.28
月末在产品成本	5 552.53	515.43	720.45	2 028.12	8 861.54

(6) 编制产品成本汇总表。

表4-4 A、B产品成本汇总表

单位:元

项目		直接材料	直接人工	燃料动力	制造费用	合计
A产品 (100件)	总成本	93 613.91	6 000.00	7 990.48	23 047.62	130 652.00
	单位成本	936.14	60.00	79.90	230.48	1 306.52
B产品 (100件)	总成本	92 542.17	8 590.57	12 007.55	33 802.00	146 942.28
	单位成本	925.42	85.91	120.08	338.02	1 469.42

(7) 编制完工产品验收入库的会计分录。

借:库存商品——A产品　　　　　　　　　　　　　　　130 652.00
　　库存商品——B产品　　　　　　　　　　　　　　　146 942.28
　贷:生产成本——A产品　　　　　　　　　　　　　　　130 652.00
　　　生产成本——B产品　　　　　　　　　　　　　　　146 942.28

四、构建多元线性回归模型

探究非标准产品与标准产品的平均成本折算倍数——多元线性回归模型的应用。

项目四任务二习题

1. 多元线性回归模型的基本原理

多元线性回归模型是一种统计方法,用于研究一个因变量与两个或两个以上自变量之间的线性关系。多元线性回归模型假设自变量与因变量之间存在线性关系,误差项满足正态分布且独立同分布。

2. 应用场景

多元线性回归模型在探究非标准产品与标准产品的平均成本折算倍数方面发挥了关键作用。通过该模型,我们能够分析并量化影响成本差异的多个因素,如材料、人工、制造费用及环境成本等,从而精确预测非标准产品相对于标准产品的平均成本倍数。这一应用不仅加深了我们对产品成本结构的理解,还为企业的成本控制与定价策略提供了有力的数据支持。

3. 实施的一般程序步骤

(1) 明确研究目的与变量。

研究目的:探究非标准产品 G2 与标准产品 G1 之间的成本关系。

因变量:直接材料等生产成本项目。

自变量:成本折算倍数关系。

(2) 数据收集与整理。

收集与生产成本项目相关的数据,主要源自对应的自变量值。

(3) 构建并运用模型。

基于 Python 编程交互技术,构建运行多元线性回归模型。

(4) 结果分析与辅助决策。

基于预测结果分析数据,辅助企业作出高效的决策。

数智融合——用 Python 与 Power BI 实现成本分析

1. 任务描述

光辉玻璃制品有限公司坐落于广东东莞,是玻璃制品制造业的佼佼者。公司正研发艺术玻璃 G1 和 G2 两款新品,两者虽采用相同工艺和原材料,但细微差异导致成本难以精确核算。为应对这一挑战,公司引入标准产品概念,选定 G1 为标准,将 G2 的成本折算为 G1 的倍数,实现更统一高效的成本控制。成本折算倍数反映了不同产品间的成本结构差异,助力企业精细化管理。此举不仅提升了成本管理效率,也为生产流程、质量控制等关键环节的统一管理和标准化操作奠定了坚实基础。

该公司的成本组财务专员应如何通过多元线性回归模型、Python 与 Power BI 进行成本数据分析,帮助企业进行精确的成本管理呢?

2. 任务分析

多元线性回归技术与 Python 编程的结合,为企业提供了一种高效的方法来分析成本数据并识别潜在的偏差。通过构建回归模型,企业能够评估不同因素对成本的影响,从而发现成本结构中的异常或不合理之处。与此同时,Power BI 的成本分析驾驶舱则通过直观的可视化手段,将复杂的成本数据转化为易于理解的图表和报告,这不仅提升了决策效率,还增强了决策的准确性和科学性,为企业优化成本结构、提升盈利能力提供了有力的支持。

3. 任务实训

步骤一:获取数据。

通过课堂实训界面与实验资料了解相关背景、获取成本数据。

步骤二:运用Python。

(1)技术需求转化。

根据关键词的提示,输入参数,如图4-1所示。

关键词	参数
标准产品	G1
非标准产品	G2
指标1	直接材料
指标2	直接人工
指标3	制造费用
指标4	环境成本

图 4-1 技术需求转化图

(2)需求实现。

点击"需求实现",如图4-2所示。

```python
import numpy as np
import pandas as pd
from sklearn.linear_model import LinearRegression
from sklearn.model_selection import train_test_split

# 设置随机种子以确保结果可复现
np.random.seed(0)
data_size = 100000

# 生成模拟数据
direct_material_G1 = np.random.uniform(10, 20, data_size)
direct_material_非G1 = np.random.uniform(15, 25, data_size)

direct_labor_G1 = np.random.uniform(5, 15, data_size)
direct_labor_非G1 = np.random.uniform(8, 20, data_size)

manufacturing_costs_G1 = np.random.uniform(10, 20, data_size)
manufacturing_costs_非G1 = np.random.uniform(15, 25, data_size)

environmental_costs_G1 = np.random.uniform(5, 10, data_size)
environmental_costs_非G1 = np.random.uniform(7, 15, data_size)

# 创建DataFrame
data = pd.DataFrame({
```

图 4-2 需求实现图

项目四 产品成本计算

(3) 执行并显示结果。

点击"执行并显示结果",如图 4-3 所示。

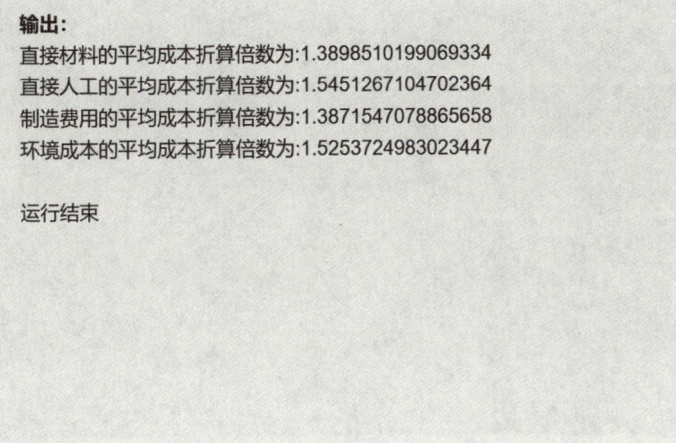

图 4-3 执行结果图

根据模型运行结果,保留小数点后两位,得出 G2 相对 G1 的直接材料平均成本折算倍数的预测值为 1.39;G2 相对 G1 的直接人工、制造费用、环境成本的平均成本折算倍数的预测值分别为 1.55、1.39、1.53。其均在生产运营部初步对成本预估的范围值之内。

步骤三:运用 Power BI。

在实训平台的 Power BI 界面,点击"成本构成分析"→打开"材料成本"→查找"材料明细""实际成本与预计成本差异率",如图 4-4 所示。

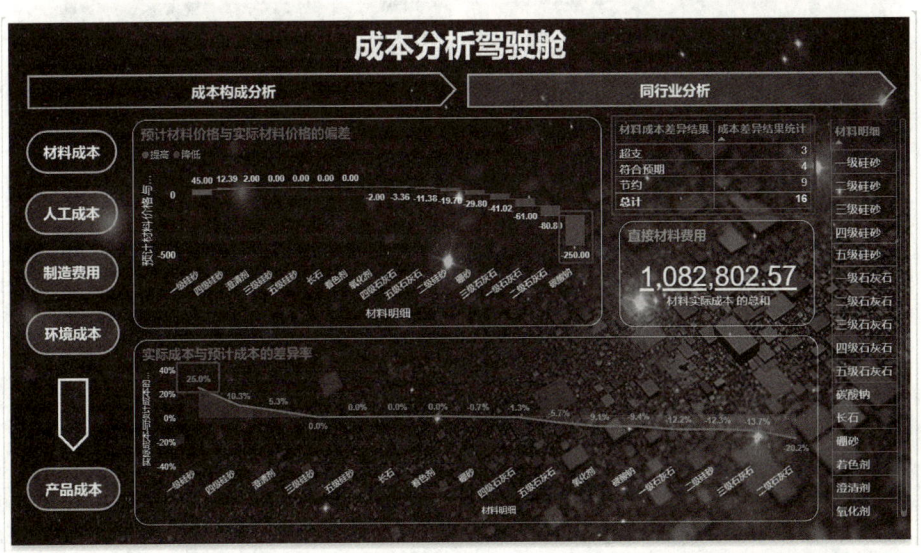

图 4-4 成本构成分析图

081

在"成本构成分析-材料成本"的看板页签中,点击"超支",由于数据的联动性,可以快速得出可视化答案,如图 4-5 所示。

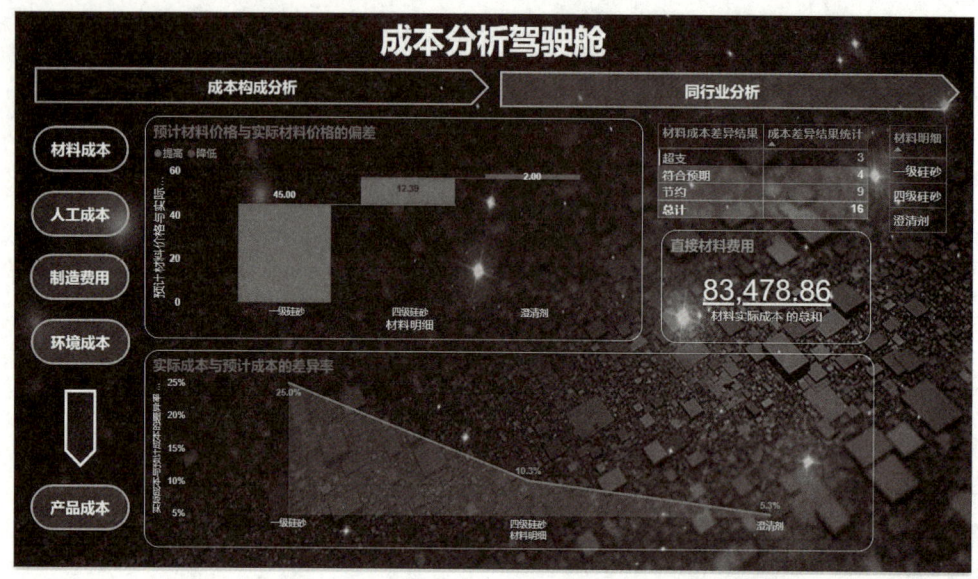

图 4-5　材料成本超支可视化图

继续在"成本构成分析-材料成本"的看板页签中,针对不同的方案要求进行操作。

方案一:若只考虑低价,应选择五级硅砂和五级石灰石,在"材料明细"表格中,利用"Ctrl"点击选择"五级硅砂、五级石灰石、碳酸钠、长石、硼砂和辅助药剂"筛选结果。

方案二:若只考虑低价,应选择五级硅砂和五级石灰石,在"材料明细"表格中,利用"Ctrl"点击选择"一级硅砂、一级石灰石、碳酸钠、长石、硼砂和辅助药剂"筛选结果。

方案一与方案二的结果如图 4-6 所示。

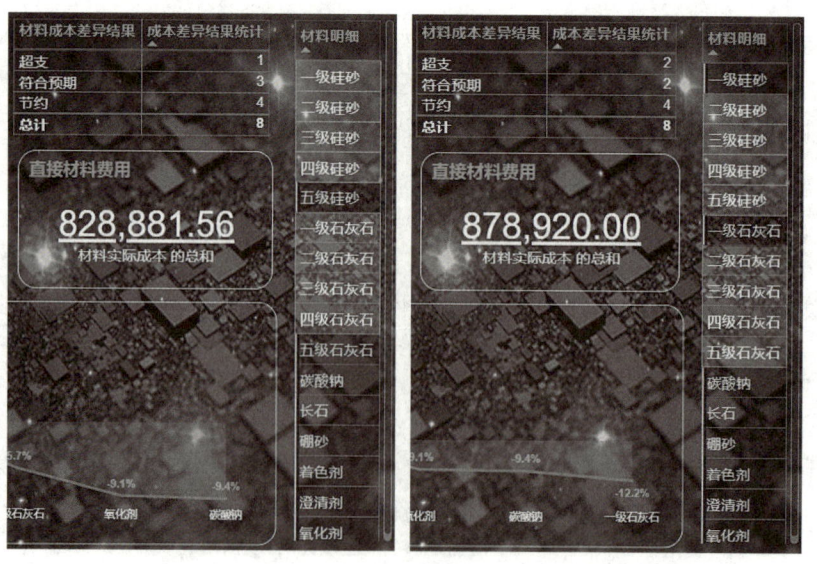

图 4-6　方案一与方案二结果图

方案三:若公司既考虑品质又考虑价格,在"材料明细"表格中,点击"节约",观察筛选结果,如图 4-7 所示。

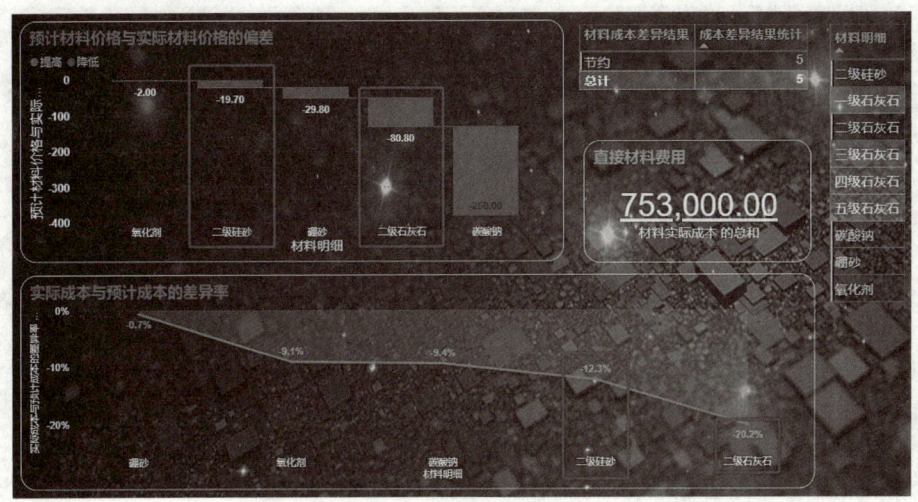

图 4-7　方案三结果图

在 Power BI 界面,点击"成本构成分析-人工成本",根据可视化结果得到答案,如图 4-8、图 4-9 所示。

产品级别	材料使用明细	次品率的总和	生产工时的总和
一级艺术玻璃	一级硅砂、一级或二级石灰石+其它（碳酸钠、长石、硼砂和辅助药剂）	10.00%	48000
二级艺术玻璃	二级硅砂、一级或二级石灰石+其它（碳酸钠、长石、硼砂和辅助药剂）	20.00%	46000
三级艺术玻璃	三级硅砂、三级石灰石+其它（碳酸钠、长石、硼砂和辅助药剂）	30.00%	44000
四级艺术玻璃	四级硅砂、四级石灰石+其它（碳酸钠、长石、硼砂和辅助药剂）	40.00%	42000
五级艺术玻璃	五级硅砂、五级石灰石+其它（碳酸钠、长石、硼砂和辅助药剂）	50.00%	40000

图 4-8　产品明细图

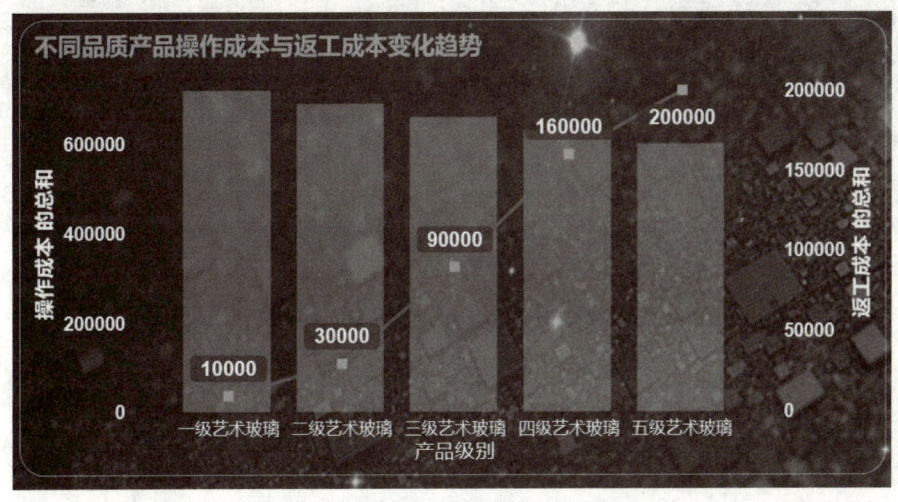

图 4-9　产品操作成本与返工成本趋势图

继续在"成本构成分析-人工成本"的看板页签中,点击对应的产品级别,由于数据的联动性,得到相应的答案,如图4-10所示。

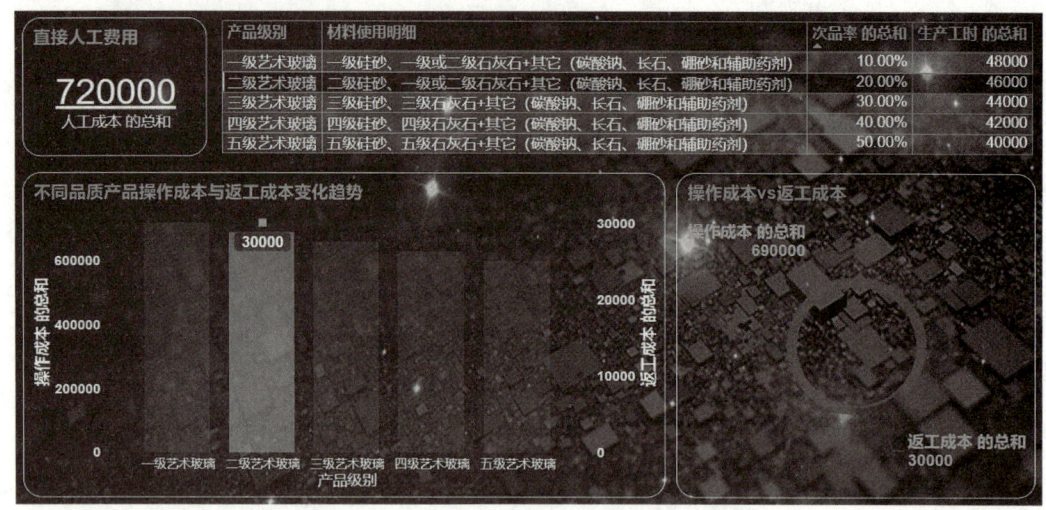

图4-10 二级艺术玻璃成本明细图

在Power BI界面,点击"成本构成分析"→"制造费用"。

若公司考虑方案一,可输入参数能源提升率"0.03",点击"五级艺术玻璃",得到可视化结果,如图4-11所示。

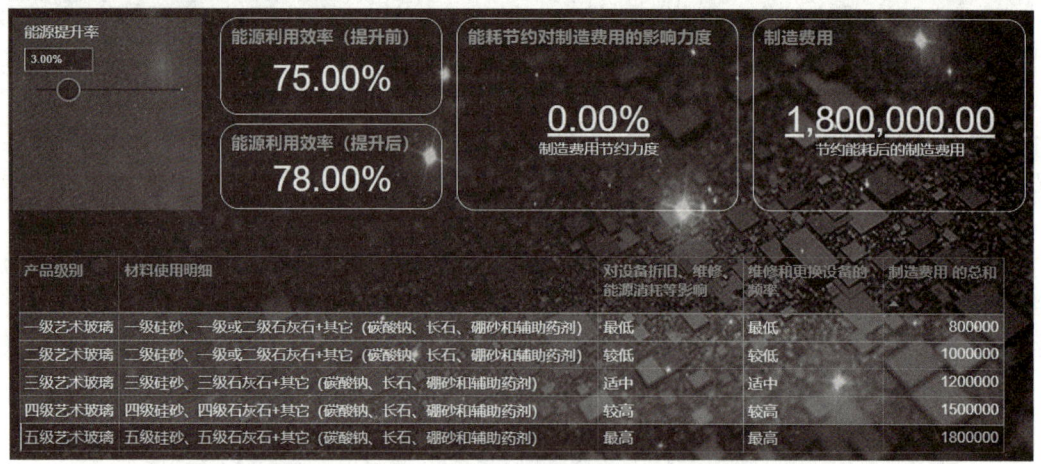

图4-11 五级艺术玻璃制造费用明细可视化结果

对方案二、方案三的操作亦如此,其节约后的制造费用为720 000元。

在Power BI界面,点击"成本构成分析"→"环境成本",点击切片器"种类-普通玻璃"及"种类-艺术玻璃",如图4-12、图4-13所示。

继续在"成本构成分析-制造费用"的看板页签中进行以下操作与分析,得到答案。

将能源提升率参数滑动至最右端,选择"二级艺术玻璃",得到最大效率对应结果,如图4-14所示。

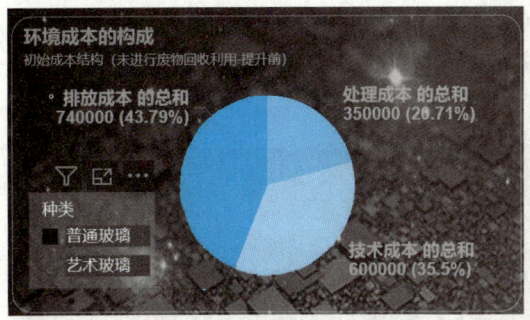

图 4-12　普通玻璃环境成本构成图

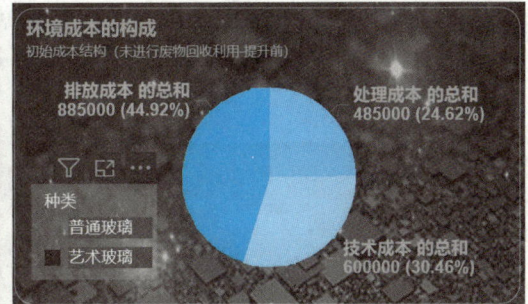

图 4-13　艺术玻璃环境成本构成图

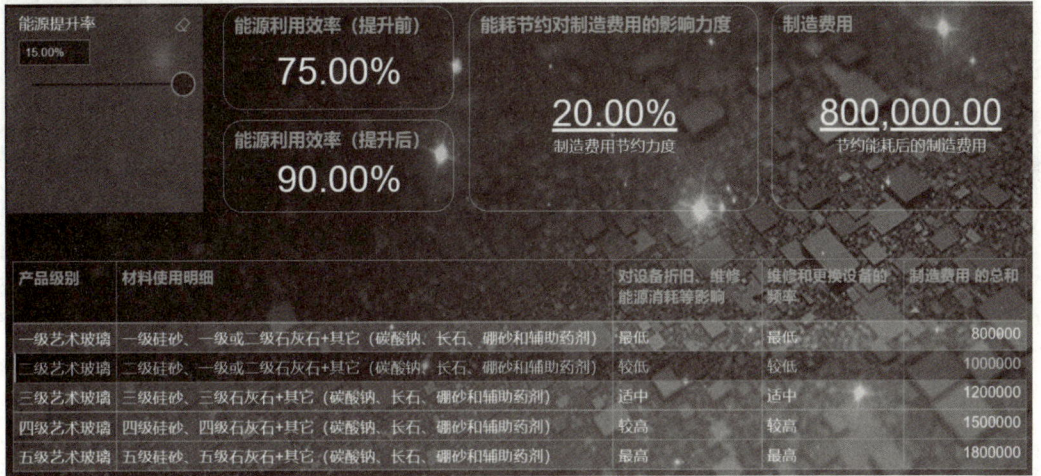

图 4-14　二级艺术玻璃能源提升率得到最大效率对应结果图

在"成本构成分析-环境成本"页面，将废气、废水、废渣回收提升率参数滑动至最右端，选择种类"艺术玻璃"，得到最大效率对应结果，如图 4-15 所示。

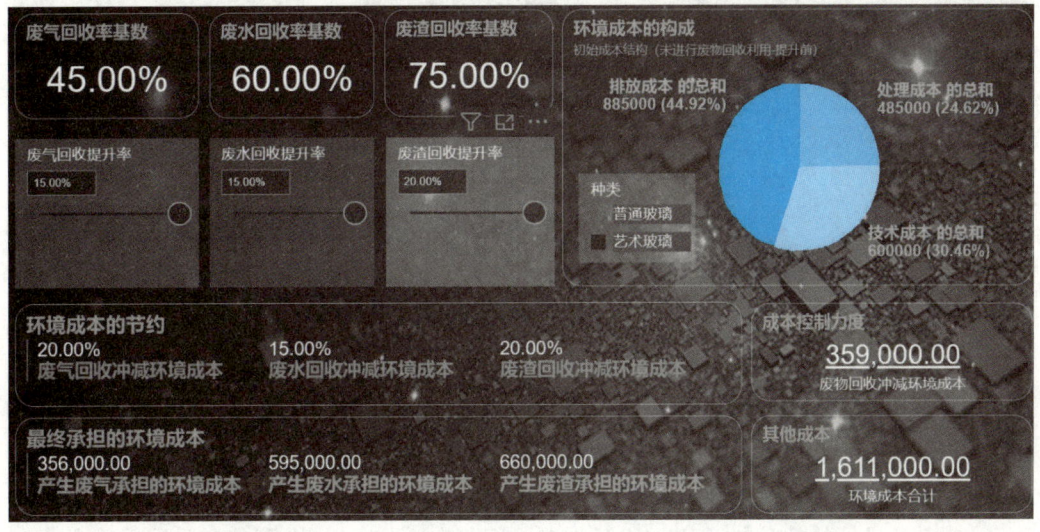

图 4-15　二级艺术玻璃废物回收提升率最大效率对应结果图

在 Power BI 界面,点击"产品成本",根据 Python 得出的数据输入直接材料折算倍数"1.50"、直接人工折算倍数"1.25"、制造费用折算倍数"1.50"、环境成本折算倍数"1.25",如图 4-16 所示。

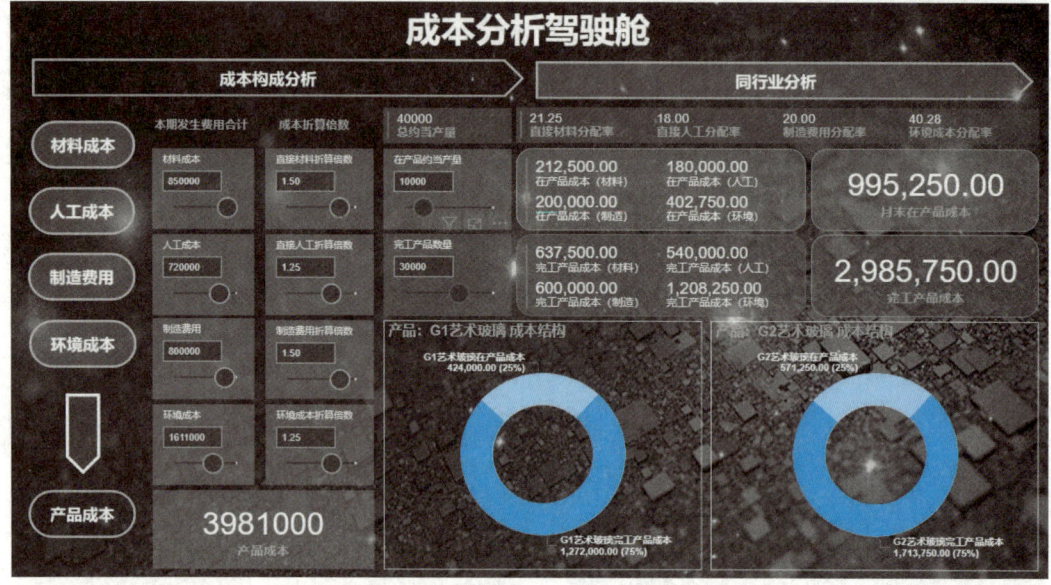

图 4-16　产品成本图

在 Power BI 界面,点击"同行业分析",得到可视化结果,如图 4-17 所示。

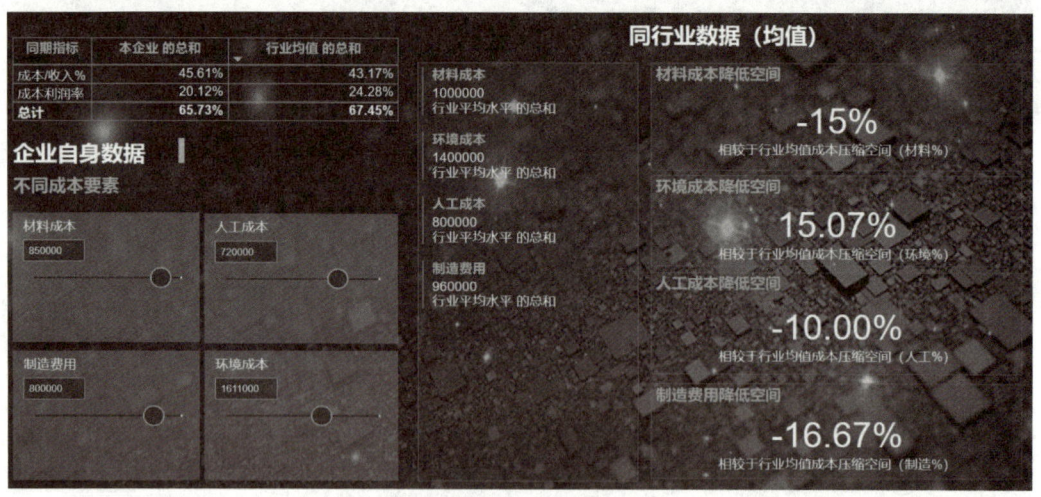

图 4-17　同行业分析可视化结果

 决策赋能

多元线性回归技术与 Python 编程的深度融合,为企业在成本数据分析领域开辟了新路径,带来了显著的效益与变革。从企业整体视角来看,这一组合不仅解决了成本数据复

项目四 产品成本计算

杂难解的问题,还通过精确建模,有效识别出成本结构中的潜在偏差与不合理之处,为企业的精细化管理提供了强有力的数据支撑。

在管理层方面,借助多元线性回归模型,企业高层能够清晰地看到不同因素如何影响成本,进而作出更为精准的成本控制决策。同时,Power BI 的成本分析驾驶舱以其直观的可视化界面,将复杂的成本数据转化为易于理解的图表和报告,使管理层能够迅速把握成本动态,及时调整经营策略,从而提升决策的效率和准确性。

对财务人员而言,多元线性回归技术的应用极大地减轻了其数据分析的负担,提高了其工作效率。通过 Python 编程,财务人员可以轻松构建回归模型,对大量成本数据进行高效处理与分析,准确评估各项成本因素的影响力。此外,Power BI 的加入,更是为财务人员提供了一套强大的可视化工具,使其能够轻松制作出专业、详尽的成本分析报告,为企业的成本优化和盈利提升提供了有力的数据支持。

任务三 掌握分批法

思政PPT 02
潮汕工艺产业中的分批法与工匠精神

 思维引例

阳光机床厂以其高质量、定制化的机床产品闻名业界,每一台机床都是根据客户的具体需求精心打造。作为该厂的财务人员,小李认为,对这样单件、小批生产的制造业企业来说,成本核算的精确性至关重要。

因此,他选择了分批法作为产品成本核算方法,以确保每一笔成本都能准确无误地对应到相应的机床产品上。此刻,他正仔细核对着一台刚刚完工的机床的各项成本数据,以确保其准确无误,为企业的决策提供更加可靠的数据支持。

思考:假如你是一名企业财务分析人员,应该如何像小李一样,通过大数据帮助企业在复杂形势下精确计算成本并进行数据分析呢?

 任务导入

本任务的主要内容有:
(1) 深入理解并熟练掌握以产品批别作为成本计算对象的方法,准确归集和分配各批次产品的生产费用,以高效完成产品成本计算,为企业成本管理和决策提供及时、准确的成本信息。
(2) 掌握基于分批法构建的产品成本核算系统的应用。
(3) 基于分批法原理,运用神经网络模型,建立间接费用分配模型,根据模型的执行结果,搭建 Power BI 成本分析驾驶舱进行可视化决策分析。

 知识准备

一、分批法的基本概述

分批法的核心在于将不同批次的产品视为独立的成本计算对象。每张订单或生产任

课件11:项目四任务三分批法

087

务单通常构成一个批次,通过对生产费用的精准归集与分配,能够准确反映每一批次产品的成本。

分批法具有两大显著特点。首先,成本计算以产品批次为对象,确保每批次产品的成本独立核算;其次,成本计算期不固定,与产品生产周期紧密一致,而与常规的核算报告期不同。

企业采用分批法时,会根据产品批次来归集生产费用,进而精确计算各批次产品的成本。这种方法不仅提升了成本管理的有效性,还使企业能够更精准地掌握每一批产品的成本情况,从而有效控制成本,制定更为合理的生产决策。分批法通过精准的成本核算,可以帮助企业实现对产品成本的精细化管理,为企业的成本控制和生产决策提供有力支持,是提升企业竞争力和经济效益的重要手段。

二、基于分批法的产品成本核算程序

1. 按产品批别或订单开设成本计算单

财务可以根据生产计划部门下达的生产任务通知单,分别开设各批别或订单产品的成本计算单。

动画 04 分批法的计算程序

2. 归集和分配各项生产费用要素

根据各要素费用发生的原始凭证,编制各种要素费用分配表,分配各项要素费用,登记各批别或订单产品的有关成本费用明细账。

3. 归集和分配辅助生产费用

根据辅助生产费用明细账,编制辅助生产费用分配表,分配辅助生产费用,登记各批别或订单产品的有关成本费用明细表。计入成本计算单的生产费用,还要同时分别计入按各批别或订单产品开设的成本计算单中。

4. 归集和分配制造费用

根据制造费用明细账,编制制造费用分配表,分配制造费用,并分别计入按各批别或订单产品开设的成本计算单中。

5. 计算结转完工产品成本

(1)如果该批产品全部完工,产品成本计算单中的生产费用都是完工产品成本。如果该批产品全部未完工,产品成本计算单中的生产费用都是在产品成本。

(2)如果该批产品跨月完工,且月内批次内有完工产品和在产品,则该部分完工产品可暂按计划成本或定额成本等转出。

三、基于分批法的产品成本核算应用

采用分批法计算产品成本的企业,会依据产品的订单或生产计划,将生产过程细分为多个批次。这种成本计算方法的核心在于,它紧密围绕每个批次的实际生产情况来核算成本。企业会详细记录每个批次的生产时间、数量以及原材料消耗等关键数据,以此为基础精确计算每个批次的产品成本。

分批法主要适用于单件小批量的生产类型,这类生产模式常见于造船业、重型机器设备制造业等行业。在这些行业中,由于产品通常具有体积庞大、结构复杂、生产周期长等特点,分批法能够更准确地反映每个产品的实际成本,有助于企业实现成本的有效控制和精细化管理。

项目四 产品成本计算

【例 4-2】 分批法成本核算。

乙企业采用分批法计算产品成本,本月份生产批次如下:

(1) 批次 A001,该批次产品生产订单编号为 101,数量为 50 件,直接材料成本为 5 000 元,直接人工成本为 4 000 元,制造费用为 3 000 元,完工日期为 4 月 18 日。

(2) 批次 A002,该批次产品生产订单编号为 102,数量为 100 件,直接材料成本为 8 000 元,直接人工成本为 6 000 元,制造费用为 5 000 元,完工日期为 4 月 28 日。

要求:运用分批法进行产品成本核算。

解析:可以运用表格法进行产品成本核算,如表 4-5 所示。

表 4-5 分批法下的批次 A001、批次 A002 的产品成本核算

金额单位:元

批次 A001	金额	批次 A002	金额
直接材料	5 000	直接材料	8 000
直接人工	4 000	直接人工	6 000
制造费用	3 000	制造费用	5 000
产品成本合计	12 000	产品成本合计	19 000
产量(件)	50	产量(件)	100
单位产品成本	240	单位产品成本	190

四、Python 交互编程

1. 基本原理

神经网络(neural networks,NN)是由大量的、简单的处理单元(称为神经元)广泛地互相连接而形成的复杂网络系统。

它反映了人脑功能的许多基本特征,是一个高度复杂的非线性动力学习系统。神经网络与神经科学、数理科学、认知科学、计算机科学、人工智能、信息科学、控制论、机器人学、微电子学、心理学、光计算、分子生物学等多个学科紧密相关,是一门新兴的边缘交叉学科。

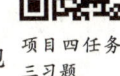

项目四任务三习题

2. 应用场景

神经网络模型在多个领域有着广泛的应用,包括计算机视觉(如图像分类、目标检测、人脸识别等)、自然语言处理(如语言建模、机器翻译、情感分析等)、游戏和控制(如 AlphaGo 等复杂决策和控制任务)、金融预测(如股票预测、风险评估等)等。

3. 实施的一般程序步骤

(1) 明确研究目的与变量。

研究目的:建立间接费用预测模型,科学地预测制造费用。

参数:产品的订单特征和生产特征等参数。

(2) 数据收集与整理。

收集产品的订单特征和生产特征的相关数据。

(3) 构建并运用模型。

基于Python编程交互技术,构建运行神经网络模型。

(4) 结果分析与辅助决策。

基于预测结果分析数据,辅助企业作出高效的决策。

数智融合——用Python与Power BI实现成本分析

1. 任务描述

雅尚国风服饰凭借其设计独特的马面裙在网络走红,订单激增。面对生产效率提升与成本控制的双重需求,以及市场波动的不确定性,公司决定维持售价不变,财务经理计划于年末完成马面裙成本分析报表。该公司的财务主管建议引入神经网络模型等机器算法,结合分批法的原理,构建一个更加科学、合理的间接费用分配模型,并构建成本分析驾驶舱,为管理层提供决策支持。

2. 任务分析

神经网络模型与分批法结合使用,能针对每批订单的独特性,精确分配间接费用,显著提高成本核算的精度。这种结合不仅优化了成本控制,还为管理层提供了更准确的决策依据,有助于企业应对市场波动,提升盈利能力和市场竞争力。

3. 任务实训

步骤一:获取数据。

从实训界面获取数据,下载《马面裙套装的订单特征与生产特征》附件并上传到文件列表的个人界面,上传结果如图4-18所示。

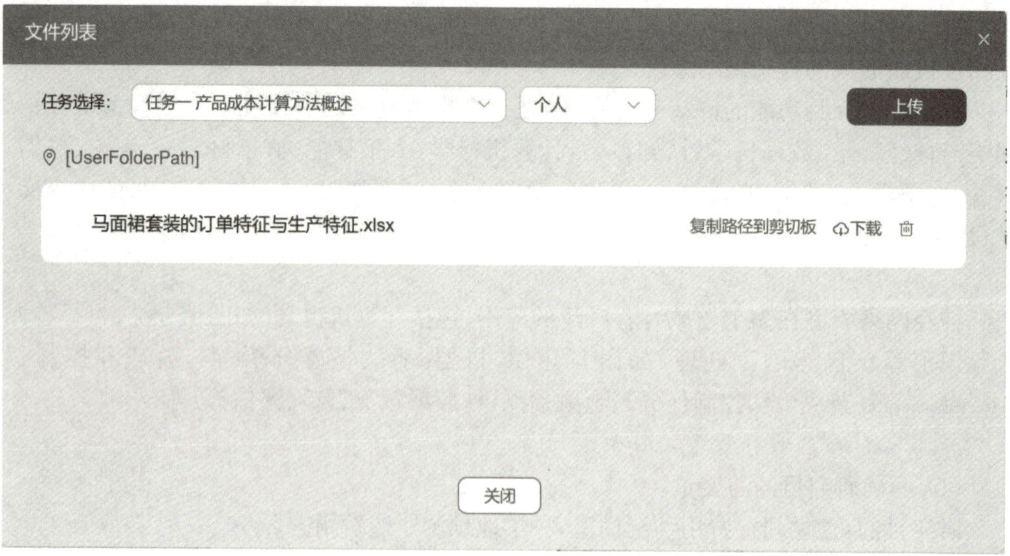

图4-18 数据上传结果

从实训界面获取数据,下载《分批法的应用-BI作品上传》附件并上传到文件列表的个人界面,上传结果如图4-19所示。

项目四 产品成本计算

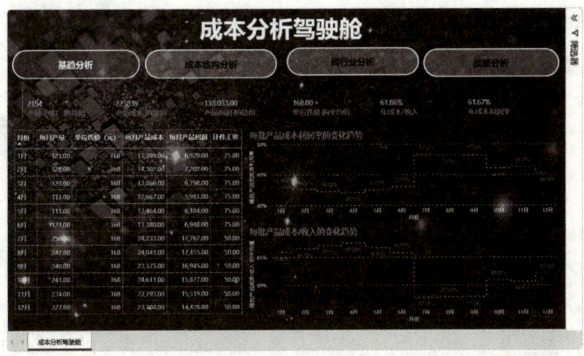

图 4-19 分批法的应用-BI 作品上传

步骤二：运用 Python。

(1) 技术需求转化。

在实训平台界面，点击"技术需求转化"，根据关键词的提示输入参数，如图 4-20 所示。

关键词	参数
订单数量	59
款式复杂度	2
面料类型	1
生产工时	280
设备使用时长	181

图 4-20 技术需求转化

(2) 需求实现。

点击"需求实现"，如图 4-21 所示。

```
1   import numpy as np
2   import pandas as pd
3   from sklearn.neural_network import MLPRegressor
4   from sklearn.preprocessing import StandardScaler
5
6   # 读取数据
7   data=pd.read_excel(r'[UserFolderPath]/马面裙套装的订单特征与生产特征.xlsx')
8
9   # 划分输入和输出
10  # 注意：这里假设最后一列是目标变量，需要根据实际数据集进行调整
11  X_train = data.iloc[:, :-1].values   # 输入特征
12  y_train = data.iloc[:, -1].values    # 目标变量
13
14  # 数据标准化
15  scaler = StandardScaler()
16  X_train_scaled = scaler.fit_transform(X_train)
17
18  # 创建MLP模型
19  mlp = MLPRegressor(hidden_layer_sizes=(10,), max_iter=10000, random_state=42)
20
21  # 训练模型
22  mlp.fit(X_train_scaled, y_train)
```

图 4-21 需求实现

（3）执行并显示结果。

点击"执行并显示结果"，如图 4-22 所示。

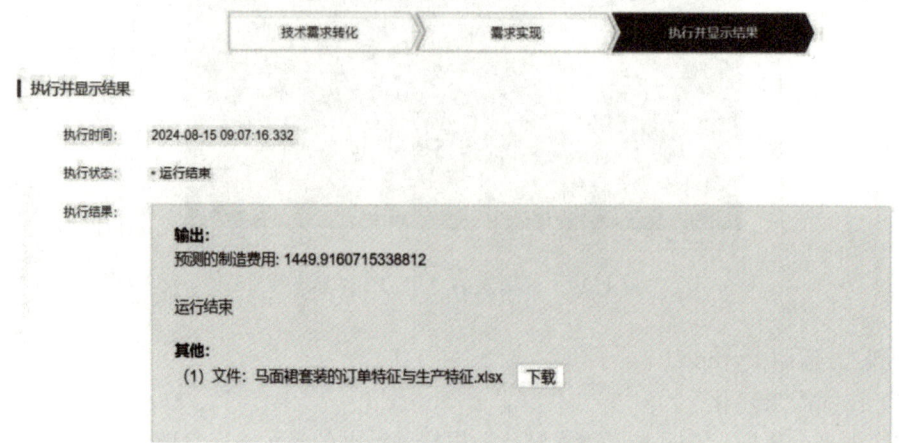

图 4-22　执行并显示结果

根据模型运行结果，保留整数，财务部得出 2023 年最后一批马面裙套装订单预测的制造费用为 1 450 元。

步骤三：运用 Power BI。

将 Python 题的预测结果更新到 Power BI 的数据集《不同批次马面裙的生产费用》，将《不同批次马面裙的生产费用》中的 H49 数据改为 1 450，如图 4-23 所示。

	A	B	C	D	E	F	G	H
1	月份	产品批号	产品名称	产量（件）	材料采购单价	直接材料	直接人工	制造费用
41	2023/10/1	10M-1004	马面裙套装	55	30	1650	2750	1375
42	2023/11/1	11M-1001	马面裙套装	63	26	1638	3150	1575
43	2023/11/1	11M-1002	马面裙套装	54	30	1620	2700	1350
44	2023/11/1	11M-1003	马面裙套装	57	25	1425	2850	1425
45	2023/11/1	11M-1004	马面裙套装	60	26	1560	3000	1500
46	2023/12/1	12M-1001	马面裙套装	57	28	1596	2850	1425
47	2023/12/1	12M-1002	马面裙套装	51	28	1428	2550	1275
48	2023/12/1	12M-1003	马面裙套装	61	29	1769	3050	1525
49	2023/12/1	12M-1004	马面裙套装	58	30	1740	2900	1450

图 4-23　H49 修改图

点击超链接下载 Power BI 作品压缩包，解压后打开"分批法的应用-驾驶舱.pbix"，打开文件"分批法的应用-驾驶舱"，点击"转化数据"，进入 Power Query 编辑器，点击"数据源设置"，点击"更改源数据"，浏览替换为修改后的数据集，点击"确定"。

点击成本分析驾驶舱的"基趋分析"，查看马面裙套装产量最高的月份，如图 4-24 所示。

在成本分析驾驶舱页面点击"成本结构分析"，观察产品成本费用数据构成，如图 4-25 所示。

继续在成本构成分析页面进行操作，将光标放在 12 月份的蓝色柱体，查看"12 月份直接材料的总和"，如图 4-26 所示。

项目四 产品成本计算

图 4-24 马面裙套装产量最高月份　　　　图 4-25 产品成本费用数据构成

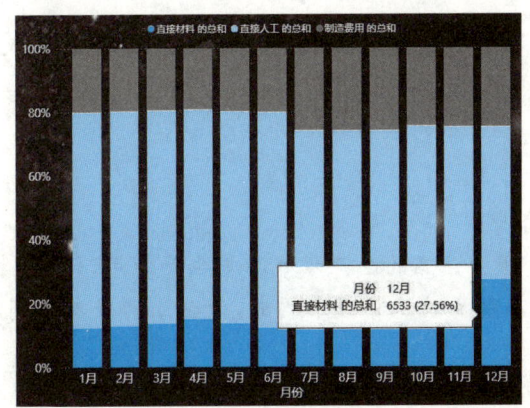

图 4-26 12月份直接材料的总和

此外,也可以点击"同行业分析""战略分析"等模块观察可视化数据结果。

 决策赋能

单件小批量生产的企业可以采用分批法计算产品成本,针对每批产品的独特性进行精确的成本核算。在此基础上,结合 Python 中的神经网络模型,企业可以进一步优化间接费用的分配。通过神经网络模型,企业能够利用历史数据训练模型,识别不同批次产品的生产特征,如材料消耗、工时等,从而精确预测和分配间接费用。这种数据驱动的方法相比传统方法更为准确,有助于企业更精细地控制成本,提升盈利空间。

依据 Python 得出的成本数据,企业可以利用 Power BI 搭建成本分析驾驶舱,实现成本数据的可视化决策分析。Power BI 强大的数据可视化功能能够将复杂的成本数据转化为直观的图表和报告,帮助管理层迅速把握成本变动趋势,识别成本控制的薄弱环节。

任务四　理解分步法

思维引例

在纺织行业的浪潮中,张国强经营着一家小型纺织企业,专注生产高品质的布料与成品。随着市场需求的变化,他计划推出一系列冬季新品,其中一款高端面料围巾备受期待。这款围巾需要用特定的纱线作为半成品,在织布车间进行精细编织。

张国强面临一个抉择:是自行加工这些纱线并织布,还是将纱线生产外包,再购买成品纱线进行织布。自行加工意味着对纱线质量和编织工艺完全掌控,但需投资新设备、扩大团队;外包则能节省初期投入,加速生产,但质量把控成为难题。此时,张国强想到了利用Python进行数据分析,通过分步法评估成本、质量与风险,为他的决策寻找最优解。

思考:假如你是张国强,你将如何使用分步法与Python进行成本数据分析对比进行决策呢?

任务导入

本任务的主要内容有:

（1）深入理解并掌握按产品的生产步骤归集生产费用,计算各步骤半成品和最终产成品成本的方法,以便准确反映产品成本构成,为企业的成本控制与决策分析提供有力支持。

（2）掌握基于分步法构建的产品成本核算系统的应用。

（3）基于逐步综合结转分步法及成本还原的原理,运用Power BI搭建成本分析驾驶舱,进行可视化决策分析。

知识准备

课件12:项目四任务四分步法

一、分步法的基本概述

分步法以产品生产步骤为成本对象,归集和分配生产费用,进而计算产品成本。该方法主要分为逐步结转分步法和平行结转分步法,两者最显著的区别在于是否计算半成品成本。逐步结转分步法会详细计算每个生产步骤的半成品成本,这种细致的成本核算有助于企业准确掌握每个生产环节的成本情况。而平行结转分步法则不计算半成品成本,它更侧重直接计算最终产品的成本。

分步法的基本特点是成本核算对象明确,即按产品生产步骤计算产品成本;同时,成本计算期固定,通常按月进行,与会计报告期保持一致,便于企业进行成本分析和控制。

分步法为企业提供了各步骤详细的生产成本信息,帮助企业深入了解成本的构成和变化趋势。通过成本数据的分析,企业能够找出浪费资源、效率低下的生产步骤,并采取相应的改进措施,如优化生产工艺、提高设备利用率等,从而有效降低生产成本,提升企业的竞争力和盈利能力。

二、基于分步法的产品成本核算程序

1. 逐步结转分步法

1) 核算程序

逐步结转分步法是按照产品加工的顺序,逐步计算并结转半成品成本,直到最后的加工步骤才能计算产成品成本的一种方法。

该方法就像一个接力赛,每个加工环节都要接住上一个环节的成本,然后再加上自己这一环节的成本,就这样一步步传下去,直到最后一步,才能算出成品成本。例如,第一个环节计算出半成品成本后,就把这个成本交给第二个环节,第二个环节再接过来,加上自己用的材料和加工费用,就能算出第二个环节的半成品成本。就这样,每个环节都按照顺序接棒,最后跑到终点,就能算出成品的成本了。

2) 进一步分类

逐步结转分步法还可以细分为综合结转法和分项结转法,本章主要学习综合结转法。综合结转法的特点是上一步骤转入下一步骤的半成品成本,以"直接材料"或专设的"半成品"项目综合列入成品计算单。此外,半成品成本可以按实际成本结转,也可以按计划成本结转。但需要注意的是,采用实际成本结转,虽然准确性较高,但可能会影响成本计算的及时性。而采用计划成本结转,虽然能够克服按实际成本计价的缺点,但需要进行半成品成本差异的计算和调整。

3) 成本还原

由于在综合结转方式下,产成品成本中以前生产步骤的生产费用,是在一个成本项目"半成品"或"直接材料"中综合反映的,扭曲了成本构成,需要进行成本还原,也就是将产成品成本中的半成品综合成本分解成料、工、费,得到按原始成本项目反映的产成品成本资料。值得注意的是,只有逐步综合结转分步法才涉及成本还原,品种法、分批法、逐步分项结转分步法和平行结转分步法均不需要进行成本还原。

成本还原的核心在于精确计算成本还原率,这本质上也是确定分配率的过程。具体而言,待分配费用作为分子,代表需还原的成本项目,如产成品成本中的"半成品"或"直接材料"。而待分配标准的总和则作为分母,通常对应以往生产阶段该半成品的成本总和,涵盖各项成本。例如,在包含两个生产阶段的情况下,第二阶段产成品中的半成品成本,需依据第一阶段该半成品的成本结构(即材料、人工及费用)进行还原。

此处提及的"直接材料"并非纯粹意义上的直接材料费用,而是包含了以往生产阶段中的直接材料、直接人工及制造费用等混合成本。因此,必须依原始的成本结构进行细致的还原处理。

需要注意的是,假如产品的生产过程包含 4 道步骤,为了还原到最初的成本状态,需要进行 3 次成本还原操作。

即:成本还原次数=综合结转法的生产步骤－1

成本还原分配率=本月产成品所耗上一步骤半成品成本合计÷本月上一步骤所产半成品成本合计

2. 平行结转分步法

1) 核算程序概述

在核算各阶段成本时，不纳入各阶段所生成半成品成本，亦不将各阶段所消耗的上一阶段半成品成本计入，而仅聚焦于本阶段所发生的各项其他费用，并精确核算其中应归属于最终产品成本的相应份额。随后，针对同一产品，于各阶段成本明细账中，平行结转并汇总上述份额，得出该产品的最终产品成本。

2) 平行结转分步法下的产成品与在产品的辨别

在采用平行结转分步法时，每一生产阶段的生产费用都需在其最终完成的产成品与广义的在产品之间进行合理的分摊。其中，最终完成的产成品特指企业已全面加工完毕、准备出售的成品；而广义的在产品则涵盖了当前生产步骤中的在制品，以及那些虽已完成本加工步骤但尚未成为最终产品，仍需在后续步骤中继续加工的在制品及半成品。

3) 优缺点

平行结转分步法的优点是各步骤可以同时计算产品成本，平行汇总计入产品成本，不必逐步结转半成品成本，不必进行成本还原，简化成本工作。它的缺点是不能提供各步骤的半成品成本资料，因而不能全面反映各步骤产品的生产耗费水平（第一步骤除外），不能更好地满足这些步骤成本管理的要求。

三、基于分步法的产品成本核算应用

项目四思维导图

分步法下，重点掌握逐步综合结转分步法与成本还原应用。逐步综合结转分步法能确保各生产步骤的成本准确累积，而成本还原则帮助追溯和合理分配成本至最终产品。

这种方法特别适用于生产规模大、产品种类多、成本管理复杂且核算准确性要求高的企业，如纺织、冶金及机械制造业企业等。这些企业既需按产品品种计算成本，又需按生产步骤进行成本核算。分步法及其相关技巧能够满足其复杂而精确的成本管理需求，确保成本核算的准确性和追溯分配的合理性。

【例 4-3】 分步法成本核算

丙公司生产电器产品分两个步骤在两个车间内进行。

第一步骤：第一车间为第二车间提供半成品，半成品收发通过半成品库进行，半成品的发出计价采用加权平均法。

第二步骤：第二车间除了消耗从半成品库领用的半成品，不再投入新的原料。丙公司采用逐步综合结转分步法计算产品成本，本月第二车间完工产品 500 件，月末对在产品进行盘点，两个车间的月末在产品均按定额成本计价。

生产项目的相关数据和本月半成品库收发结存情况见表 4-6 和表 4-7。

表 4-6 生产项目的相关数据

单位：元

工序步骤	直接材料	直接人工	制造费用	类别
第一步骤	61 000	7 000	5 400	期初在产品成本
第二步骤	37 400	1 000	1 100	期初在产品成本
第一步骤	89 500	12 500	12 500	本期发生费用

(续表)

工序步骤	直接材料	直接人工	制造费用	类别
第二步骤	—	19 850	31 450	本期发生费用
第一步骤	30 500	3 500	2 700	月末在产品定额成本
第二步骤	17 600	1 350	2 550	月末在产品定额成本

表4-7 本月半成品库收发结存情况

金额单位:元

项目	数量(件)	实际成本
月初余额	300	55 600
本月增加	800	151 200
本月减少	900	169 200
月末余额	200	37 600

要求:基于逐步综合结转分步法与成本还原的知识点,编制各车间产品成本计算单。

解析:

表4-8 产品成本计算单——半成品

工序:第一步骤　　　　　车间:第一车间　　　　　金额单位:元

摘要	产量(件)	成本项目			合计
		直接材料	直接人工	制造费用	
月初在产品成本		61 000	7 000	5 400	73 400
本月生产费用		89 500	12 500	12 500	114 500
合计		150 500	19 500	17 900	187 900
完工半成品转出	800	120 000	16 000	15 200	151 200
月末在产品成本		30 500	3 500	2 700	36 700

表4-9 产品成本计算单——产成品

工序:第二步骤　　　　　车间:第二车间　　　　　金额单位:元

摘要	产量(件)	成本项目			合计
		直接材料	直接人工	制造费用	
月初在产品成本		37 400	1 000	1 100	39 500
本月生产费用		169 200	19 850	31 450	220 500
合计		206 600	20 850	32 550	260 000
产成品转出	500	189 000	19 500	30 000	238 500

(续表)

摘要	产量(件)	成本项目			合计
		直接材料	直接人工	制造费用	
单位成本		378	39	60	477
月末在产品成本		17 600	1 350	2 550	21 500

成本还原：

第二车间产成品成本明细账中算出的本月产成品所耗上一车间半成品费用为 189 000 元，按照第一车间产成品成本明细账中算出的本月所产该种半成品成本 151 200 元的成本构成进行还原，求出按原始成本项目反映的产成品成本。

即：成本还原率＝189 000÷151 200＝1.25

表 4-10　产成品成本还原计算表

还原次数：1 次　　　　　　　　　产品数量：500 件　　　　　　　　　金额单位：元

项目	分配率	半成品	直接材料	直接人工	制造费用	合计
还原前产品成本		189 000	0	19 500	30 000	238 500
本月所产半成品成本			120 000	16 000	15 200	151 200
成本还原	1.25	－189 000	150 000	20 000	19 000	0
还原后产成品成本		0	150 000	39 500	49 000	238 500
还原后产成品单位成本		0	300	79	98	477

项目四任务四习题

四、Power BI 数据可视化

1. 基本原理

产品成本分析驾驶舱是一个集成化的数据分析与可视化平台，专为提供直观、互动的决策界面而设计。借助 Power BI 这一商业智能工具，该平台能够助力企业决策者快速洞察产品成本的各个方面。特别是 Power BI 的书签（bookmarks）功能，能够显著提升用户体验，使决策者能轻松导航至关键数据点，深化其对数据的洞察。通过这一平台，企业能够更精准、高效地作出经营决策，推动业务发展与竞争优势的提升。

2. 驾驶舱的作用

驾驶舱的搭建融入书签（bookmarks）、切片器（slicer）、按钮（button）等交互元素，极大地增强了其互动性。根据产品成本分析的具体需求，驾驶舱精心设计多个可视化页面，每个页面专注于成本的某一特定方面或维度。通过为这些页面配置书签，用户可以轻松实现页面间的快速切换和导航，从而更加便捷地探索产品成本的各个方面。这种设计不仅提升了用户体验，还使决策者能够迅速定位关键信息，为精准高效的决策提供支持。

驾驶舱的可视化呈现如图 4-27 所示。

项目四 产品成本计算

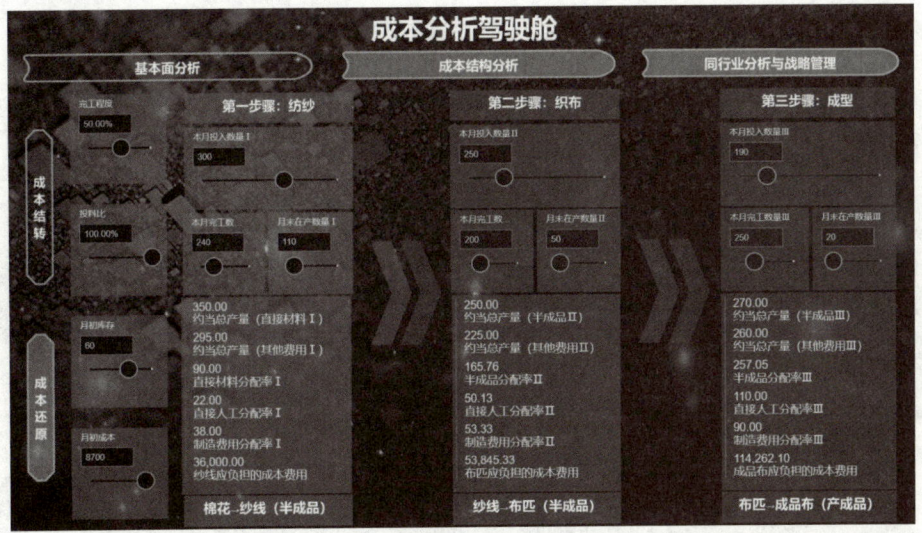

图 4-27 驾驶舱的可视化呈现

任务训练

数智融合——用 Python 与 Power BI 实现成本分析

1. 任务描述

纺织业巨头锦绣纺织集团的产品以高品质、多样化著称。随着生产流程的复杂化,从纺纱到织布再到成型,该集团的财务主管认为平行结转分步法已难以满足精准管理需求,逐步综合结转分步法可以更好地追踪和分配各环节成本。面对成本核算的新挑战,成本组积极响应,使用逐步综合结转分步法计算产品成本,通过 Power BI 构建成本分析驾驶舱,探索成本还原之路,以优化成本控制。

微课 04 分步法进行成本核算(含实训)

2. 任务分析

这家企业面临的问题是生产流程复杂多样导致平行结转分步法不再适用于该企业。企业采用逐步综合结转分步法可以更加精准地核算和归集产品成本,使用大数据技术对成本数据进行分析与可视化处理,帮助企业进行成本管理。

3. 任务实训

步骤一:获取数据。

通过课堂实训界面与实验资料阅读相关背景,获取成本数据。

步骤二:运用 Power BI。

在 Power BI 界面,点击"基本面分析"→"成本结转",在"第一步骤:纺纱"中输入参数:完工程度"50%"、投料比"100%"、月初成本"0"、月末成本"0"、本月投入数量"300"、本月完工数"240"、本月在产品"110",其可视化结果如图 4-28 所示。

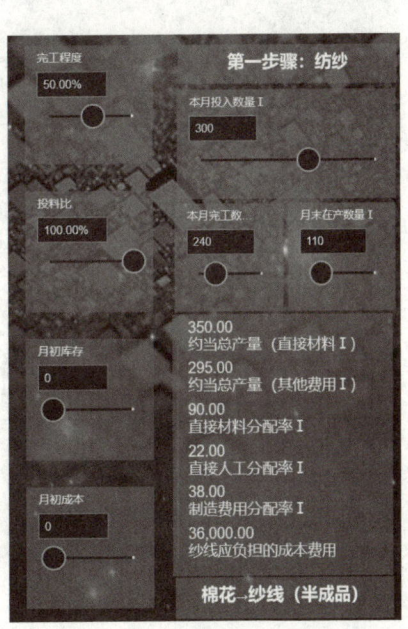

图 4-28 成本结转可视化结果

099

在"基本面分析-成本结转"看板页签,在"完工程度"继续输入参数:月初库存"60"、月初成本"8 700";在"第二步骤:织布"中输入参数:本月投入数量"250"、本月完工数量"200"、月末在产品数量"80";在"第三步骤:成型"中输入参数:本月投入数量"190"、本月完工数量"250"、月末在产品数量"20",得出可视化结果,如图4-29所示。

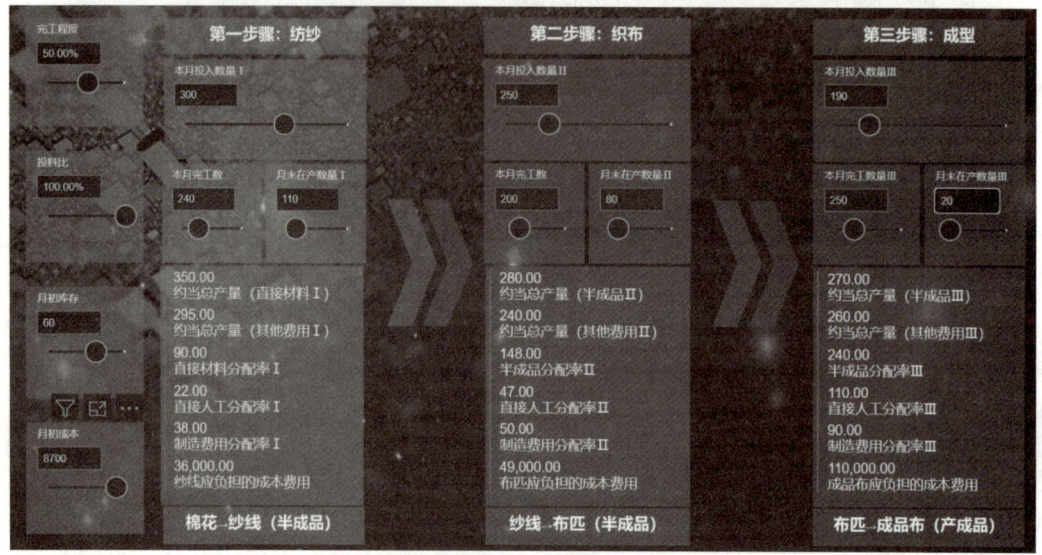

图4-29 月初库存更改可视化结果

在Power BI界面,点击"基本面分析"→"成本还原",观察成本还原详细数据,如图4-30所示。

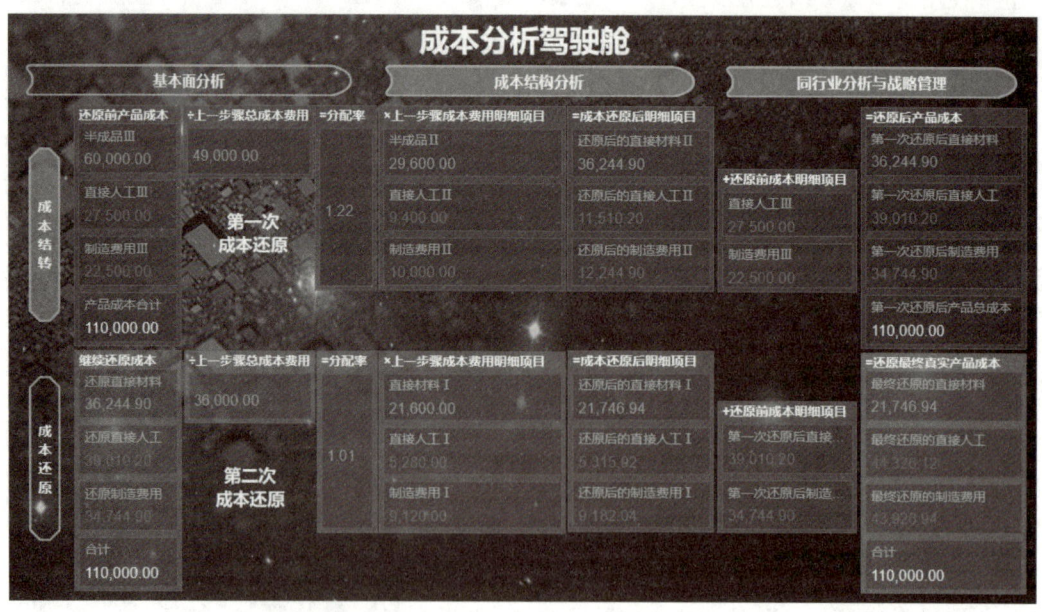

图4-30 成本还原

也可以在Power BI界面点击"成本结构分析""同行业分析与战略管理"模块查看相

应数据。

决策赋能

当企业需要准确计算半成品成本、进行内部成本比较和考核,以及实行承包经营责任制时,可以选择逐步结转分步法进行产品成本核算。该方法强调按照产品加工顺序,逐步计算并结转半成品成本,直至最终加工步骤完成产成品成本的计算。

当企业生产过程中的半成品无独立经济意义、不要求单独计算半成品成本且属于装配式复杂生产时,可以选择平行结转分步法进行产品成本核算,它在核算过程中不纳入各阶段生成的半成品成本,也不计算各阶段消耗的上一阶段半成品成本,而是专注于本阶段发生的各项其他费用,并精确核算其中应归属于最终产品的成本份额。

此外,企业可以借助产品成本分析驾驶舱这一集成化的数据分析与可视化平台,利用 Power BI 等商业智能工具,观察与追溯成本还原等数据,通过直观、互动的可视化决策界面进行成本管理与分析决策。

项目小结

本项目系统地介绍了产品成本计算的相关知识,包括品种法、分批法、分步法等内容。本项目重点是通过品种法、分批法、分步法进行产品成本计算,运用 Python 和 Power BI 进行可视化数据分析。通过学习这些内容,学生将掌握产品成本核算方法,对成本管理有更加深刻的理解。在学习过程中,学生还可以培养数据分析和可视化技能,提高解决实际问题的能力。

笔记

巩固练习

一、思考题

1. 如何判断企业应该使用哪种产品成本计算方法,请结合实际案例进行说明。
2. Excel 和 Power BI 工具对成本数据进行分析有何独特之处?

二、讨论题

1. 品种法、分批法和分步法的不同之处有哪些?请结合实际案例,讨论三种成本核算方法的行业适用性。
2. 成本管理需要考虑哪些方面的问题?请结合任务案例,阐述成本管理的关键管控点。

项目五 标准成本法认知

思政图文案例2 清远英德茶产业的定额成本控制实践与启示

项目导读

在当今这个日新月异的商业时代,随着国家政策的持续引导和数字化、信息化技术的飞速发展,企业正面临着前所未有的竞争压力与转型挑战。特别是在党的十五大提出的"以经济效益为中心,优化经济结构,推动国有企业改革和发展"的战略指导下,以及后续如党的十九大所强调的"深化供给侧结构性改革,推动经济高质量发展"的要求下,企业不得不更加注重内部管理效率的提升,特别是成本管理的优化,以适应市场的快速变化,保持并增强自身的竞争优势。

为顺应这一国家发展战略和市场需求,深入理解和有效运用标准成本法成为企业优化资源配置、提升经济效益的必然选择。标准成本法作为一种科学的成本管理方法,通过预先设定合理的成本标准,对直接材料、直接人工及制造费用等关键成本要素进行精细化的预测、控制和分析,有助于企业实现成本的有效控制,提升成本管理的精细化水平。

为实现高质量发展目标,企业首先需要全面认识标准成本的概念、种类及其制定流程。标准成本不仅包括直接材料、直接人工和制造费用的标准成本,还涉及这些成本要素的用量标准和价格标准的设定。在此基础上,企业还需将标准成本法广泛应用于成本预测、预算编制、成本控制、绩效评估以及成本分析与决策支持等多个方面,以充分发挥其在提升企业管理水平、优化成本结构方面的独特优势。

同时,针对标准成本差异的计算、分析与控制,企业需建立一套完善的机制。这包括精确计算直接材料、直接人工、变动制造费用和固定制造费用等各方面的差异,深入分析差异产生的原因,如材料价格变动、生产效率变化、制造费用分配不均等,并据此制定有效的控制策略。这些策略可能包括建立全面的成本控制体系,加强对成本差异的日常监控,以及实施成本控制责任制等,旨在通过持续改进和优化成本管理流程,实现降本增效的目标。

学习目标

【知识目标】
1. 理解标准成本的核心概念,区分不同种类标准成本以及掌握标准成本的制定流程。
2. 熟悉标准成本在成本预测、预算编制、成本控制等方面的应用。
3. 深入理解标准成本差异的计算方法、分析与解释,以及控制策略。

项目五 标准成本法认知

【技能目标】
1. 能够运用标准成本法进行准确的成本预测和预算编制。
2. 具备分析标准成本差异的能力,并能采取有效措施进行纠正。
3. 能够建立全面的成本控制体系,加强日常监控,并实施成本控制责任制。

【素养目标】
1. 培养严谨的成本管理思维,注重企业经济效益和可持续发展。
2. 提升团队协作和沟通能力,以便在成本控制过程中进行有效沟通。
3. 具备持续学习和创新的能力,适应市场变化,推动企业成本管理水平提升。

知识框架

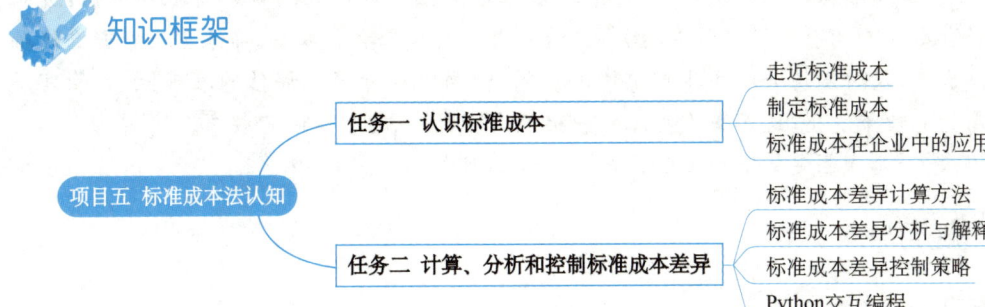

自主预习任务单

一、学习指南
课题名称:智能化成本核算与管理
达成目标: (1)理解标准成本法的基本概念、种类、制定流程及其在企业中的应用。 (2)能合理运用标准成本差异的计算、分析和控制方法,以优化企业成本管理。
学习方法建议: 情境模拟学习:结合实际生产环境,通过模拟公司成本差异计算、分析与控制过程,学生在学习中掌握如何在实际工作中执行成本管理。
课堂学习形式预告: 案例讨论与演示:课堂上,教师通过案例讲解标准成本法,学生分组讨论并展示他们的思路和分析结果。
二、学习任务
学生通过观看教学视频自学(或阅读教材、分析提供的学习资源),完成下列学习任务: (1)阅读标准成本法,做好课前预习。 (2)登录新商科智慧学习空间平台进行实操训练。
三、困惑与建议(请在此处记录在本项目学习中遇到的困惑和对课程的建议)

任务一　认识标准成本

思维引例

小张在一家制造业企业工作,发现在其生产过程中存在大量的浪费现象,如过量使用原材料、人工效率低下等。由于缺乏有效的成本控制手段,这些问题难以得到及时解决。同时,由于成本数据的不准确和滞后,管理层难以对生产部门的绩效进行准确评估,进而影响了激励机制的有效性。面对这种困境,他决定引入标准成本法,确保企业能够更精确地核算成本,及时发现并解决生产中的浪费问题,同时提升绩效评估的准确性,为管理层提供有力的决策支持,进而激发员工的积极性,提高企业的整体运营效率。

思考:小李在制定标准成本时需要考虑哪些因素?

任务导入

本任务的主要内容包括:

(1) 熟悉标准成本的概念与种类。

(2) 运用标准成本制定流程,通过科学分析历史数据与生产工艺确定用量标准,结合市场动态与供应链成本制定价格标准,并通过试算验证与定期修订机制确保标准成本的准确性。

知识准备

一、走近标准成本

(一) 基本概念

标准成本法是一种成本计算和成本控制系统,它预先制定成本标准,并将实际成本与这些标准进行比较,以揭示成本差异。这种方法的前提是预先制定标准成本,其重点是对成本差异进行计算和分析,旨在加强成本控制。标准成本是企业基于历史数据和计划报价,结合市场分析、会计核算和工程设计计算得出的理想费用标准。它既是评价实际成本、衡量工作效率的一种目标成本,也是实际工作中"标准成本"一词所包含的两层含义之一,即单位产品的标准成本(成本标准),以及实际产量的标准成本总额,标准成本法的具体流程如图 5-1 所示。通过标准成本法,企业可以明确经济责任,消除差异,并据此加强成本控制。

(二) 基本分类

按其制定所依据的生产技术和经营管理水平,标准成本分为理想标准成本和正常标准成本。

1. 理想标准成本

理想标准成本是指在最优的生产条件下,利用最理想的资源消耗和最高效的生产流

项目五　标准成本法认知

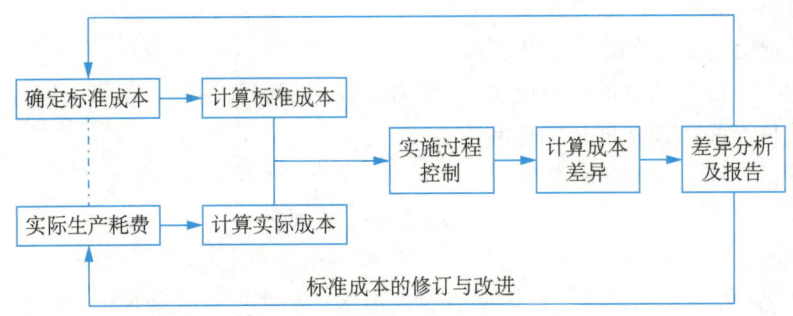

图 5-1　标准成本法的具体流程

程所能达到的成本水平。这种成本通常是一个理论上的最低值，作为成本降低的标杆和追求的目标。然而，在实际生产中，由于各种因素的影响，理想标准成本很难完全达到。它的主要用途是提供一个完美无缺的目标，揭示实际成本下降的潜力，因其提出的要求太高，不宜作为考核的依据。

2. 正常标准成本

正常标准成本是指在正常的生产条件下，利用正常的资源消耗和一般的生产效率所能达到的成本水平。这种成本考虑了生产过程中的正常损耗、合理的资源利用以及一般的生产效率，因此更加贴近实际生产情况。正常标准成本通常用于成本控制和预算制定，以帮助企业实现成本效益最大化。

按其适用期，标准成本分为现行标准成本和基本标准成本。

1. 现行标准成本

现行标准成本作为企业管理的一项关键工具，是根据当前市场环境、生产效率、价格水平以及预期的生产经营能力利用程度等因素综合制定的成本标准。这一标准旨在反映当前或近期内，企业在合理高效的运营状态下应达到的成本水平。

现行标准成本是一个动态调整的概念，它要求企业密切关注影响成本的关键因素，如原材料价格波动、生产效率的细微变化、劳动力成本的调整以及市场供需关系的变动等。当这些因素发生显著变化时，企业需及时对现行标准成本进行修订，以确保其作为成本管理和决策依据的有效性和准确性。

2. 基本标准成本

基本标准成本也被称为"历史标准成本"或"基础标准成本"，作为一种长期稳定的成本基准，其设定基于企业生产活动的基本条件与稳定预期。一旦确立，只要生产的基本条件无重大变化，该标准就相对稳定，不轻易调整，这种成本标准的主要作用在于提供一个跨期比较的稳固参照点，用以揭示成本变动的长期趋势与模式。

二、制定标准成本

（一）制定标准成本的流程

制定标准成本通常遵循以下结构化步骤，以确保准确性和全面性。

（1）确定直接材料的标准成本。

（2）确定直接人工的标准成本。

(3) 确定制造费用的标准成本。

(4) 汇总确定单位产品的标准成本。

而制定一个成本项目的标准成本，一般需要分别确定其用量标准和价格标准，两者相乘后得出单位产品该成本项目的标准成本。

(二) 用量标准与价格标准

1. 直接材料的标准成本

1) 用量标准

单位产品材料标准消耗量，是指在当前技术水平和生产工艺条件下，生产一件合格产品所必需的直接材料数量。该数量综合考虑了以下几方面的因素：

基本消耗量：直接用于产品制造、组装或生产过程中必不可少且无法替代的材料数量。

工艺性损耗：生产工艺特点和技术要求，如切割、冲压、成型等过程中产生的自然损耗或边角余料，这些损耗是生产过程所固有的且难以完全避免。

管理性损耗：库存管理、材料搬运、存储条件等因素导致的材料损失或浪费，这些损耗虽可通过优化管理来减少，但在实际操作中难以完全消除。

正常损耗成本：考虑在材料接收、存储及使用过程中可能发生的自然损耗。

2) 价格标准

预计下一年度进料单位完全成本，是指企业在未来一年内为获取单位原材料所需支付的全部成本，包括但不限于发票价格。供应商提供的原材料价格，是材料成本的基础部分。

运输成本：将企业根据采购合同约定承担的、将原材料从供应商处运至企业指定地点的费用，包括运费、货物运输保险费、装卸费及其他合规税费等。

检验成本：企业为确保原材料、半成品、成品等物料符合质量标准而发生的费用，包括进厂原材料检验、工序过程检验、成品出厂检验等环节的人工费用、设备损耗、耗材成本及外部检测服务费等。

2. 直接人工的标准成本

1) 用量标准单位产品标准工时

用量标准单位产品标准工时是指在当前生产技术条件和既定的作业效率下，完成一件合格产品所必需的直接及辅助生产时间的总和。这包括：

直接加工时间：用于产品加工、装配或制造所消耗的时间，是生产过程中的核心部分。

必要间歇时间：为维持工人工作效率和安全生产的短暂休息或设备冷却、检查等时间。

停工时间：生产流程设计、设备调整、更换工具或模具等必要活动所导致的非生产性时间，但此部分时间对确保生产连续性和产品质量至关重要。

不可避免的废品耗用工时：考虑生产过程中可能产生的废品率，将生产废品所耗用的合理工时按合格产品数量进行分摊，以确定单位合格产品的标准工时。

2) 价格标准工资率

价格标准工资率是指根据企业薪酬政策、劳动力市场条件及员工技能水平所确定的，用于计算单位时间内（如每小时）员工应得报酬的基准率。它可以是：

预定工资率：基于企业预算、历史数据或行业平均水平事先设定的工资率，用于成本控制和预算编制。

正常工资率：反映当前市场薪酬水平、员工技能等级及企业内部薪酬结构，旨在保持员工满意度和竞争力,同时符合企业经济效益的工资率。正常工资率通常根据定期的市场调研、绩效评估及企业发展战略进行调整。

3. 制造费用的标准成本

1)用量标准

为确保差异分析的准确性和可比性,变动制造费用与固定制造费用的用量标准应当保持一致,并基于相同的生产驱动因素来设定。通常,这一标准可以是单位产品的直接人工工时标准,也可以是机器工时、生产批次等其他合理的用量标准。选择哪种标准取决于特定生产过程的特性和成本驱动因素。

2)价格标准

一般来说,(变动或固定)制造费用的价格标准根据预算期内预计的制造费用总额与直接人工(或其他选定)标准总工时的比值来确定。

标准分配率=(变动或固定)制造费用预算总额÷直接人工标准总工时

值得注意的是,为了有效控制成本并进行准确的差异分析,在制造业中,变动制造费用与固定制造费用的标准成本应当分别且明确地制定。

三、标准成本在企业中的应用

(一)成本预测和预算编制

标准成本是根据过去的经验和实际情况制定的,能够作为企业预测和预算编制的重要依据。通过制定标准成本,企业可以合理预测和规划未来的成本,从而为自身决策提供有力支持。这种预测和预算不仅有助于企业控制成本,还能优化资源配置,确保企业的稳健发展。

(二)成本控制和绩效评估

标准成本作为控制成本的基准,与实际成本进行比较,能够及时发现和纠正成本偏差,从而有效控制成本的增长。此外,通过标准成本和实际成本的对比,企业可以评估各部门的绩效,发现问题并采取改进措施。这种绩效评估机制有助于激发员工的积极性和创造力,推动企业持续改进和优化。

(三)成本分析与决策支持

标准成本法简化了核算流程,通过明确成本中心,设定标准及项目,企业计算标准成本与实际成本,分析成本差异。此差异分析深刻揭示了成本变动的趋势与原因,为管理优化与成本降低提供了有力支持,并在企业决策中发挥了关键性的数据驱动作用。

 任务训练

1. 任务描述

某制造业企业专注生产高精度机械设备,近年来,随着市场竞争的加剧和原材料成本的不断上升,该企业面临着严峻的成本控制挑战。为了提升竞争力,该企业决定引入标准成本法,以优化成本控制流程,提高资源利用效率,并为自身决策提供有力的数据支持。

为帮助该制造企业系统落地标准成本法,通过建立科学的成本标准、动态差异分析及改进机制,实现生产成本的全过程精准管控与持续优化。通过制定直接材料、直接人工和制造费用的标准成本,企业能够明确经济责任,及时发现并纠正成本偏差,从而提升成本

控制能力。同时,通过对比标准成本与实际成本,企业可以评估各部门的绩效,激发员工的积极性和创造力,推动企业持续改进和优化。

2. 任务分析

在实施标准成本法之前,企业需要对当前的生产流程、成本控制体系以及市场环境进行深入分析。这包括了解原材料市场价格波动、生产效率的细微变化、劳动力成本的调整以及市场供需关系的变动等关键因素。基于这些分析,企业可以制定符合自身实际情况的标准成本体系,并为后续的差异分析和成本控制提供有力支持。

3. 任务实训

步骤一:制定标准成本体系。

企业需要收集历史数据和当前市场情况,包括直接材料的采购价格、运输成本、检验成本等,直接人工的工时记录、工资率等,制造费用的预算总额和分配率等。基于这些数据,企业可以制定直接材料、直接人工和制造费用的标准成本。在制定过程中,企业需要充分考虑生产流程中的正常损耗、合理的资源利用以及一般生产效率等因素,确保标准成本既具有挑战性又贴近实际生产情况。

步骤二:实施标准成本法。

在标准成本体系制定完成后,企业需要在生产过程中实施标准成本法。这包括记录实际发生的直接材料、直接人工和制造费用,并定期与标准成本进行比较,计算成本差异。通过差异分析,企业可以发现成本变动的原因,如用量差异、价格差异等,并采取相应的改进措施。

步骤三:优化成本控制流程。

基于差异分析的结果,企业需要优化成本控制流程。这包括优化生产工艺、降低损耗、提高生产效率等。同时,企业还需要加强库存管理,减少材料搬运和存储过程中的损失和浪费。通过这些措施,企业可以进一步降低生产成本,提高经济效益。

步骤四:评估绩效与持续改进。

在实施标准成本法的过程中,企业需要定期评估各部门的绩效,并根据评估结果采取相应的激励和奖惩措施。这有助于激发员工的积极性和创造力,推动企业持续改进和优化。同时,企业还需要定期回顾标准成本体系,根据市场变化和企业发展情况进行调整和优化,以确保其持续有效。

 决策赋能

通过以上任务训练,学生可以看出利用标准成本法,企业能显著提升成本控制能力与经营效率。标准成本不仅为成本预测、预算编制提供了明确基准,还通过与实际成本对比,揭示差异原因,助力企业精准控制成本,优化资源配置。同时,它也将成本差异作为量化考核指标,通过建立责任成本中心,将材料耗用、工时效率等差异与部门及员工绩效挂钩,实现客观、透明的绩效评估。这种量化评估机制促使员工主动关注成本控制,例如,积极提出生产流程优化建议、严格执行标准操作规范,从而在市场竞争中保持优势。

项目五 标准成本法认知

任务二　计算、分析和控制标准成本差异

思维引例

小李是一家中小型制造企业的成本会计,该企业主要生产电子零件,包括原材料采购、生产加工、质量检测等多个环节。在过去,成本控制主要依赖人工计算和 Excel 表格,这不仅效率低下,而且容易出错。小李深知成本控制对企业利润的重要性,为了改善这一状况,更有效地管理生产成本,他决定采用标准成本制度,并结合 Python 与 Power BI 进行数据处理与可视化分析,以便更直观地了解生产过程中的成本动态。

思考:小李可以选择哪些方法计算标准成本?

任务导入

本任务的主要内容包括:
（1）熟悉标准成本差异计算方法及其分析。
（2）基于标准成本法,运用多元线性回归模型进行变动制造费用的标准成本预测,结合 Power BI 进行成本分配。

知识准备

思政 PPT 03 广汽集团标准成本差异分析与国产制造信心

课件 14：项目五任务二标准成本差异的计算、分析和控制

一、标准成本差异计算方法

（一）标准成本差异的定义

标准成本作为成本管理的基准线,旨在为企业提供一个理想的成本水平作参照。然而,由于市场环境变动、生产效率波动、原材料价格浮动等多种因素的影响,实际成本往往会与这一理想状态产生差异。这种实际成本与标准成本之间的差额,被定义为标准成本差异。

标准成本差异作为一种衡量指标,体现了企业在实际生产过程中,其实际成本相对预先设定的标准成本（即目标成本）所产生的偏离程度。通过深入分析成本差异,企业能够精准定位成本控制中的薄弱环节,识别出导致成本偏离目标的具体因素,如生产效率低下、材料浪费、采购成本控制不力等。这一过程不仅有助于企业及时纠正成本偏差,还能持续提升其成本管理水平,确保实际成本更趋近预定的目标成本,从而实现成本效益的最大化。

（二）基本计算原理

1. 直接材料成本差异计算

直接材料成本差异是指直接材料的实际总成本与实际产量下标准总成本之间的差异。它可进一步分解为直接材料用量差异和直接材料价格差异两部分,如图 5-2 所示。有关计算公式如下：

直接材料成本差异 ＝ 实际产量下实际成本 － 实际产量下标准成本
　　　　　　　　＝ 实际用量×实际价格 － 实际产量下标准用量×标准价格
　　　　　　　　＝ 直接材料用量差异 ＋ 直接材料价格差异

直接材料用量差异 ＝（实际用量 － 实际产量下标准用量）×标准价格

直接材料价格差异 ＝ 实际用量×（实际价格 － 标准价格）

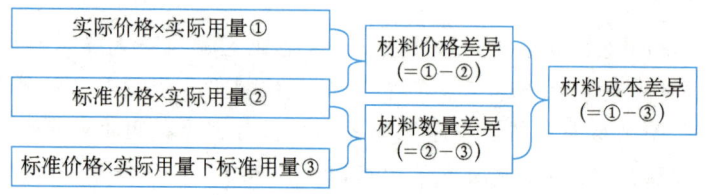

图 5-2　直接材料成本差异

直接材料的用量差异形成的原因是多方面的，有生产部门的原因，也有非生产部门的原因。产品设计结构、原材料的质量、工人的技术熟练程度、废品率的高低等都会导致材料用量的差异。材料用量差异的责任需要通过具体分析才能确定，但其往往应由生产部门承担。

材料价格差异的形成受各种主客观因素的影响，较为复杂。市场价格、供货厂商、运输方式、采购批量等的变动，都可以导致材料的价格差异。但由于它与采购部门的关系更为密切，所以主要由采购部门承担。

2. 直接人工成本差异计算

直接人工成本差异是指直接人工的实际总成本与实际产量下标准总成本之间的差异。它可分为直接人工工资率差异和直接人工效率差异两部分，如图 5-3 所示。有关计算公式如下：

直接人工成本差异 ＝ 实际总成本 － 实际产量下标准工时×标准工资率
　　　　　　　　＝ 实际工时×实际工资率 － 实际产量下标准工时×标准工资率
　　　　　　　　＝ 直接人工效率差异 ＋ 直接人工工资率差异

直接人工效率差异 ＝（实际工时 － 实际产量下标准工时）×标准工资率

直接人工工资率差异 ＝ 实际工时×（实际工资率 － 标准工资率）

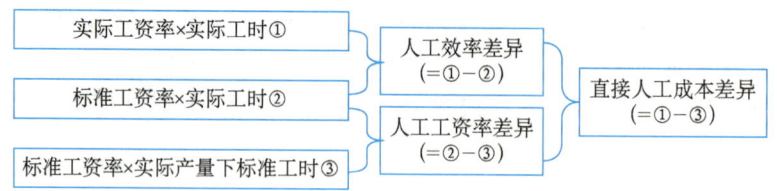

图 5-3　直接人工成本差异

直接人工效率差异是用量差异，其形成原因也是多方面的，工人技术状况、工作环境和设备条件的好坏等，都会影响效率的高低，但其主要责任还是在生产部门。

直接人工工资率差异是价格差异,其形成原因比较复杂,工资制度的变动、工人的升降级、加班或临时工的增减等都将导致工资率差异。一般地,这种差异的责任不在生产部门,劳动人事部门更应对其承担责任。

3. 变动制造费用差异计算

变动制造费用成本差异是指实际发生的变动制造费用总额与实际产量下标准变动费用总额之间的差异。它可以分解为耗费差异和效率差异两部分。其计算公式如下:

$$\begin{aligned}\text{变动制造费用成本差异} &= \text{实际变动制造费用} - \text{实际产量下标准变动制造费用}\\ &= \text{实际工时} \times \text{实际变动制造费用分配率} - \text{实际产量下标准工时} \times \text{标准变动制造费用分配率}\\ &= \text{变动制造费用效率差异} + \text{变动制造费用耗费差异}\end{aligned}$$

变动制造费用效率差异 =(实际工时 − 实际产量下标准工时)× 变动制造费用标准分配率

变动制造费用耗费差异 = 实际工时 ×(变动制造费用分配率 − 变动制造费用标准分配率)

其中,效率差异属于用量差异,耗费差异属于价格差异。变动制造费用效率差异的形成原因与直接人工效率差异的形成原因基本相同。

4. 固定制造费用差异计算

固定制造费用成本差异是指实际发生的固定制造费用与实际产量下的标准固定制造费用之间的差异。其计算公式为:

$$\begin{aligned}\text{固定制造费用成本差异} &= \text{实际产量下实际固定制造费用} - \text{实际产量下标准固定制造费用}\\ &= \text{实际工时} \times \text{实际分配率} - \text{实际产量下标准工时} \times \text{标准分配率}\end{aligned}$$

其中,标准分配率=固定制造费用预算总额/预算产量下标准总工时。

由于固定制造费用相对固定,实际产量与预算产量的差异会对单位产品所应承担的固定制造费用产生影响,所以,固定制造费用成本差异的分析有其特殊性,分为二因素分析法和三因素分析法。

(1)二因素分析法。

二因素分析法是指将总差异分为耗费差异和能量差异两部分。其中,耗费差异是指固定制造费用实际金额与固定制造费用预算金额之间的差额,而能量差异则是指固定制造费用预算金额与固定制造费用标准成本的差额。计算公式如下:

$$\begin{aligned}\text{耗费差异} &= \text{实际固定制造费用} - \text{固定制造费用预算额}\\ &= \text{实际固定制造费用} - \text{预算产量} \times \text{单位产品标准工时} \times \text{标准分配率}\\ &= \text{实际固定制造费用} - \text{预算产量下标准总工时} \times \text{标准分配率}\end{aligned}$$

$$\begin{aligned}\text{能量差异} &= \text{固定制造费用预算额} - \text{实际产量下标准固定制造费用}\\ &= \text{固定制造费用预算额} - \text{实际产量} \times \text{单位标准工时} \times \text{标准分配率}\\ &= (\text{预算总工时} - \text{实际产量下标准工时}) \times \text{标准分配率}\end{aligned}$$

(2)三因素分析法。

三因素分析法是将二因素分析法下的能量差异进一步分解为产量差异和效率差异,即将固定制造费用成本差异分为耗费差异、产量差异和效率差异三个部分。其中耗费差异的概念和计算与二因素分析法下一致。相关计算公式为:

耗费差异 ＝ 实际固定制造费用 － 预算产量下标准固定制造费用
　　　　＝ 实际固定制造费用 － 预算产量×工时标准×标准分配率
　　　　＝ 实际固定制造费用 － 预算产量下标准工时×标准分配率

产量差异 ＝（预算产量下标准工时 － 实际产量下实际工时）×标准分配率

效率差异 ＝（实际产量下实际工时 － 实际产量下标准工时）×标准分配率

三因素分析法与二因素分析法对比如图 5-4 所示。

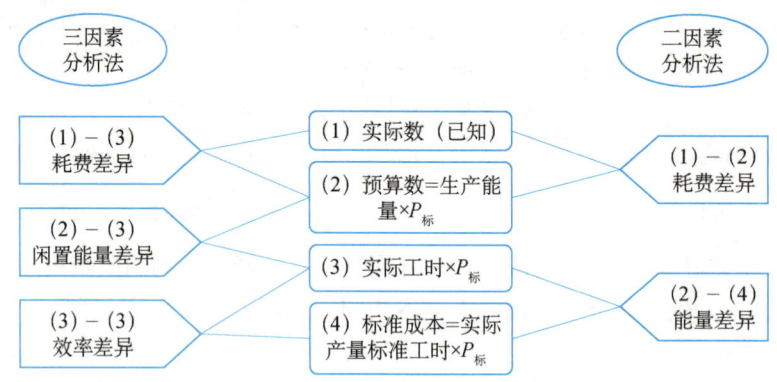

图 5-4　二因素分析法和三因素分析法对比

二、标准成本差异分析与解释

（一）直接材料标准成本差异的分析与解释

1. 材料价格差异的分析与解释

材料价格差异,作为成本控制中的一个关键要素,其根源主要追溯至材料采购环节,因此,其责任归属不应转嫁至耗用材料的生产部门,而应明确由采购部门承担。采购部门在材料采购过程中,若未能遵循既定的标准价格策略进行采购,将直接导致此类差异的产生。采购部门未能按标准价格进货的原因多样且复杂,包括但不限于市场因素如供应商调整售价,以及企业内部管理因素如未实现批量采购以获取价格优惠、计划不周导致的紧急订货、采购策略不当如选择远距离供应商增加运费和途耗、采用非必要的快速运输方式增加成本、违反采购合同条款而遭受的罚款,以及为满足紧急生产需求而进行的额外采购等。

2. 材料数量差异的分析与解释

材料数量差异,作为衡量生产部门成本控制成效的重要指标,其产生贯穿于材料的使用与消耗过程。这一差异直接反映生产部门在材料管理与利用方面的效率与效果。

材料数量差异的具体成因有多个方面。首先,生产操作层面的因素不容忽视,如工人操作时的疏忽可能导致废品或废料比率的上升,而技术革新与操作优化则可能带来材料消耗的显著减少。其次,新员工在加入初期可能因技能熟练度不足而增加材料使用量,而机器设备或生产工具的适配性问题也可能间接导致材料消耗的增多。

然而,值得注意的是,材料数量差异的扩大并非全然归咎于生产部门。有时,外部因素如采购材料的质量不达标、规格与需求不符,也会迫使生产部门增加标准用量之外的材料消耗以维持生产。生产工艺的调整、产品质量检验标准的提升等内部决策，也可能在一定程度上放大材料数量的差异。同时，因此，在评估材料数量差异时，应采取全面而客观的态度，既要关注生产部门的直接管理责任，也要考虑外部供应链条件、内部生产决策等多方面的影响因素，以便制定出更加精准有效的成本控制策略。

（二）直接人工标准成本差异的分析与解释

1. 直接人工工资率差异的分析与解释

直接人工工资率差异的出现，通常归因于多个维度的因素综合作用，这些因素深刻影响着直接生产工人的薪酬成本与实际生产效率之间的平衡。具体而言，其成因包括但不限于：员工薪酬结构的调整，如生产中使用了高于或低于标准技能等级的工人，这可能基于员工技能提升或岗位变化；奖励机制的有效性不足，未能充分激励员工提升工作效率；以及工资率的直接调整（受市场薪酬水平、企业政策变动等多种因素影响）。

此外，生产运营过程中的特殊情况，如加班需求的增加、临时工的雇用，以及员工出勤率的波动，也是导致直接人工工资率差异的重要原因。这些因素往往与生产计划的灵活性、劳动力市场的供需状况及企业内部管理制度紧密相关。

因此，从管理责任归属的角度来看，直接人工工资率差异的管理与控制虽然主要由人力资源部门负责，但其具体成因往往跨越多个部门，特别是与生产部门密切相关。要有效管理这一差异，人力资源部门与生产部门及其他相关部门之间需要建立紧密的沟通协作机制，共同分析差异成因，制定并实施针对性的改善措施。

2. 直接人工效率差异的分析与解释

直接人工效率差异的产生存在许多因素，这些因素直接关联生产过程中的多个环节与方面。例如，不良的工作环境削弱工人的作业效率与专注度；工人经验的匮乏导致操作不熟练，影响生产速度与质量；劳动情绪的波动亦会对生产效率产生负面影响。此外，新工人若未经充分培训即上岗，往往会因技能不熟练而降低整体生产效率。同时，机器与工具的选用也是影响人工效率的关键因素。不合适的设备或工具不仅无法发挥应有的效能，反而可能增加操作难度与时间成本。设备故障频发更是对生产效率的直接打击，生产部门需要加强维护与保养工作。而生产计划安排的合理性同样不容忽视，不当的生产计划可能导致生产流程中断。此外，产量规模若未能达到经济批量标准，企业也将无法充分利用生产资源，降低单位产品的生产效率。

虽然直接人工效率差异主要是生产部门的责任，但这一结论并非绝对。例如，材料质量的低劣同样会对生产效率造成不利影响，因为低质量材料可能导致加工难度增加、废品率上升等问题。

（三）变动制造费用标准成本差异的分析与解释

1. 变动制造费用耗费差异的分析与解释

变动制造费用的耗费差异作为衡量实际耗费水平偏离标准程度的重要指标，体现了每小时业务量所承担的变动制造费用与预定标准之间的差异。这一差异的产生，主要归咎于生产部门管理层，特别是部门经理需对变动制造费用的合理规划与执行负起主要责任。

2. 变动制造费用效率差异的分析与解释

变动制造费用的效率差异聚焦于实际工时与标准工时之间的偏差所导致的费用增

项目五思维导图

加。这种差异的形成与人工效率差异在根源上具有相似性,均受到工作环境、员工技能、设备状况、生产计划安排等多种因素的影响。

(四) 固定制造费用标准成本差异的分析与解释

1. 二因素法

(1) 固定制造费用耗费差异的分析与解释。

$$固定制造费用耗费差异 = 实际成本 - 预算成本$$

分析与解释:由相关公式可分析出,固定制造费用耗费差异是由于实际成本脱离预算成本形成的差异。

(2) 固定制造费用生产能力利用差异(能力差异)的分析与解释。

$$固定制造费用能力差异 = 固定制造费用预算数 - 固定制造费用标准成本$$
$$= (生产能力 - 实际产量标准工时) \times 标准分配率$$
$$= (预算产量 - 实际产量) \times 标准工时 \times 标准分配率$$

分析与解释:由相关公式可分析出,固定制造费用耗费差异是由于实际成本脱离预算成本形成的差异。

2. 三因素法

(1) 固定制造费用耗费差异的分析与解释。

$$固定制造费用耗费差异 = 实际成本 - 预算成本$$

分析与解释:由相关公式可分析出,固定制造费用耗费差异是由于实际成本脱离预算成本形成的差异。

(2) 固定制造费用闲置能力差异的分析与解释。

$$固定制造费用闲置能力差异 = 固定制造费用预算数 - 实际工时 \times 固定制造费用标准分配率$$
$$= (生产能力 - 实际工时) \times 固定制造费用标准分配率工时 \times$$
$$标准分配率$$

分析与解释:由相关公式可分析出,固定制造费用闲置能力差异是由实际工时脱离生产能力形成的差异。

(3) 固定制造费用效率差异的分析与解释。

$$固定制造费用效率差异 = 实际工时 \times 固定制造费用标准分配率 - 固定制造费用标准成本$$
$$= (实际工时 - 实际产量标准工时) \times 固定制造费用标准分配率$$

分析与解释:由相关公式可分析出,固定制造费用效率差异是由实际工时脱离实际产量标准工时形成的差异。

三、标准成本差异控制策略

(一) 建立全面的成本控制体系

为了有效控制成本,企业需要构建一个全面的成本控制体系。这包括设定清晰的成本控制目标、制定详细的标准成本以及建立涵盖采购、生产、销售等各个环节的成本控制流程。

（二）加强成本差异的日常监控

在成本控制体系建立后，企业需要加强对成本差异的日常监控。这包括定期对比实际成本与标准成本，分析差异产生的原因，并及时采取措施进行调整。

（三）实施成本控制责任制

为了确保成本控制措施的有效执行，企业需要实施成本控制责任制。这意味着将成本控制的责任明确到具体的部门和个人，并建立相应的考核和奖惩机制。

四、Python 交互编程

企业如何定期更新某一费用类项目的标准成本？本节以变动制造费用为例，介绍多元线性回归模型的应用。

（一）基本原理

变动制造费用是指随着生产量的变化而变化的费用。若某公司变动制造费用与生产量之间存在正相关的关系，当确定生产订单的数量时，可以基于这种关系预测所需的变动制造费用，并将其确定为标准成本，即标准变动制造费用。这有助于更准确地预算和控制生产成本。

项目五任务二习题

（二）变量参数

相关预测参数可以是相关的生产资料信息，如一段时间内订单数量的多少、生产量的高低、单位生产量的变动制造费用等。

 任务训练

1. 任务描述

潮趣魔盒有限公司是一家专注于生产潮流盲盒的创新型企业，致力于为消费者带来独特、有趣且充满惊喜的购物体验。公司秉持着"让潮流触手可及"的理念，通过不断创新和优化产品设计，将最新的潮流元素和创意融入每一个盲盒中，让消费者在享受拆盒乐趣的同时，也能感受到潮流文化的魅力。

新业态通常指的是基于新技术、新商业模式或新消费需求而诞生的产业形态。近年来，潮玩盲盒作为这一趋势下的典型代表之一，其凭借对新消费需求的敏锐洞察和创新的商业模式，通过独特的商品呈现形式和营销策略，在短短数年间迅速崭露头角。市场需求持续增长，尤其在年轻消费群体中，潮玩盲盒已超越传统玩具的界限，发展成为一种引领潮流的文化现象。与此同时，科技创新也在为玩具产业注入新的活力。人工智能、虚拟仿真技术以及3D打印技术等前沿科技的应用，不仅推动了玩具的智能化发展，也赋予了消费者更加丰富和沉浸式的体验。技术创新在提升潮玩盲盒的吸引力的同时，也改变着传统生产的成本结构。例如，早些年对于盲盒设计依赖于设计师的绘制，包括模型打造设计和上色定型。人工成本高，效率低下，若出现人工操作失误，便会产生废品或瑕疵品，大幅增加生产成本。随着技术的发展，设计师可以借助 AI 智能绘图等技术，更高效地生成符合市场需求的潮玩设计。AI 智能绘图不仅能够快速生成多个设计方案供选择，还能根据消费者的反馈和偏好进行实时优化，帮助企业在提高产品合格率的同时把控成本。此外，"大童"群体崛起催生潮玩文化、掌上娱乐，赋予传统玩具新盈利点等契机共同催动"盲盒"

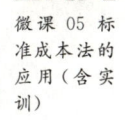

微课 05 标准成本法的应用（含实训）

115

经济的发展。因此,随着科技的不断进步和市场的持续拓展,潮玩经济展现出了强大的生命力和潜力,成为未来市场的新蓝海。

潮趣魔盒有限公司对其盲盒玩具的产销总成本进行了细致的划分,具体如下。

已知公司产销总成本包括生产成本和营销与管理运作成本,具体如图 5-5 所示。

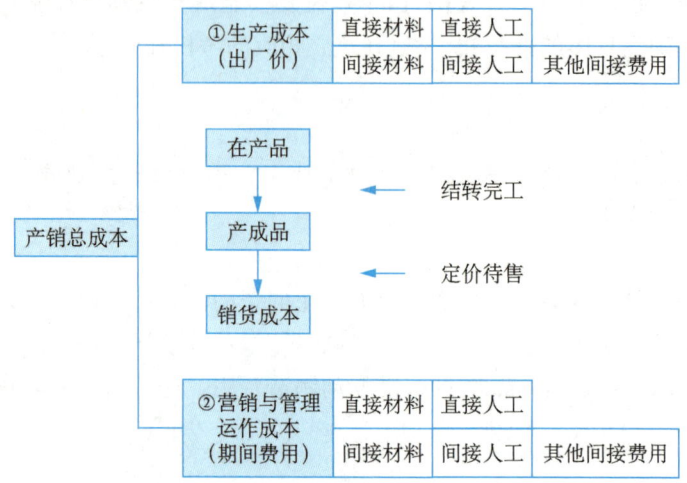

图 5-5　潮趣魔盒有限公司产销总成本划分

三种主要不同材质的主料在市场上的价格水平以及相关产品定价如表 5-1 所示。

表 5-1　三种主要不同材质的主料在市场上的价格水平及产品定价

材质	价格范围(元/kg/盒)	产品定价范围(元/单盒)
高性能 PVC	13～15	29～99
塑料 ABS	4～8	19～79
优质毛绒	18～20	39～199

变动制造费用相关参数预测结果如表 5-2 所示。

表 5-2　变动制造费用相关参数预测结果

项目明细	数据下限	数据上限
订单号	1	10 000
生产量	50	3 000
单位生产量的变动制造费用	0.98	15.93

本月,公司计划推出全新的 Doraemonic 十二生肖系列盲盒(该系列盲盒在同一版模具的主体样式只有一种)。为确保成本控制的精准性,公司需要以变动制造费用为例,通过 Python 定期更新标准成本,并借助 Power BI 构建成本分析驾驶舱,以便全面分析产销总成本,为公司的战略研究提供有力支持。

2. 任务分析

多元线性回归模型与 Python 编程的结合,为企业提供了强大的数据分析工具,特别是在标准成本差异的计算、分析和控制方面发挥着重要作用。通过 Python 编程,企业能够高效地处理大量数据,利用多元线性回归模型揭示成本差异与各种影响因素之间的关系,从而为企业提供更精确的成本预测和控制策略。与此同时,Power BI 作为强大的数据可视化工具,能够帮助企业直观地展示成本差异分析结果,帮助决策者更好地理解数据,优化成本控制措施。

3. 任务实训

步骤一:运行模型。

(1)技术需求转化。根据案例背景及提示输入参数,如图 5-6 所示。

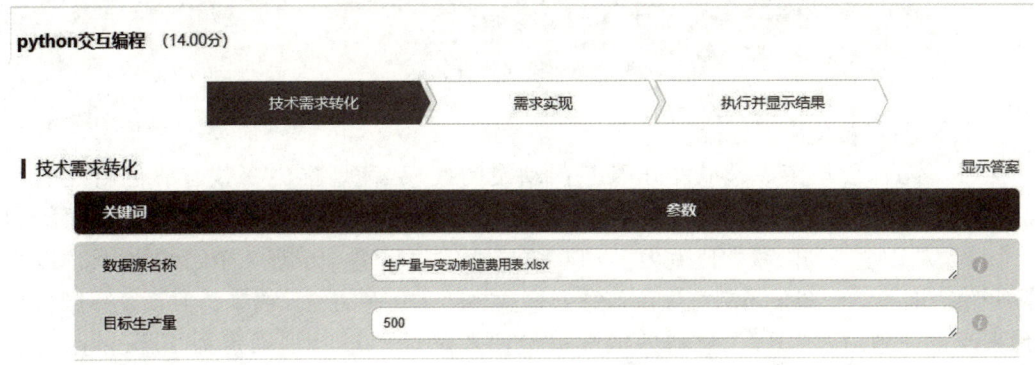

图 5-6　特征参数填写结果

(2)需求实现。自动填入特征参数中需要填写的内容,完善 Python 代码,成果如图 5-7 所示。

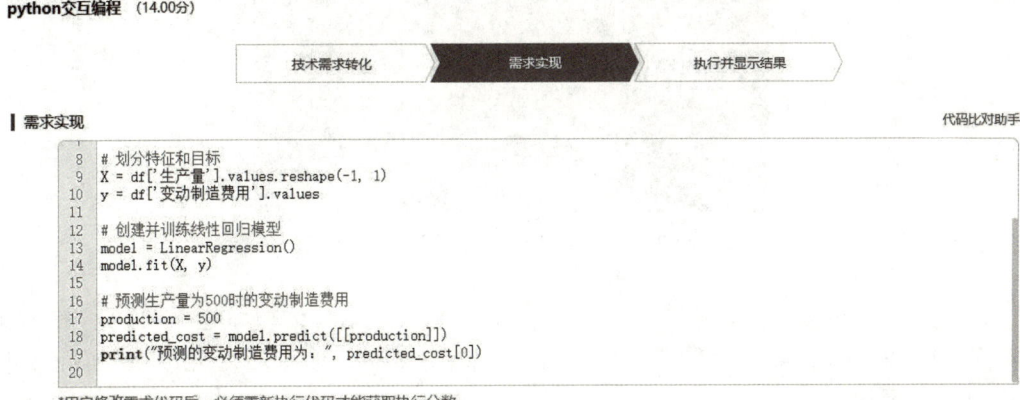

图 5-7　Python 代码交互成果

(3)执行并显示结果。执行代码,并读取结论,执行成果如图 5-8 所示。

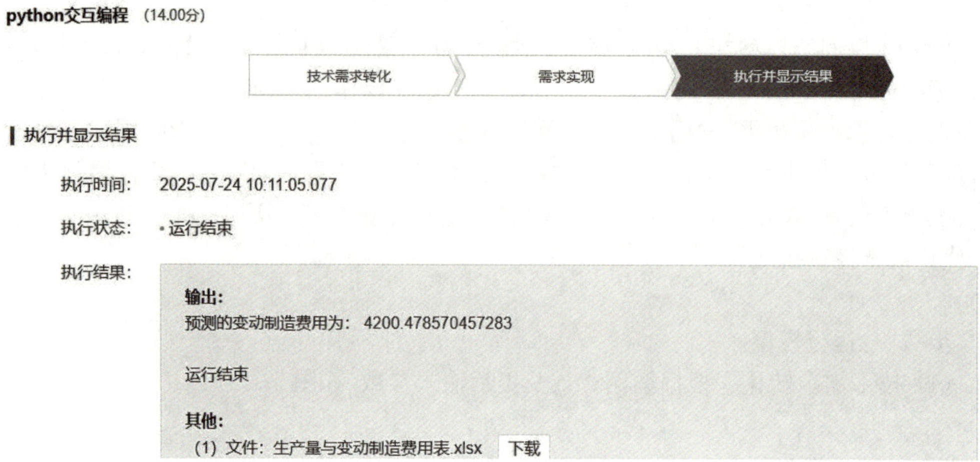

python交互编程 (14.00分)
技术需求转化
需求实现
执行并显示结果
执行并显示结果
执行时间: 2025-07-24 10:11:05.077
执行状态: · 运行结束
执行结果:
输出:
预测的变动制造费用为: 4200.478570457283
运行结束
其他:
(1) 文件: 生产量与变动制造费用表.xlsx
下载

图 5-8　代码执行成果

步骤二:可视化决策分析。

(1) 本月,公司荣幸地获得了某热门动漫的授权,计划推出一款富有创新性的产品——DoraemoniC 十二生肖系列盲盒(采取 PVC 材料,每端 12 盒,含 10 个普通款和 2 个隐藏款。全系列隐藏款比例为 1∶144,即平均每 144 盒中出现 1 个隐藏款,具体以实际开箱为准。)。已知公司制定生产该系列盲盒共计 400 件的预算需求。假设实际产量与预算产量一致,假定 PVC 材料的实际单价和实际耗用量分别确定为 15 元/kg/盒和 0.3 kg/盒,判断公司在材料成本控制和管理上的表现。

在"直接材料"的看板页签中填入参数,即可快速得到可视化结果,如图 5-9 所示。

材料标准成本 (元)
79,793.28
材料实际成本 (元)
88,913.28
实际产量 (件)
400
直接材料成本整体差异 (元)
9,120.00
直接材料价差 (元)
6,240.00
直接材料量差 (元)
2,880.00

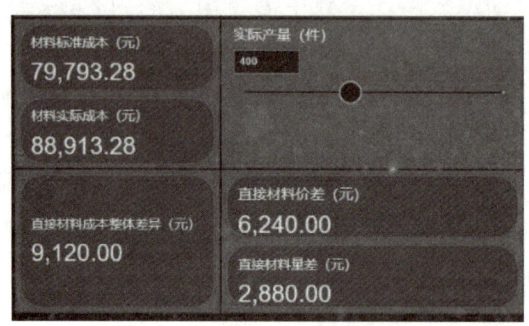

图 5-9　直接材料驾驶舱可视化结果

通过大屏,可以快速得到可视化结果,如直接材料成本整体差异为 9 120 元,直接材料价差 6 240 元,直接材料量差 2 880 元,材料标准成本 79 793.28 元,材料实际成本 88 913.28 元等。

(2) 已知直接人工成本涵盖了设计师和生产工人两部分的用工成本。设计师单位实际工时=2 小时/件,单位实际工资率=7 元/时,生产工人单位实际工时=3 小时/件,单位实际工资率=3.5 元/时,公司制定生产该系列盲盒 400 件,在"直接人工"的看板页签中填入参数,快速得到可视化结果,如图 5-10 所示,其中,差异为负数代表"节约",差异为正数代表"超支"。

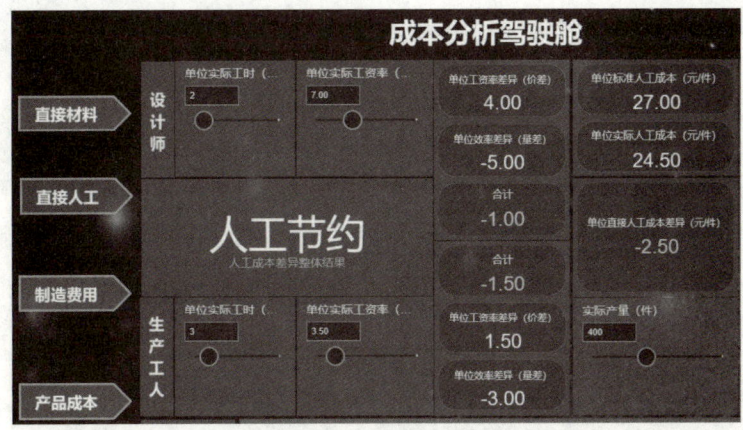

图 5-10 直接人工驾驶舱可视化结果

通过大屏,可以快速得到可视化结果,如单位标准人工成本为 27 元/件,单位实际人工成本为 24.5 元/件,单位直接人工成本差异为节约 2.5 元/件等。

(3)当公司追加 100 件订单,对应调整大屏参数,可快速得到可视化结果,如图 5-11 所示。

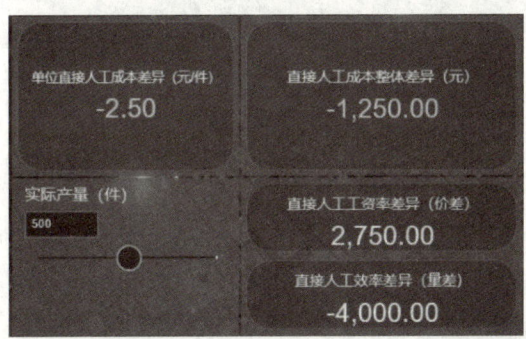

图 5-11 调整订单后直接人工驾驶舱可视化结果

(4)基于(3)的数据,当单位变动制造的实际工时=6 小时/件,单位变动制造的实际分配率=1.6 元/小时,在"制造费用-变动制造费用"的看板页签中调整参数,快速得到可视化结果,如图 5-12 所示。

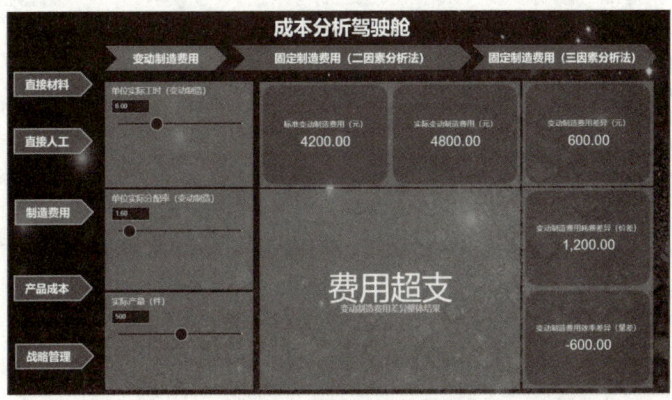

图 5-12 制造费用驾驶舱可视化结果

通过大屏,可以快速得到可视化结果,如实际变动制造费用为 4 800 元,变动制造费用差异为 600 元,变动制造费用耗费差异为 1 200 元等。

(5) 若公司采用二因素分析法对固定制造费用进行差异分析,已知公司预算产量 400 件,实际产量 500 件,实际固定制造费用确定为 8 000 元,单位固定制造的实际分配率确定为 4 元/时。在"制造费用-固定制造费用(二因素分析法)"的看板页签中调整参数,快速得到可视化结果,如图 5-13 所示。

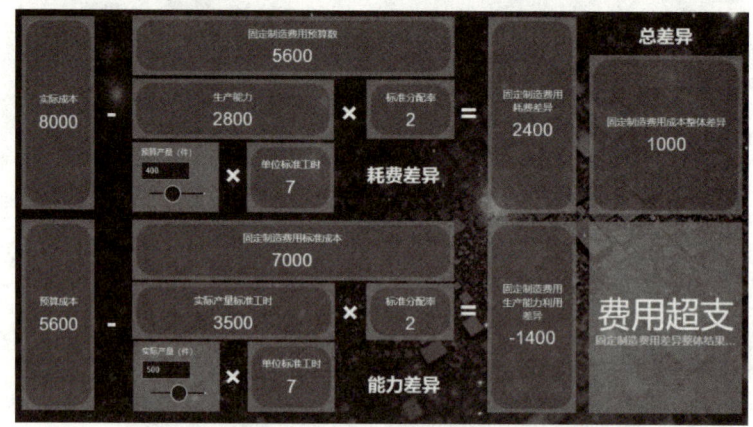

图 5-13 二因素分析法下制造费用驾驶舱可视化结果

(6) 公司采用三因素分析法对固定制造费用进行差异分析,已知实际固定制造费用为 8 000 元,单位固定制造的实际分配率为 4 元/小时,且实际产量为 500 件,则单位实际工时 = 8 000÷500÷4 = 4,即对应参数选"4",在"制造费用-固定制造费用(三因素分析法)"的看板页签中调整参数,快速得到可视化结果,如图 5-14 所示。

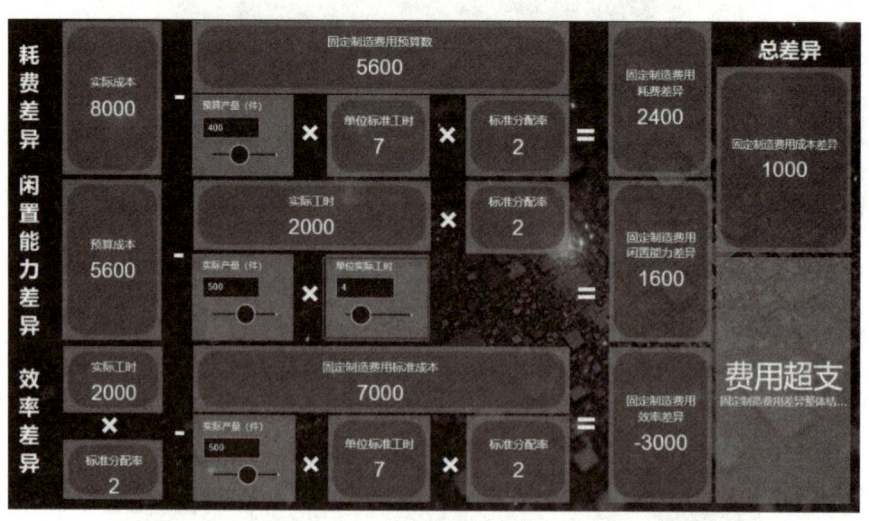

图 5-14 三因素分析法下制造费用驾驶舱可视化结果

(7) 在公司的产销规划中,成本组针对新品 DoraemoniC 十二生肖系列盲盒进行了详细的分析。当单位变动制造的实际工时 = 6 小时/件,单位变动制造的实际分配率 =

1.6元/小时,在"产品成本"的看板页签中调整参数,快速得到可视化结果,如图5-15所示。

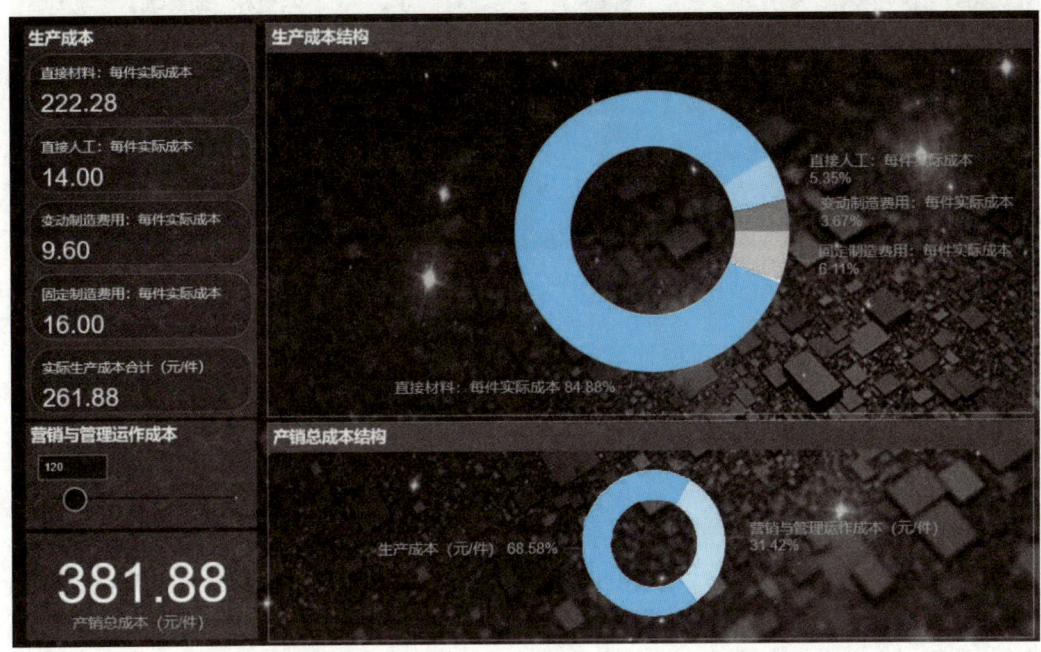

图5-15 产品成本驾驶舱可视化结果

通过大屏,可以快速得到直接人工、变动制造费用、固定制造费用分别占生产成本的5.35％、3.67％、6.11％;生产成本和营销与管理运作成本分别占产销总成本的68.58％和31.42％。

(8)观察"战略管理"看板页,如图5-16所示,即可得到可视化结果。

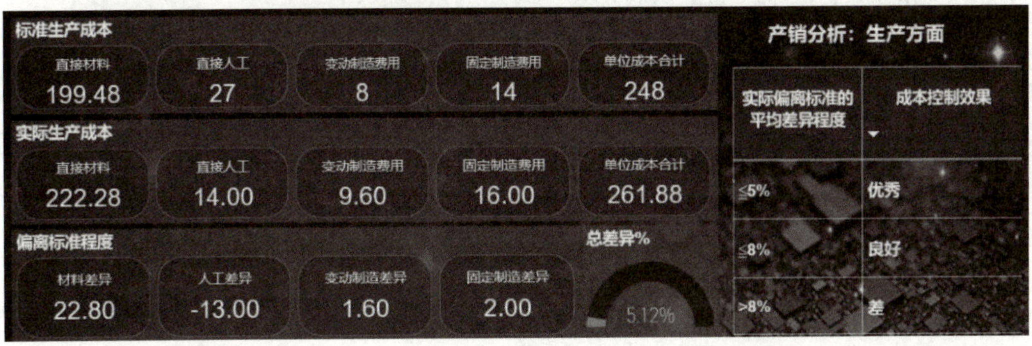

图5-16 战略管理驾驶舱可视化结果

通过大屏,可以快速得到可视化结果如:标准生产成本的构成与数值、实际生产成本的构成与数值、标准偏离程度的构成与数值,以及实际偏离标准的平均差异程度为5.12％,企业成本控制效果良好。

在"战略管理"的看板页签中,输入产品定价参数"79",得到可视化结果,如图5-17所示。

图 5-17　战略管理驾驶舱可视化结果

通过大屏,可以快速得到预计成本/收入为 40.28%,预计毛利率为 59.72%,预计收入为 474 000 元,预计产销总成本为 190 941.60 元,预计利润为 283 058.40 元。

决策赋能

通过以上任务训练可以看出,利用多元线性回归模型可以对潮趣魔盒有限公司的产销总成本进行精确预测和分析,特别是在标准成本差异的计算、分析和控制方面。Python 编程的高效数据处理能力和多元线性回归模型的运用,使企业能够深入理解成本变动的规律,从而制定更为精准的成本控制策略。同时,Power BI 作为强大的数据可视化工具,将复杂的成本数据转化为直观、易于理解的图表和报告,极大地提升了决策者对成本数据的理解和分析能力,为公司的战略研究和成本控制提供了有力支持。

项目小结

本项目旨在全面深入地认识和理解标准成本法,从标准成本的概念、种类及其制定流程入手,逐步深入标准成本在企业中的实际应用,包括成本预测、预算编制、成本控制、绩效评估以及成本分析与决策支持等方面。同时,本项目还重点探讨了标准成本差异的计算、分析和控制方法,旨在帮助企业准确识别成本差异,找出成本控制的关键点,从而采取有效的控制策略,提升企业的成本效益和市场竞争力。通过本项目的学习,能够为企业实施标准成本法提供有力的理论支持和实践指导。

笔记

巩固练习

一、思考题

1. 思考标准成本法相较于其他成本计算方法(如实际成本法)的主要优势是什么?它如何帮助企业实现更有效的成本控制?
2. 若某企业长期采用理想标准成本,但实际成本持续高于标准,可能导致哪些管理问题

（如员工积极性、成本控制有效性等）？试从"标准合理性"与"激励机制"角度分析。

二、计算题

1. 某汽车零部件企业采用标准成本法核算生产成本，2024 年 10 月生产 A 零件的直接材料标准成本为：用量标准 5 千克/件，价格标准 20 元/千克。实际生产 1 000 件 A 零件，耗用材料 5 500 千克，实际采购单价 18 元/千克。计算该月直接材料的用量差异与价格差异，并说明差异性质。
2. 某电子厂采用三因素分析法分析固定制造费用差异，2024 年预算固定制造费用为 120 万元，预算产量 10 万件，单位产品标准工时 2 小时，标准分配率 6 元/小时。实际产量 8 万件，实际工时 17 万小时，实际固定制造费用 125 万元。请计算固定制造费用的耗费差异、产量差异与效率差异。

三、讨论题

1. 在企业实际运营中，标准成本的制定往往面临诸多挑战。请结合不同行业特点，分析如何科学合理地制定直接材料、直接人工和制造费用的标准成本？例如，高新技术企业与传统制造业在标准成本制定上有何差异？
2. 标准成本差异分析是企业成本管理的重要工具，但在实际操作中，差异分析结果可能受到多种因素的干扰，导致决策偏差。请举例说明企业在分析和控制标准成本差异时，可能遇到哪些常见问题？并探讨如何优化差异分析流程，提高成本控制的有效性？

项目六　作业成本法认知

📖 项目导读

随着党的二十大胜利召开及"十四五"规划的深入实施,国家明确提出了推动经济高质量发展、加快构建新发展格局的战略目标。这一宏观背景强调了创新、协调、绿色、开放、共享的新发展理念,对企业管理与运营模式提出了新的要求。在此背景下,企业面临着日益激烈的市场竞争和复杂多变的市场需求,亟须通过精细化管理来提升核心竞争力,实现可持续发展。

作业成本法作为一种先进的成本管理方法,其核心在于通过精准识别与分类作业活动,锁定成本动因,进而实现成本的合理分配与精确核算。为顺应国家发展战略和市场环境的变化,企业亟须加强对作业成本法的认知与实践。这一方法不仅有助于企业更深入地理解成本结构,还能有效支持企业的决策制定,优化资源配置,提高运营效率。特别是在数字化、信息化的大环境下,作业成本法的应用得以进一步拓展和深化,借助现代信息技术手段,企业能够更高效地收集、处理和分析成本数据,实现成本管理的智能化和精细化。

思政图文案例3 广州服装产业中的作业成本法应用与城市产业生态构建

学习目标

【知识目标】

1. 了解作业的确认和分类。
2. 理解成本动因的概念、类型及其探讨作业成本法的主要实施要点。
3. 掌握ABC法,通过识别作业与成本动因,将资源成本准确分配到产品或服务。

【技能目标】

1. 能够运用作业成本法的理论框架,对实际企业的生产流程进行作业分析,识别并定义关键作业及成本动因。
2. 能够掌握资源成本的归集、作业成本的分配以及成本对象的成本计算,并基于作业成本法的结果,进行成本效益分析,为企业决策提供成本方面的见解和建议。

【素养目标】

1. 学习成本管理,树立为企业、为国家节约成本的意识。
2. 运用正确的成本管理方法,以最小的投入获得最大的产出,确保企业战略目标的实现。

项目六 作业成本法认知

知识框架

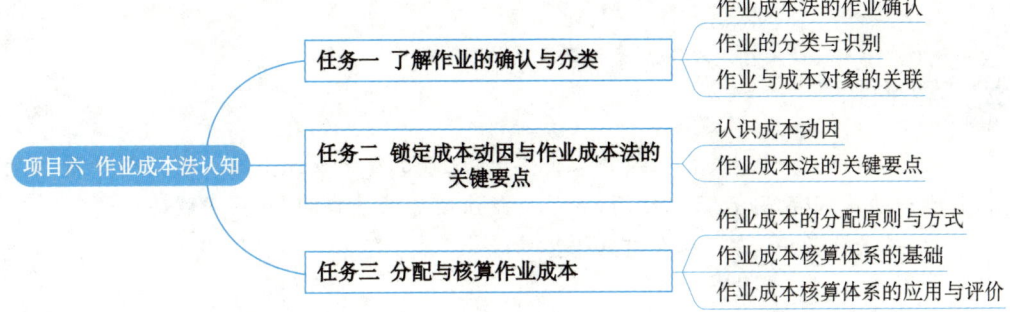

自主预习任务单

一、学习指南
课题名称：智能化成本核算与管理
达成目标： (1) 运用多因素方差分析(ANOVA)模型，确定某一资源项目的最佳作业动因。 (2) 遵循作业成本法体系，通过 Power BI 搭建成本分析驾驶舱，为公司决策提供有力支持。
学习方法建议： (1) 理论结合实践：通过模拟成本分析，了解新体系对成本管理的优化效果，为未来的经营决策提供有力支持。 (2) 案例分析法：引导学生以真实企业成本管理为例，学习运用多因素方差模型确定成本动因。
课堂学习形式预告： (1) 情境教学与模拟操作：在课堂上，教师通过作业成本核算案例分析，演示如何通过大数据手段进行成本分析。 (2) 分组进行实训演练：学生运用 Python 和 Power BI 大数据工具，对传统成本管理方法进行优化。
二、学习任务
学生通过观看教学视频（或阅读教材、分析提供的学习资源）自学，完成下列学习任务： (1) 阅读成本动因相关资料，做好课前预习。 (2) 登录智能化成本核算与管理实训平台进行实操训练。
三、困惑与建议（请在此处记录在本项目学习中遇到的困惑和对课程的建议）

任务一　了解作业的确认与分类

 思维引例

一天晚上,甲、乙两个关系一般的人去吃饭,说好了费用五五平摊。甲只喝啤酒,点了一瓶本地产的燕京啤酒;乙只喝红酒,点了一瓶法国原装进口的25年窖藏的拉斐。

思考:如果你是甲,请问你有何感想?

 任务导入

本任务的主要内容包括:
(1) 了解作业的定义、特性及其在企业生产或服务提供过程中的重要性。
(2) 通过识别并确认作业,为后续的成本分配提供基础。

 **知识准备**

一、作业成本法的作业确认

(一) 作业的含义

在作业成本法的框架内,"资源"被界定为执行作业过程中所必需的各项投入,包括但不限于人工劳动、能源消耗以及实物资产的使用等。任何产品的诞生,都是一系列精心设计的作业流程共同作用的结果,而每一道作业的执行,都伴随着对特定资源的消耗。

基于对"资源"的认识,进一步理解作业的含义:作业作为企业生产经营活动的基石,是指为达成既定目标(如生产特定产品、提供服务)而执行的一系列相互关联的活动集合。在作业成本法的逻辑体系中,作业不仅是连接资源与最终产品或服务的桥梁,而且是成本归集与分配的基本单元。这意味着,在作业成本法下,成本并非直接简单地分摊至产品或服务层面,而是先根据资源消耗情况被归集到各个作业上,随后再基于作业与产品或服务之间的因果关系,进一步分配至最终的成本对象。通过这样的成本分配机制,作业成本法不仅提高了成本信息的准确性和相关性,还有助于企业更深入地理解其生产经营过程中的成本结构,从而为成本控制、产品定价及经营决策提供更加有力的支持。

(二) 作业的特点

1. 具体性

作业通常指的是企业生产经营过程中的具体活动或任务,如材料搬运、机器加工、质量检验等。

2. 消耗性

作业在执行过程中会消耗一定的资源,包括人力、物力、财力等。

3. 可追溯性

作业成本法要求能够清晰地追踪和记录每项作业所消耗的资源,以便准确计算作业成本。

(三) 确认作业的步骤

作业确认的过程通常包括以下几个步骤：

首先，收集企业生产经营活动的全面信息，包括生产流程、工艺流程、服务流程等。

其次，根据收集到的信息，识别出各个独立的作业单元，这些单元应具有明确的"开始"和"结束"，并能独立地完成某项任务。

最后，对确认的作业进行描述和编码，以便于后续的成本追踪和管理。

二、作业的分类与识别

作业的分类有助于企业更好地理解不同作业之间的性质、功能和成本特征，进而采取有针对性的管理措施。作业依据不同的标准可划分为多个维度，包括：按功能分类，如生产作业、销售作业、管理作业等；按成本习性分类，如变动作业、固定作业等；按作业是否增加顾客价值分类，如增值作业和非增值作业；按作业层级分类，如单位级作业、批次级作业、产品级作业、生产维持级作业；本节主要介绍后两类。

(一) 按作业是否增加顾客价值分类

增值作业是指对成本对象有直接贡献的作业，它们能够增加产品或服务的价值，是企业生产经营所必需的，这些作业直接影响了企业的最终产品或服务，并且可以从企业的销售中获得价值补偿。

非增值作业是指对成本对象没有直接贡献的作业。它们并非企业生产经营所必需的，不能带来价值的增值。这些作业在企业运营中虽然可能存在，但并不直接贡献于产品或服务的价值增加。非增值作业通常包括等待、延误、返工、次品处理、废品清理等，以及那些虽然发生但对最终产品价值无实质性影响的作业，如存货的存储、维护、分类、整理等。

(二) 按作业层级分类

按作业层级进行分类是一种核心且实用的方法，它深入剖析了作业在企业生产运营中的层次结构和影响范围。

1. 单位级作业

单位级作业是与单位产品产出直接相关的作业，是每个产品都需要经过的质检环节。每一单位产品至少要执行一次的作业。例如，机器加工、组装。这类作业的成本包括直接材料、直接人工工时、机器成本和直接能源消耗等。值得注意的是，单位级作业成本是直接成本，可以追溯到每个单位产品，即直接计入成本对象的成本计算单。

2. 批次级作业

批次级作业是与产品批次相关的作业，是每批产品生产前的设备调试。这类作业可以同时服务于每批产品或许多产品。例如，生产前机器调试、成批产品转移至下一工序的运输、成批采购和检验等。它们的成本取决于批次，而不是每批产品中单位产品的数量。

3. 产品级作业

产品级作业是与某种特定产品相关的作业，这类作业的成本通常依赖于产品的品种数，如某种产品的包装设计、生产工艺改造等。

4. 生产维持级作业

生产维持级作业是服务于整个工厂的作业，它们是为了维护生产能力而进行的作业，不依赖于产品的数量、批次和种类。这些成本首先被分配到不同产品品种,然后再分配到成本对象,最后分配给单位产品。例如,工厂保安、维修、行政管理等。

作业的识别则是指在分类的基础上,进一步细化对各项作业的理解和分析。通过识别作业的成本动因,即驱动作业成本发生的因素,企业能够更准确地将资源成本分配到各个作业上。同时,作业的识别还有助于企业发现潜在的增值作业和非增值作业,为后续的流程优化和成本控制提供方向。

三、作业与成本对象的关联

成本对象是企业为进行成本管理而确定的成本归集和分配的实体,如产品、服务、客户、项目或部门等。每种成本对象都有其特定的成本结构和需求。

在作业成本法下,企业首先需要识别出所有与生产或服务提供直接相关的作业。在制造业中,这些作业可能包括原材料采购、生产加工、质量检验、包装运输等。每项作业都是为了满足特定成本对象的需求而进行的。明确每项作业与成本对象之间的直接联系,即哪些作业是为了生产或提供某个特定成本对象而发生的。这种因果关系的建立是后续成本分配的基础。例如,某一家汽车制造商生产两种不同型号的汽车 X-UY1 和 X-UY2。在生产过程中,有"引擎组装"这一作业。显然,这一作业是为了组装汽车 X-UY1 和 X-UY2 的引擎而发生的,因此它与这两种汽车成本对象存在直接的因果关系。

通过作业与成本对象的关联,企业能够更准确地反映不同产品或服务的成本构成,为产品定价、成本控制、业绩评价及战略决策提供有力支持。同时,这种关联还有助于企业发现成本节约的潜力,通过优化作业流程、减少非增值作业等方式降低成本,从而提高自身经济效益。

任务训练

1. 任务描述

某连锁餐饮公司是国内知名火锅连锁店,以其独特的口味和服务赢得了广大消费者的喜爱。然而,由于人气旺盛,顾客前来用餐时常需排队等候,这种长时间的等候是一种非增值的体验。为了改善顾客的体验,火锅店创新性地免费提供水果和小吃,以及提供免费修指甲、擦皮鞋、照看小孩等增值服务,成功将原本的等候时间转变为顾客价值提升的过程,从而显著提高了顾客满意度和餐厅的翻台率。

2. 任务分析

(1)非增值作业:顾客在排队等候餐位期间,单纯地等待并不增加顾客的价值,反而可能导致顾客的不满和流失。

(2)增值作业:通过提供水果小吃,以及免费修指甲、擦皮鞋和照看小孩等服务,将原本的非增值作业转变为增值作业,提高顾客的满意度和忠诚度。

3. 任务实训

步骤一:调查分析。

进行顾客问卷调查,收集顾客在等候餐位时的感受和建议。

观察并记录顾客在等候区的行为习惯,识别顾客在等候期间的不满和需求。

步骤二:设计方案。

根据调查分析结果,制定增值服务方案,包括免费修指甲、擦皮鞋,提供水果和小吃,设置儿童游乐区等。

设计服务流程和人员安排,确保各项增值服务能够高效、有序地进行。

步骤三:实施方案。

在餐厅内设立专门的等候区,并配备相应的服务人员和设施。

对员工进行培训,确保他们能够熟练地提供各项增值服务。

正式推出增值服务,并监测顾客反馈,及时调整服务内容。

 决策赋能

此连锁餐饮公司在顾客等候餐位时给顾客免费修指甲、擦皮鞋,提供各种水果和小吃,照看小孩等服务。这等于把不增加顾客价值的作业(等候)转变成增加顾客价值的作业。其结果是顾客宁愿平均等候 2 小时也不会到隔壁餐馆用餐。由此,此连锁餐饮公司的"翻台率"比同行平均高 3~4 倍,大大提高了公司效益。

增值作业与非增值作业是站在顾客角度划分的。最终增加顾客价值的作业是增值作业,否则是非增值作业。在一个企业中,区别增值作业和非增值作业的标准就是看这个作业的发生是否有利于增加顾客的价值,或者说增加顾客的效用。作业管理的核心是识别出不增加顾客价值的作业,从而找到进行改进的地方。一般而言,在一个制造业企业中,非增值作业有:等待作业、材料或者在产品堆积作业、产品或者在产品在企业内部迂回运送作业、废品清理作业、次品处理作业、返工作业、无效率重复某工序作业、订单信息不准确造成没有准确送达需要再次送达的无效率作业等。

项目六任务一习题

任务二　锁定成本动因与作业成本法的关键要点

 思维引例

作为绿源食品公司生产经理,李华注意到,尽管原材料成本保持稳定,但包装部门的整体运营成本却不断上升。经过调查,他发现:包装机器的频繁停机维修,导致了生产效率下降和维修成本增加。这不禁让李华思考,是什么导致了这一成本动因的出现?在了解了作业成本法后,他才意识到,通过分析每个作业环节的成本,可以找到问题的根源。

思考:

绿源食品公司应该如何锁定成本动因,并有效地应用作业成本法来降低成本?

 任务导入

本任务的主要内容包括:

(1) 深入理解成本动因的概念和类型。

(2)探讨作业成本法的主要实施要点。

知识准备

一、认识成本动因

成本动因（cost driver）亦称成本驱动因素，是作业成本计算法的核心内容，指决定成本发生的那些重要活动或事项。它反映了成本发生的原因和方式，是资源消耗与成本对象之间关系的纽带。通过分析和识别成本动因，企业可以更好地理解成本结构，优化资源配置，提高成本效益。

成本动因可以根据不同的维度进行分类，常见的分类方式有以下几种。

（一）按照作业成本法的计算程序分类

1. 资源成本动因

资源成本动因指资源被各作业消耗的方式和原因，是引起作业成本变动的因素，是把资源成本分配到作业的基本依据。简而言之，资源成本动因是作业成本增加的驱动因素，用来衡量一项作业的资源消耗量。

2. 作业成本动因

作业成本动因衡量一个成本对象（产品、服务或顾客）需要的作业量，是产品成本增加的驱动因素。作业成本动因计量各成本对象耗用作业的情况，并被用于作业成本的分配基础。

（二）按照对成本影响的程度分类

1. 主要成本动因

主要成本动因是指对成本影响较大的因素，如生产批量、生产准备时间等。

2. 次要成本动因

次要成本动因是指对成本影响较小的因素，如设备调整次数、质量检测次数等。

（三）按照成本归属的角度分类

1. 执行动因

执行动因指与作业执行次数直接相关的成本动因，如订单处理次数、邮件发送次数等。

2. 数量动因

数量动因是指与作业消耗的资源数量直接相关的成本动因，可表现为作业时间，耗费资源的体积、重量等量度，如产品数量、客户服务数量、人工或机器运作小时数等。

3. 强度动因

强度动因针对某些特殊作业或成本对象，其资源耗费不具备执行动因或数量动因的条件，需要个别追踪记录，直接将作业成本归属于成本计算对象。

二、作业成本法的关键要点

通过前述对作业成本法中的核心概念（资源、作业与成本动因）的系统学习，我们可以深刻理解并掌握其基本指导思想，即"作业消耗资源，产品消耗作业"。这一指导思想是作业成本法理论体系的基石，它简洁而准确地阐述了成本发生的内在逻辑。

根据这一指导思想，作业成本法把成本计算过程划分为两个阶段。

(一) 作业消耗资源

第一阶段,将作业执行中耗费的资源分配(包括追溯和间接分配)到作业,计算作业的成本。

(二) 产品消耗作业

第二阶段,将第一阶段计算的作业成本分配(包括追溯和动因分配)到各有关成本对象。如图 6-1 所示。

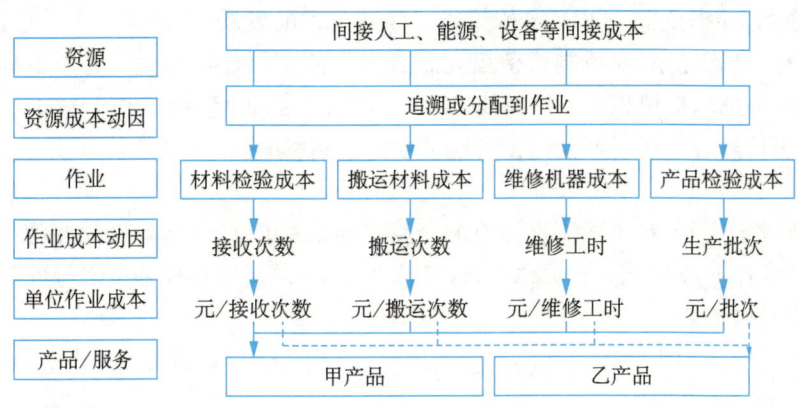

图 6-1　作业成本法分两阶段分配成本

传统的成本计算方法也分两步进行,但是中间的成本中心是按部门建立的。第一步除了把直接成本追溯到产品,还要把不同性质的各种间接费用按部门归集在一起;第二步以产量为基础,将间接费用分配到各种产品。传统成本计算方法下,间接成本的分配路径是"资源→部门→产品"。作业成本法下成本计算的第一阶段,除了把直接成本追溯到产品,还要将各项间接费用分配到各有关作业,并把作业看成按产品生产需求重新组合的"资源";作业成本法下成本计算的第二阶段,按照作业消耗与产品之间不同的因果关系,将作业成本分配到产品。因此,作业成本法下间接成本的分配路径是"资源→作业→产品"。

【例 6-1】 某医疗器械制造公司主要产品包括 CT 扫描仪、X 光机。对其间接费用的分配应用作业成本法进行核算,遵循"资源→作业→产品"的流程,如图 6-2 所示。

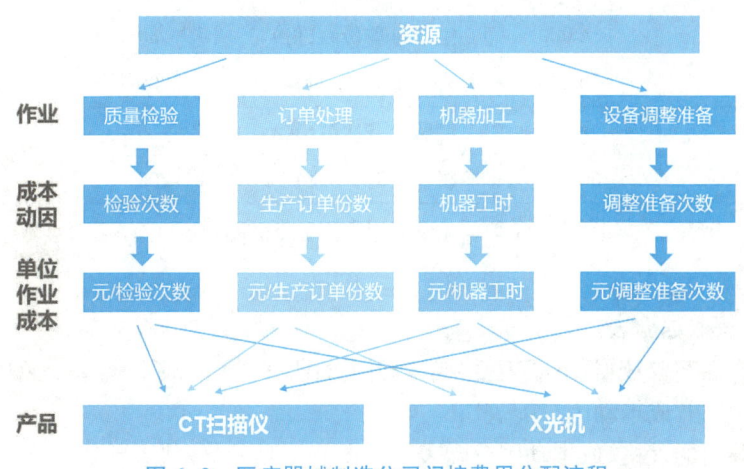

图 6-2　医疗器械制造公司间接费用分配流程

1. 任务描述

康威医疗器械有限公司专注影像诊断类医疗器械的研发、生产和销售,主要产品包括CT扫描仪、X光机、MR1(磁共振成像)系统等医疗设备。

过去,公司一直以机器工时作为制造费用的分配标准,采用传统成本法(完全成本法)核算产品成本,并据此制定产品定价策略。随着公司的发展,产品生产工艺已趋于稳定,且机械化程度显著提高,导致制造费用在总成本中的占比显著增大。为了更准确地反映产品成本,财务部门提议以CT扫描仪、X光机两种产品为例,引入作业成本法来核销成本,同时指出传统成本法对产品定价可能造成的不利影响。

2. 任务分析

在作业成本法下,对于不能直接追溯至特定对象的成本计算项目,如制造费用,需要先追溯到有关作业或分配到有关作业,计算作业成本,然后再将作业成本分配到产品或服务等有关成本对象。

公司财务部门和生产技术部门对生产过程进行了分析,识别出4项作业,用于精确掌握各项作业的成本情况。

其成本动因与相关作业成本(制造费用)如表6-1和表6-2所示。

表6-1 月初在产品制造费用与产量情况

产品名称	月初在产品制造费用(元)	月末在产品数量(件)	完工产量(件)
CT扫描仪	3 600	40	100
X光机	4 600	60	200

表6-2 本月发生的制造费用(作业成本)

作业	作业成本(元)	作业动因	成本作业量	
			CT扫描仪	X光机
质量检验	4 000	检验次数(次)	5	15
订单处理	4 000	生产订单份数(份)	30	10
机器加工	40 000	机器工时(小时)	200	800
设备调整准备	2 000	调整准备次数(次)	6	4
制造费用合计	50 000	机器工时(小时)	200	800

备注:按照约当产量法在完工产品和在产品之间分配制造费用(作业成本),完工程度均为50%。

3. 任务实训

步骤一:获取数据表。

从实训界面获取数据,下载表格"成本动因分配表""产品成本核算表(ABC)"。

步骤二:填制"成本动因分配表"。

打开下载后的表格"成本动因分配表",如图6-3所示。

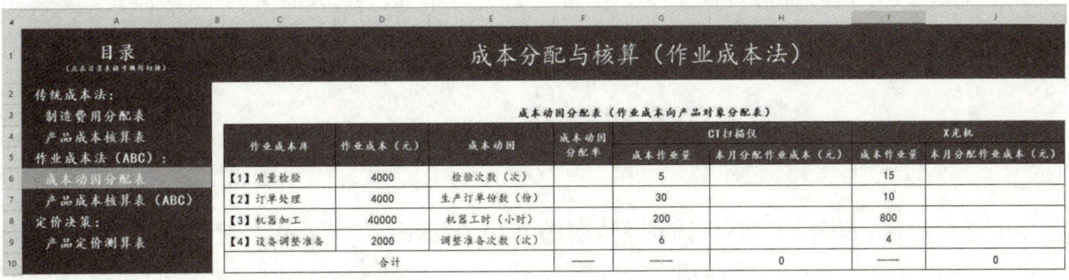

项目六　作业成本法认知

图 6-3　成本动因分配表原表

选中单元格 F6：F9，在单元格 F6：F9 中输入"{＝D6：D9/(G6：G9＋I6：I9)}"，按下"Ctrl＋Shift＋Enter"，完成成本动因分配率的计算。

选中单元格 H6：H9，在单元格 H6：H9 中输入"{＝F6：F9＊G6：G9}"，按下"Ctrl＋Shift＋Enter"，完成 CT 扫描仪本月分配作业成本的计算。

选中单元格 J6：J9，在单元格 J6：J9 中输入"{＝F6：F9＊I6：I9}"，按下"Ctrl＋Shift＋Enter"，完成 X 光机本月分配作业成本的计算。计算完成结果如图 6-4 所示。

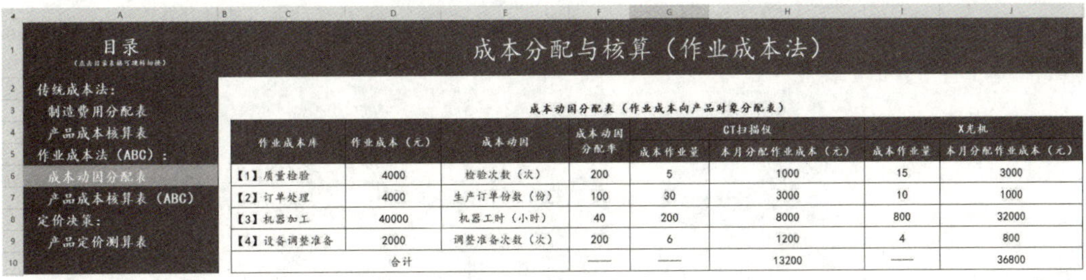

图 6-4　填制完成后的成本动因分配表

步骤三：填制"产品成本核算表（ABC）"。

打开下载后的表格"产品成本核算表（ABC）"，根据任务分析提供的数据表，在"产品成本核算表（ABC）"的页签中单元格区域（F8）、（F10：F11）、（L8）、（L10：L11）填入相应数据。计算完成结果如图 6-5 所示。

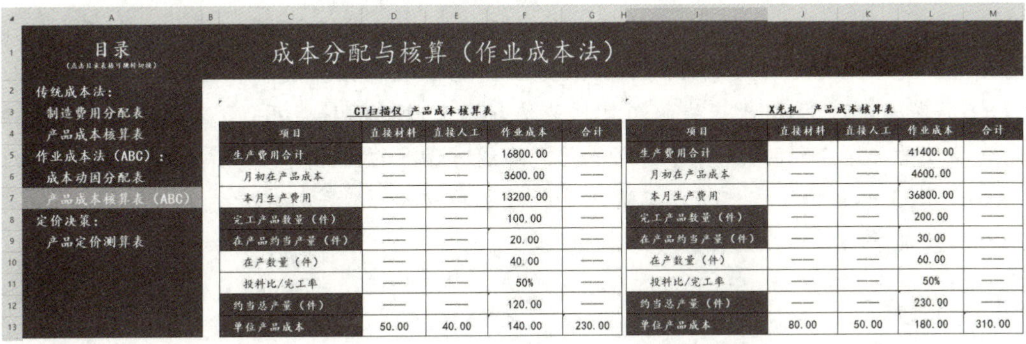

图 6-5　填制完成后的产品成本核算表（ABC）

根据填制后的表格可以得出，CT扫描仪的完工产量较低，而其在成像原理、设备组成、技术要求、复杂性等方面均较X光机更为复杂，因此CT扫描仪属于低产量高附加值的产品。

决策赋能

传统成本法以机器工时作为间接费用的唯一分配率，夸大了高产量产品的单位成本，导致X光机的成本虚高。作业成本法的引入，改变了传统成本法以机器工时为唯一分配率的局限性，有效避免了高产量产品单位成本的夸大问题，特别是在X光机等复杂产品成本计算上的偏差。作业成本法通过将制造费用细分为四个成本库，并根据不同的成本动因进行分配，极大地提升了成本计算的合理性。

在这种方法下，X光机的成本核算更为精确，确保了每一笔费用都能与其产生的作业活动相对应。这种精确的成本信息，通过按作业动因追溯间接成本，使管理层能清晰掌握各产品、客户及流程的真实成本构成；在产品定价中，基于准确的单品成本制定差异化价格策略；在成本控制中，定位高耗作业并推动流程优化；在创新发展中，通过成本动因分析识别低效环节，为技术创新和资源重分配提供数据支撑，从而切实增强决策的科学性与针对性。作业成本法的实施，使企业在面对市场波动和竞争挑战时，能够更加科学地制定策略，保障了企业的持续竞争力。

项目六任务二习题

任务三　分配与核算作业成本

思维引例

在星辰电子公司，财务部门经理王琳面临一个棘手的问题。公司生产的产品线多样化，从智能手机到智能家居设备，每一种产品都需要不同的生产流程和资源。最近，王琳发现公司的整体成本核算不够准确，导致某些产品线的利润被高估，而另一些则被低估。特别是在生产智能手机时，由于未能准确分配间接费用，成本核算出现偏差。在一次管理层会议上，王琳提出了这个问题，并指出如果不改进成本分配方法，公司可能会作出错误的战略决策。她决定采用作业成本法来更准确地分配和核算成本。在分析了生产流程后，王琳发现，智能手机生产线的组装作业消耗了大量的间接费用，而这些费用之前是按照产品数量平均分配的，没有考虑到不同产品线对资源的实际消耗差异。

思考：王琳如何通过作业成本法来重新分配和核算智能手机生产线的成本，以确保每个产品线都能准确反映其真实的成本和利润情况？

任务导入

本任务的主要内容包括：
（1）基于作业成本核算流程，掌握成本分配与核算。

（2）运用多因素方差分析（ANOVA）模型，确定某一资源项目（以消杀费用为例）的最佳作业动因。

（3）遵循作业成本法体系，通过 Power BI 搭建成本分析驾驶舱，进行相应的战略研究。

一、作业成本的分配原则与方式

（一）分配原则

1. 作业相关性原则

成本应分配给与其直接相关的作业，确保成本分配的准确性和合理性。

2. 成本动因驱动原则

根据成本动因（如生产批次、产品数量、服务时间等）来分配成本，确保成本分配与作业消耗的资源相匹配。

3. 受益性原则

成本应分配给受益对象，即产品或服务，以反映其实际消耗的资源。

（二）分配方式

作业成本法认为，将成本分配到成本对象有三种不同的方式。

1. 直接追溯

对于可以直接追溯到具体产品或服务的成本，如直接材料、直接人工等，采用直接追溯法将其直接分配到成本对象。采用直接追溯法得到的产品成本是最准确的。

此外，作业成本法强调尽可能扩大追溯到个别产品的成本比例，以减少成本分配引起的信息失真。因此作业成本法认为，有些"制造费用"的项目可以直接归属于成本对象，如特定产品的专用设备折旧费等。

2. 动因分配

对于无法直接追溯的间接成本，根据成本动因（如作业量、作业时间等）将其分配到各个作业，再进一步分配到成本对象。动因分配虽然不像直接追溯那样准确，但只要因果关系建立恰当，成本分配的结果同样可以达到较高的准确程度。

常见的动因包括交易动因（如订单数）、持续时间动因（如作业时间）和强度动因（如复杂程度）。

3. 分摊

有些成本既不能追溯，也不能合理、方便地找到成本动因，只能使用产量作为分配基础，将其强制分摊给成本对象。

作业成本法的成本分配主要使用直接追溯和动因分配，但是也会有强制分摊的，即在既不能追溯，也不能合理方便地找到成本动因的情况下，只好使用产量作为分配基础，将其强制分摊给成本对象。

二、作业成本核算体系的基础

（一）作业成本核算体系的定义

作业成本的核算体系是以作业为中心，通过识别、计量和分析作业成本，将间接成本

课件 17：项目六任务三作业成本的分配与核算

准确地分配到最终产品或服务中,为责任成本核算体系提供更精准的成本数据支撑;而责任成本核算体系的建立,需结合责任中心划分、可控成本归集及绩效考评机制,实现成本控制与责任落实的统一。

该体系旨在提高成本核算的准确性,为成本控制和管理提供有力支持。

(二)作业成本核算体系的特点

1. 准确性

通过识别和分析作业成本,作业成本核算体系提高了成本核算的准确性。

2. 责任性

作业成本核算体系建立了以作业为中心的责任成本核算体系,明确了成本责任主体。

动画06 作业成本法的特点

3. 决策支持

作业成本核算体系为企业管理层提供了更详实、更准确的成本信息,有助于其作出更加科学合理的决策。

4. 持续改进

作业成本核算体系鼓励企业不断改进和完善成本核算体系,以适应经营环境的变化。

(三)体系的内容

作业成本核算体系是以"作业消耗资源、产出消耗作业"为原则,将资源费用追溯或分配至各项作业,再按照作业动因将作业成本追溯或分配至各成本对象,从而完成成本计算的一种成本核算方法。

该方法打破了传统的以产品品种或批次为对象的成本计算观念,创造性地提出了"作业(或作业单元)"的概念,把产品生产或服务提供的整个流程分解为一个一个的作业单元,并据此进行成本计算和分配。

(四)搭建体系的一般程序步骤

1. 设立资源库,确定资源项目

从资源中识别生产经营过程中的各项作业,并进行分类。

2. 建立作业中心,识别各项作业

分析主要资源与作业的关系,确定每种作业的动因。

3. 分析成本动因,确定分配依据

确定各作业的成本动因,包括资源动因和作业动因,以作为成本分配的依据。

4. 根据资源动因,分配资源成本

将资源成本(如人力、物力、财力等)按照资源动因分配到各个作业,形成作业成本。

最终,将各个作业的成本汇总到最终产品或服务中,形成产品或服务的总成本和单位成本。对成本数据进行深入分析,识别成本节约和控制的潜力,为企业管理层提供决策支持。

项目六思维导图

三、作业成本核算体系的应用与评价

(一)计算与应用

各单项作业的成本动因分配率=各单项作业的成本÷成本作业总量

各单项分配作业成本=成本动因分配率×各单项成本作业量

【例 6-2】 甲公司是一家服装制造企业,主营生产风衣和皮鞋,公司本月发生的有关产品资料如表 6-3 所示。

表 6-3 产品资料

金额单位:元

项目	风衣	皮鞋
产量	500 件	400 双
单位产品直接人工成本	12	10
单位产品直接材料成本	24	22

甲公司本月发生的制造费用总额是 26 640 元。与制造费用发生相关的作业有选购材料、设备调整、机器运行和质量检验,有关资料如表 6-4 所示。

表 6-4 与制造费用发生相关的作业资料

金额单位:元

作业名称	作业动因	制造费用	风衣作业量	皮鞋作业量
选购材料	选购次数(次)	2 600	10	16
设备调整	调整次数(次)	2 360	60	58
机器运行	机器小时数(小时)	17 600	120	40
质量检验	检验次数(次)	4 080	90	46

要求:

(1) 以机器工时为制造费用的分配标准,采用传统成本法计算风衣和皮鞋的单位成本;

(2) 采用作业成本法分配制造费用并计算风衣和皮鞋的单位成本。

解析:

(1) 在传统成本法下,制造费用分配率一般按机器小时数计算,即先归集制造费用总额,再除以总机器小时数得出分配率。

第一步,计算制造费用分配率:

制造费用分配率=26 640÷(120+40)=166.5(元/小时)

第二步,分配制造费用:

风衣分配的制造费用=120×166.5=19 980(元)

皮鞋分配的制造费用=40×166.5=6 660(元)

每件风衣应分配制造费用=19 980÷500=39.96(元)

每双皮鞋应分配制造费用=6 660÷400=16.65(元)

第三步,计算单位成本:

每件风衣的单位成本=12+24+39.96=75.96(元)

每双皮鞋的单位成本=10+22+16.65=48.65(元)

(2) 作业成本法下,如表 6-5 所示,按各项作业识别对应的作业动因进行分配。

第一步,确定作业动因分配率:

表6-5 风衣与皮鞋产品作业成本分配表

金额单位:元

作业名称	作业动因分配率	风衣		皮鞋	
		作业量(件)	作业成本	作业量(双)	作业成本
选购材料	100	10	1 000	16	1 600
设备调整	20	60	1 200	58	1 160
机器运行	110	120	13 200	40	4 400
质量检验	30	90	2 700	46	1 380
合计			18 100		8 540

第二步,分配制造费用:
每件风衣应分配制造费用=18 100÷500=36.2(元)
每双皮鞋应分配制造费用=8 540÷400=21.35(元)
第三步,计算单位成本:
每件风衣的单位成本=12+24+36.2=72.2(元)
每双皮鞋的单位成本=10+22+21.35=53.35(元)

(二) 体系的评价

1. 好处

1) 成本计算更准确,提升决策质量

作业成本法通过细致划分作业单元,并依据这些作业单元来分配资源费用,显著提高了成本计算的准确性。相比传统成本法,作业成本法减少了成本在不同产品间的扭曲分配,使每个产品的成本信息更加贴近实际。这种精确的成本信息为企业的定价策略、产品组合优化、投资决策等提供了强有力的支持,有效避免了成本信息失真导致的决策失误。

例如,在制造业企业,如果某种产品的生产涉及多个复杂作业,作业成本法能够更准确地反映这些作业对成本的贡献,从而帮助企业更合理地定价和制订生产计划。

2) 成本管控更有效,促进持续改进

作业成本法不仅关注成本的计算,更注重成本的管控。通过识别和分析成本动因,企业可以深入了解成本发生的根源,从而有针对性地采取措施降低成本。这包括优化产品设计、改进生产流程、消除非增值作业等。

例如,某企业发现某项作业的成本异常高,通过作业成本法分析发现是由于生产流程中的某个环节存在浪费。于是,企业对该环节进行了改进,不仅降低了成本,还提高了生产效率。这种持续改进的过程,使企业的成本管控更加有效,企业竞争力得以提升。

3) 提供战略支持,助力企业长远发展

作业成本法与企业战略管理紧密相连,为企业的长远发展提供了有力的信息支持。一方面,作业成本法与价值链分析理念相契合,通过对企业内部各作业单元的价值创造活动进行分析,帮助企业识别并优化关键价值链环节,提升其整体价值创造能力。其次,作业成本法为成本领先战略提供了坚实的支撑。通过精细化的成本管理,企业能够更准确地识别和控制成本,从而在市场上实现成本领先。这种战略优势有助于企业在激烈的市场竞争中脱颖而出,实现可持续发展。

例如,某企业采用作业成本法对其生产成本进行全面分析后,发现通过改进生产流程和采用新技术可以显著降低生产成本。于是,企业制定了成本领先战略,并通过实施一系列措施成功降低了成本,提升了市场竞争力。

2. 局限

1) 开发和维护费用较高

作业成本法相较于传统成本法,其成本动因的数量显著增加,这直接导致了系统开发和维护费用的攀升。每个成本动因的识别、追踪、计量和分配都需要投入大量的人力、物力和财力,这使作业成本法的实施成本较高。此外,随着企业业务的发展和变化,成本动因也可能需要不断调整和优化,这进一步增加了系统的维护成本。因此,企业在考虑引入作业成本法时,必须权衡其带来的精确性提升与高昂的开发维护成本之间的关系。

例如,一家制造业企业在引入作业成本法时,需要对其生产流程中的每一个作业进行细致的分析和定义,这包括识别作业、确定作业成本动因、收集相关数据等。由于该企业生产线复杂,作业种类繁多,这一过程耗时耗力,成本高昂。此外,随着市场变化和产品升级,企业还需要不断对作业成本法进行维护和更新,以确保其准确性和有效性,这也增加了额外的成本负担。

2) 对外财务报告的适应性问题

作业成本法提供的成本信息虽然对内部管理和决策具有极高的价值,但其成本结构和分配方式可能与现行的会计准则和财务报告要求存在差异。为了使对外财务报表符合会计准则的要求,企业往往需要对作业成本法下的成本数据进行重新调整,这一过程不仅工作量大,而且技术难度大,容易引发数据混乱和错误。因此,企业在应用作业成本法时,需建立标准化的成本数据转换流程,以协调内部管理核算与对外财务报告的口径差异。

例如,某零售企业在采用作业成本法后,发现其内部成本信息与对外财务报告的要求存在较大差异。为了符合会计准则的要求,企业不得不重新调整成本数据,包括重新分配间接费用、调整成本计算方式等。这一过程不仅工作量大,而且技术难度大,容易导致数据混乱和错误。最终,企业可能需要花费大量时间和精力来确保对外财务报告的准确性和合规性,从而影响了其整体运营效率。

3) 成本动因确定的复杂性

作业成本法的核心在于将资源成本分配到各个作业,再通过成本动因将作业成本分配到产品或服务上。然而,在实际操作中,确定合适的成本动因并非易事。间接成本往往与多个因素相关,且这些因素的关联程度和重要性难以准确量化。有时,企业可能难以找到与成本高度相关的成本动因,或者即使找到了,获取这些动因数据的成本也可能过高。这种复杂性限制了作业成本法的广泛应用和效果。

例如,一家高新技术企业在研发过程中产生了大量的间接成本,包括研发人员的工资、设备折旧、材料消耗等。然而,在尝试将这些间接成本分配到具体产品上时,企业发现很难找到合适的成本动因。因为研发过程中的许多成本与多个因素相关,且这些因素之间的关联程度和重要性难以准确量化。某个研发项目的成功可能受到研发团队素质、技术难度、市场环境等多个因素的影响,而这些因素很难用单一的成本动因来准确反映。因此，企业在确定成本动因时面临很大的困难。

4）管理控制信息的局限性

作业成本法通过作业单元来组织成本信息，这与传统的按部门建立成本中心的管理控制方式存在差异。在完全成本法下，企业可以方便地按部门划分成本责任，借助责任会计体系核算各部门成本，进而实施业绩评价。然而，在作业成本法下，成本库与企业的组织结构往往不一致，这使提供传统意义上的管理控制信息变得困难。虽然作业成本法改善了经营决策信息的质量，但在一定程度上牺牲了管理控制信息的便利性。因此，企业在应用作业成本法时，需要探索如何结合其他管理工具和方法，以弥补这一局限性。

例如，某大型制造业企业采用作业成本法后，虽然能够更准确地反映产品成本，但在管理控制方面却遇到了问题。因为作业成本法将成本信息组织为作业单元，而企业的组织结构却是按部门划分的。这种差异导致企业在借助责任会计体系核算各部门成本，进而实施业绩评价的过程中遇到困难，因为传统的按部门划分的成本中心与作业成本法的成本库不一致。例如，某个生产部门的成本可能包含多个作业单元的成本，而这些作业单元的成本又可能与其他部门相关。这使企业在划分成本责任、实施绩效考核等方面变得复杂和困难。因此，作业成本法虽然为企业在经营决策方面提供了更准确的信息，但在其管理控制方面却存在一定的局限性。

3. 适用条件

在企业生产自动化程度较高、直接人工较少、制造费用比重较大、作业流程较清晰、相关业务数据完备且可获得、信息化基础工作较好、以产量为基础计算产品成本容易产生成本扭曲时，适宜采用作业成本法。

项目六任务三习题

任务训练

1. 任务描述

悦食轩餐饮有限公司（以下简称"悦食轩"）是一家融合中西美食精髓的高档餐饮企业，以多样化的精致菜品和富丽堂皇的环境为特色，为食客带来味蕾的盛宴。过去，餐厅采用传统的人工服务模式，包括人工点餐服务、人工上菜服务和人工收银服务。菜品销售渠道局限于线下，虽然餐厅凭借出色多样化的菜品赢得了良好口碑，但出于商业模式单一、人工成本高昂和运营效率不足，发展面临挑战。随着新业态的蓬勃发展和消费者需求的变化，悦食轩决定积极应对变革，逐步融合新科技、新消费理念以及创新的商业模式，朝着成为引领餐饮行业新潮流的现代化企业迈进。

相关资料：

若最佳动因是消杀面积，则相应菜品的作业成本量依旧为各菜品的服务面积（平方米）；

若最佳动因是消杀次数，则相应菜品的作业成本量＝当月实际清洁次数（次）×1.5；

若最佳动因是被消杀生物的种类，则相应菜品的作业成本量＝相应菜品的服务面积（平方米）×0.92。

2. 任务分析

为更好地适应新常态下的成本结构和市场需求，公司决定对原有的作业成本法体系进行适当调整。成本组将运用多因素方差分析（ANOVA）模型，确定消杀费这一资源项目的最佳作业动因，同时借助 Power BI 工具构建成本分析驾驶舱，以更直观、清晰的方式展示所需的成本数据，为公司的决策提供有力支持。

3. 任务实训

步骤一：运用 Python 确定最佳作业动因。

运用多因素方差分析（ANOVA）模型，确定某一资源项目的最佳作业动因。这里以消杀费为例。在 Python 交互编程界面，点击"技术需求转化"，输入参数，如图 6-6 所示。

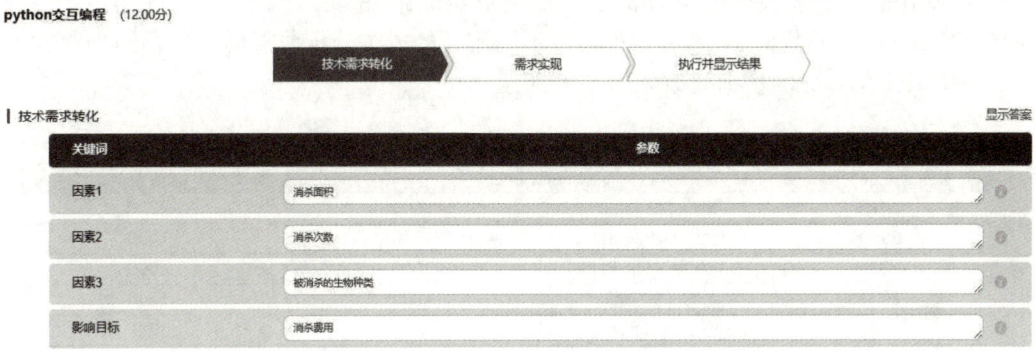

图 6-6　点击"技术需求转化"并输入参数

点击"需求实训"→"执行并显示结果"，完成数据获取，如图 6-7 所示。

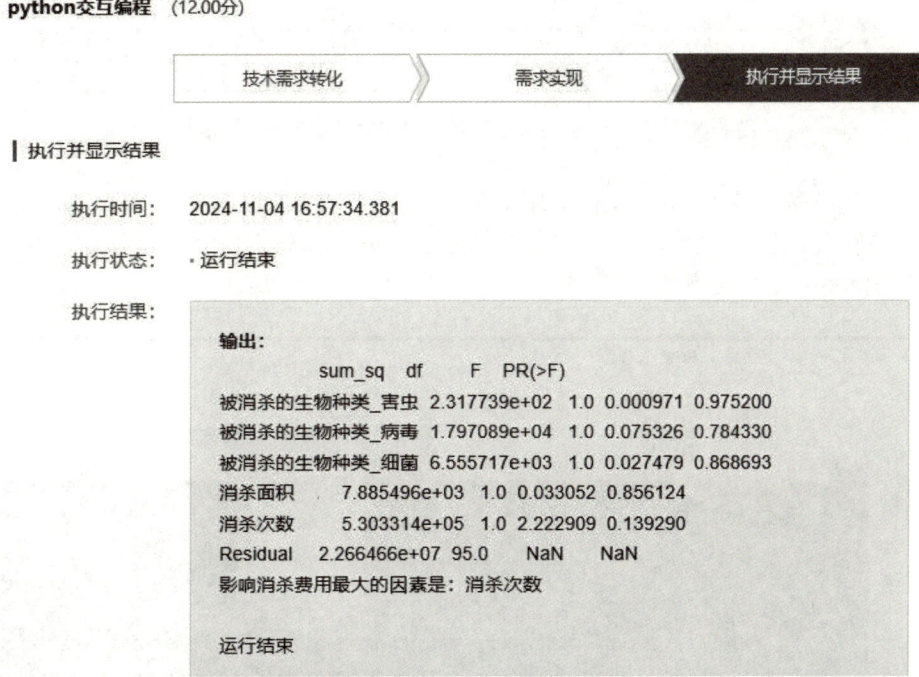

图 6-7　执行并显示结果

根据模型运行结果,最终确定消杀次数对消杀费用的影响最为显著,为该资源项目的最佳作业动因。根据相关资料,"相应菜品的作业成本量＝当月实际清洁次数(次)×1.5",分别计算两道菜品消杀费用所需的作业成本量。

可以得出:

基于单一销售渠道的瑶池金鳞菜品消耗的消杀费用所需的作业成本量为1 674。

基于单一销售渠道的镶银芽菜品消耗的消杀费用所需的作业成本量为1 293。

步骤二:运用 Power BI 搭建成本分析驾驶舱。

点击超链接下载 Power BI 作品进行数据更新操作,将步骤二中 Python 的预测结果更新到 Power BI 的数据集"单一销售渠道不同产品的成本分析数据(修订后)",即将原本在数据表(E14:G14)的数据修改如图 6-8 所示。

	D	E	F	G
1	作业成本（元）	作业动因	作业成本量：瑶池金鳞	作业成本量：镶银芽
2	15000	接待桌数（桌）	3600	2280
3	5500	使用频率（次/时）	1600	1100
4	8000	使用频率（次/时）	3000	2000
5	120000	面积（平方米）	1800	1200
6	2000	使用频率（次/时）	800	600
7	5000	工时（小时）	322	372
8	8600	用量（吨）	670	1007
9	20000	用量（度）	9156	16450
10	26000	用量（立方米）	4020	7650
11	30000	工时（小时）	800	1200
12	5000	工时（小时）	198	270
13	36000	清洁次数（次）	1116	862
14	40000	消杀面积（平方米）	1674	1293
15	80000	使用频率（次/时）	5000	3000

图 6-8 "单一销售渠道不同产品的成本分析数据(修订后)"

点击超链接下载 Power BI 作品压缩包,解压后打开"新业态背景下作业成本法的应用-驾驶舱.pbix"。点击"转化数据"进入 Power Query 编辑器,选择"数据源设置",操作过程如图 6-9、图 6-10 所示。

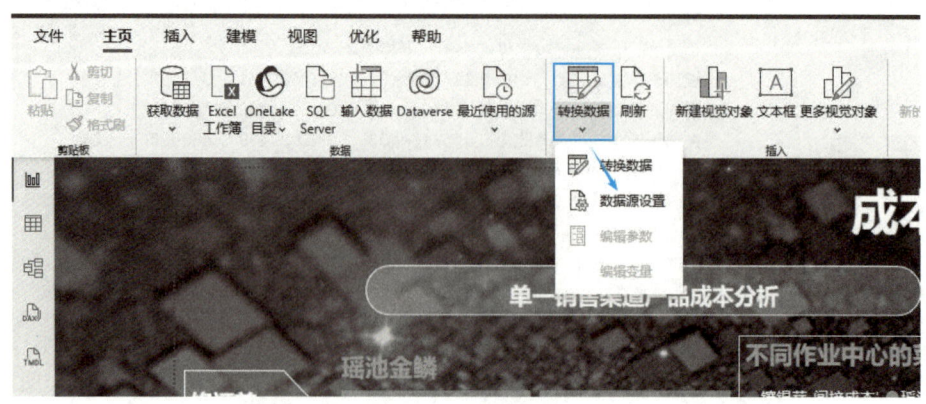

图 6-9 数据源设置

项目六 作业成本法认知

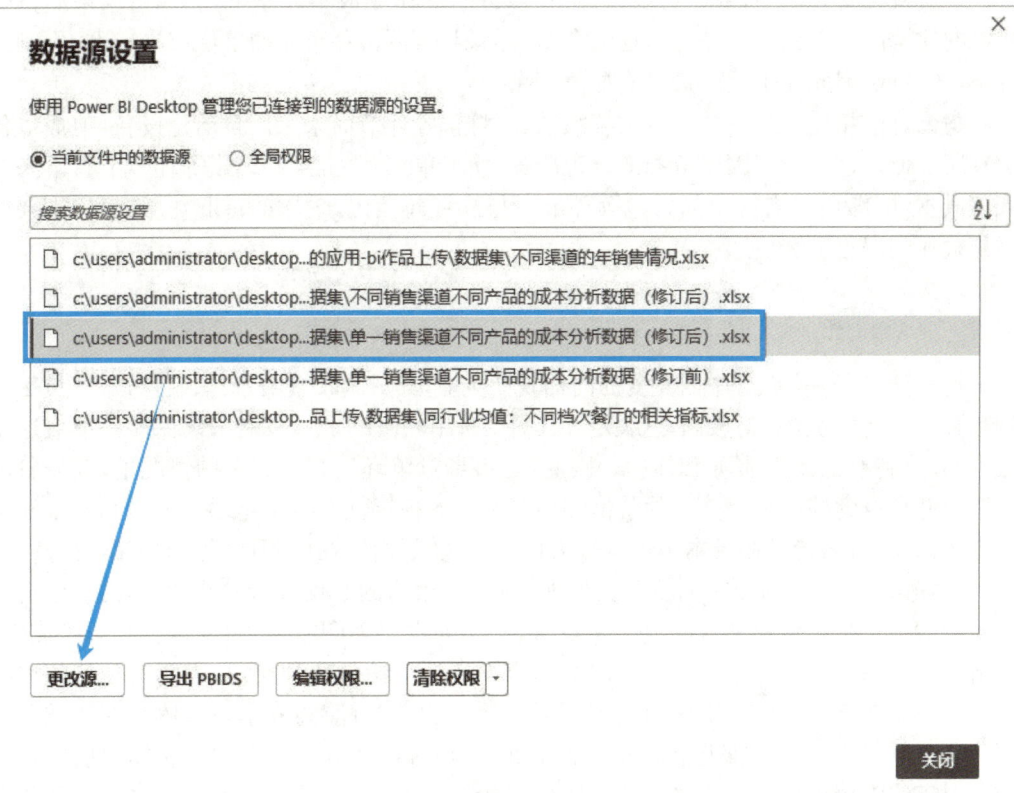

图 6-10 更改数据源

更改数据源位置后更新到 Power BI，更新后的结果如图 6-11 所示。

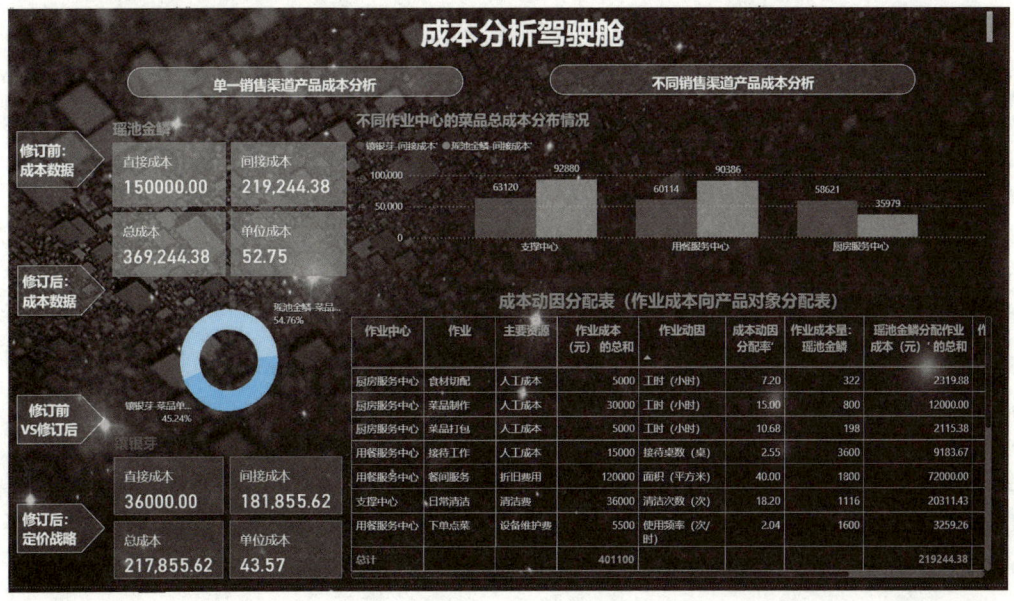

图 6-11 成本分析驾驶舱可视化结果

从可视化驾驶舱中,我们可以得出,在修订后的作业成本体系下,瑶池金鳞菜品占据成本的比重高于镶银芽菜品。与瑶池金鳞菜品相比,镶银芽菜品的单位成本较低,但制作复杂,产量低,因此属于低产量高附加值产品。

与修订前相比,尽管接待工作、菜品切配、打包等环节尚未采用自动化设备,但成本仍然有所降低。这主要归因于资源的合理配置,使下单点菜、上菜和结账等环节节省下来的人工成本,能够用于支持菜品打包等环节。与修订前相比,餐厅的折旧费用提高,主要原因是餐厅的房租上涨。

决策赋能

悦食轩作为一家融合中西美食的高档餐饮企业,其成本在食材选择、装修设计、员工培训和服务质量等方面相对较高,这决定了其需要采用较高的定价策略来确保能够覆盖这些成本,并维持高品质的服务和体验。因此,在市场竞争环境相对有利的情况下,高档餐厅不应降低自身的档次来保障品牌价值和经营利润的稳定性。特别是瑶池金鳞和镶银芽这两道菜品,其折旧费用在成本中占据较大比例,反映了餐厅在用餐环境上的高昂投入。

依托修订后的作业成本体系,通过对多种销售渠道的数据分析发现,实体门店销售渠道虽然避免了配送费和平台佣金等额外成本,但同时承担了更高的日常运营和维护成本,如清洁与消杀。镶银芽菜品在实体门店销售渠道的年销量表现突出,表明其独特的口感或复杂的制作工艺更适合实体门店的用餐环境。然而,目前的成本核算体系在清洁费和消杀费上并未充分考虑线上销售渠道的需求,而是将这些成本完全归入实体门店销售渠道。由于线上销售渠道不依赖实体门店的用餐服务空间,这种资源分配方式在财务资源和制度健全的背景下显得不够合理,有必要对此进行进一步的审视和改进。

项目小结

本项目深入探讨了作业成本法,它将成本归集与分配过程细化为两个阶段:作业消耗资源和产品消耗作业。与传统成本法相比,作业成本法更关注成本发生的内在逻辑,通过识别和分析作业,将资源成本准确地分配到最终产品或服务中。通过学习,学生可以了解作业成本法的核心概念,如何确认和分类作业,如何识别和选择合适的成本动因,以及如何进行作业成本的分配和核算。

在项目实训环节,我们运用 Python 和 Power BI 等工具,对实际企业的生产流程进行作业分析,并搭建了成本分析驾驶舱,为企业的决策提供了有力的支持。

作业成本法并非完美无缺,它也存在一些局限性,例如开发和维护费用较高、对外财务报告的适应性问题、成本动因确定的复杂性和管理控制信息的局限性等。企业在应用作业成本法时,需要充分考虑其适用条件,并结合自身情况进行选择和调整。

笔记

 巩固练习

一、思考题
1. 作业成本法在非制造业企业中的应用前景如何?
2. 如何将作业成本法与其他成本管理工具,如目标成本管理、生命周期成本管理等相结合?

二、讨论题
1. 在数字化时代,作业成本法如何与大数据、人工智能等技术相结合,提升成本核算的效率和准确性?
2. 作业成本法对企业战略管理的影响有哪些?

项目七　成本效益分析

项目导读

《第十四个五年规划和2035年远景目标纲要》提出,推动绿色发展,促进人与自然和谐共生。到2035年,生态环境根本好转,美丽中国建设目标基本实现。政府在推动环保政策时,会采用成本效益分析来评估不同减排措施的成本与效益,力求以最低的社会成本实现最大的环境效益。随着全球气候变化的加剧,各国政府也会采用成本效益分析来制定应对策略,力求在经济发展与环境保护之间找到最佳平衡点。可以看出,成本效益分析是现代决策过程中的重要工具,对于优化资源配置、提高经济效益和社会效益具有重要意义。

学习目标

【知识目标】
1. 熟悉成本效益分析的相关知识,掌握成本效益分析在企业决策中的一些应用场景。
2. 深入理解并掌握成本、业务量和利润之间的内在关系及其分析方法。
3. 掌握本量利分析的基本含义,学习本量利分析模型的相关运用。

【技能目标】
1. 掌握 Excel 的 SUMPRODUCT 函数、VLOOKUP 函数与相关高阶工具的使用方法。
2. 学习本量利分析模型的相关运用,重点掌握保本分析、保利分析以及利润敏感性分析。

【素养目标】
1. 掌握成本效益分析,培养精准量化能力,能准确评估成本与效益,优化资源配置。
2. 强化决策分析能力,通过深入分析本量利关系,提升决策效率与质量,实现经济效益最大化。

项目七 成本效益分析

知识框架

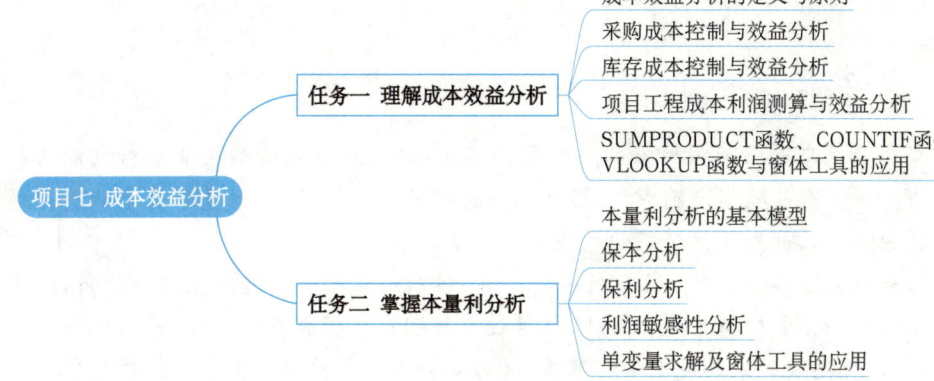

自主预习任务单

一、学习指南
题名称:智能化成本核算与管理
达成目标: (1)理解成本效益分析相关知识内容、本量利分析基本模型。 (2)能掌握 Excel 的 SUMPRODUCT 函数、COUNTIF 函数、VLOOKUP 函数及窗体工具的使用方法。
学习方法建议: (1)数据模型构建:学生通过掌握成本效益分析与本量利分析的知识内容,利用本量利分析模型与 Excel 进行成本效益分析。 (2)场景化学习:结合模拟企业的成本费用数据,学生可以通过 Excel 函数与窗体工具进行数据分析。 课堂学习形式预告: (1)模型演示与分析:教师示范如何使用本量利模型,通过 Excel 进行数据分析计算,学生在课堂上仿照老师的步骤进行操作。 (2)小组分析与汇报:学生以小组为单位,进行成本效益分析,并通过课堂汇报分享结果。
二、学习任务
学生通过观看教学视频(或阅读教材、分析提供的学习资源)自学,完成下列学习任务: (1)阅读开展成本分析与预测相关资料,做好课前预习。 (2)登录智能化成本核算与管理实训平台进行实操训练。
三、困惑与建议(请在此处记录在本项目学习中遇到的困惑和对课程的建议)

147

任务一　理解成本效益分析

思维引例

龙兴企业近期面临原材料采购成本居高不下的问题,这影响着企业的盈利能力和市场竞争力。为了有效控制采购成本,提升财务透明度与决策效率,财务专员李燕决定通过成本效益分析深入剖析原材料采购的每一项成本构成。

同时李燕也准备借助 Excel 数据分析工具,对采购成本数据进行梳理与分析,以实现采购成本的精细化管理与可视化呈现,并通过数据洞察挖掘成本优化空间,为龙兴企业制定出一套科学、高效的采购成本管理策略,助力企业在激烈的市场竞争中稳步前行。

思考:如果你是李燕,应如何借助 Excel 进行成本效益分析呢?

思政动画 03 解码双碳变革下的成本效益技术路线

任务导入

本任务的主要内容有:
(1) 了解与熟悉成本效益分析的定义、基本原则和相关知识。
(2) 掌握成本效益分析在企业决策中的一些应用场景。

知识准备

一、成本效益分析的定义与原则

课件 18:项目七任务一成本效益分析的基本概念

(一) 定义

波斯纳在《法律的经济分析》中首次提出了"理性人"的假设,即假定人们在行为决策时,会基于理性判断,追求自身利益或效用的最大化。成本效益就是指企业在进行财务决策时效益大于成本的部分,其中成本是指从事某项经营活动而付出的经济价值。

成本效益分析可以剖析不同成本方案的具体构成,识别具备成本最优特征的实施路径,从而选择最有利于资源优化配置的方法,可以帮助企业进行精细化的成本管理。成本效益分析的核心就是精准把控成本与效益之间的平衡。

(二) 原则

首先是成本择优原则,即在效益一定的情况下,可选择成本路径更为经济、更为高效的项目。其次是效益大于成本原则,即将成本投入与预期获得的效益进行量化对比,旨在揭示某一决策或行动在经济上的合理性与可行性。

二、采购成本控制与效益分析

在采购活动中,成本效益分析可以帮助企业制定精准采购策略、评估采购成本控制效果。企业需要对采购成本进行全面分析,包括材料成本、运输成本、相关税费、保险费用,以及运输过程中的合理损耗等。通过这样全面而细致的成本分析，企业能够清晰地勾勒出采购活动的总体成本结构，为后续的采购决策提供坚实的数据支撑。

如果以效益目标为导向，那么企业在选择供应商时，就可以充分利用成本效益分析的结果。具体而言，在确保产品质量、交货期等关键效益指标满足需求的前提下，企业应当倾向于选择那些能够提供更低成本路径、展现更高经济性和效率的供应商。这样的决策不仅有助于企业有效控制采购成本，还能使其在激烈的市场竞争中保持成本优势，赢得更大的利润空间。

【例 7-1】 采购成本效益分析。

某企业采购一批消防设备，为了寻求最优的采购成本效益比，该企业采取了精细化的供应商比价策略。经过严谨的比价过程，该企业能够清晰地识别出哪些供应商在提供高质量消防设备的同时，能够给出更具竞争力的价格，即采购成本更低且效益更高的选择，如图 7-1、图 7-2 所示。

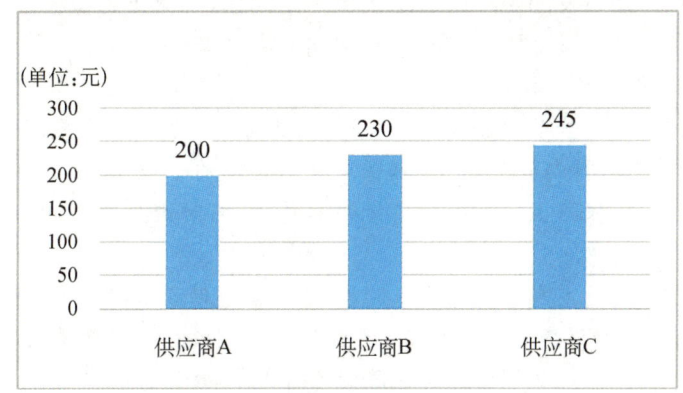

图 7-1　某企业的供应商单位报价对比图

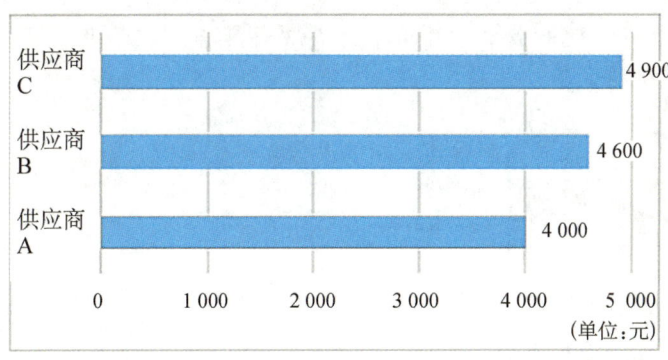

图 7-2　某企业的采购成本对比图

这样的决策不仅确保了企业采购活动的经济性和高效性，也为其后续的生产运营奠定了坚实的成本控制基础，展现了企业在采购管理中的智慧与远见。

三、库存成本控制与效益分析

库存成本控制是企业运营管理中的关键环节，而成本效益分析则为企业提供了优化库存管理的有效手段。在企业的库存管理体系中，成本效益分析占据着举足轻重的地位。

企业不仅要对库存成本进行全面而细致的剖析,还需深刻理解这些成本如何影响整体运营效率。

库存成本的构成较为复杂,主要包括:

(1)取得成本,即存货本身的购置成本及相关订货成本;

(2)储存成本,即如仓库租金和折旧等固定储存成本,以及基本保管成本、预计破损成本及相关保险费用;

(3)缺货成本,即库存不足导致的销售机会损失、客户满意度下降甚至客户流失等间接损失。

通过对这些成本要素的深入分析,企业能够准确把握库存管理的总体成本水平,为制定科学的库存管理策略提供坚实的数据基础。

在追求库存效益的过程中,企业需平衡两方面的考量:一是确保生产供应的连续性和稳定性,避免库存短缺引发的生产中断或供应不足问题;二是维持安全的库存水平,避免库存积压过多,从而减轻资金压力,降低库存成本。

【例7-2】 存成本效益分析。

以某医院为例,面对繁多的医疗用品物资,医院的库存管理策略显得尤为关键。医院需要建立健全的库存统计与预警机制,确保安全库存量的合理设置。这一举措旨在预防库存供应不足的风险,保障医疗服务的连续性和质量,同时避免库存积压过多,减轻资金占用和仓储成本。

此外,医院还应实施定期的库存盘点制度,这不仅有助于及时发现并解决库存管理中存在的问题,如丢失、损坏或过期等情况,还能为库存成本控制提供更为准确的依据。在日常库存管理中,医院应积极探索并实践降低库存成本的有效措施。

通过这些综合策略的实施,医院能够在确保医疗用品物资充足供应的同时,实现库存成本的有效控制,提升整体运营效率,为患者提供更加高效、优质的医疗服务。这种库存管理理念不仅体现了医院对成本效益的深刻认识,也彰显了其在医疗资源管理上的智慧与远见,如图7-3所示。

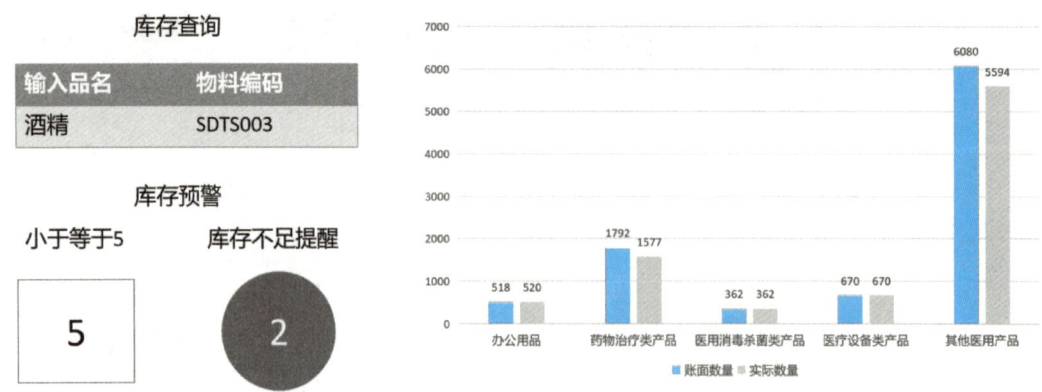

图7-3 某医院医疗物资用品的库存预警与盘点管理

因此,企业需通过优化库存管理策略来有效降低库存水平,减少不必要的库存成本支出。通过这些措施,企业能够在保障生产供应的同时,实现库存成本的有效控制,为自身可持续发展奠定坚实基础。

四、项目工程成本利润测算与效益分析

在项目工程领域，成本效益分析是项目决策和管理的核心环节。通过对项目成本与效益的对比分析，企业可以评估项目的可行性和盈利情况。项目工程的成本效益分析需按照一定的程序和步骤有序展开。

项目工程的成本效益分析通常包括以下几个步骤：

第一步，在项目管理的全周期中，进行详尽的成本与利润测算，这奠定了项目经济可行性的基础。

第二步，通过对项目工程进度的监控与成本追踪，跟进项目执行过程中的每一环节，分析其是否符合预期的成本目标。若出现偏离成本目标的情况，可进行相关追责与奖惩。此外，还需要密切关注项目工程合同的履行情况及收款管理，以保障项目资金流的健康运行。

第三步，在项目收尾阶段进行综合成本效益分析。这一步骤通过深入对比项目的实际成本与所实现的效益，为企业提供客观评估项目可行性与盈利能力的视角。这不仅有助于企业总结项目经验，也为未来类似项目的决策提供了宝贵的数据支持。

【例 7-3】 项目工程成本效益分析。

某建筑公司承接了一项吊顶粉刷工程，公司先基于详尽的工程量评估，计算出该项目的计划成本。这一成本结构全面涵盖了人工费用、材料采购费用以及机械设备使用费用，确保了成本预算的完整性和准确性。

随后，公司依据这些精确的成本估算，制定了具有竞争力的工程报价，并成功与客户签订了建筑工程服务合同，从而锁定了项目的预期收入。此合同不仅明确了双方的权利与义务，也标志着项目收入的正式确立。在项目执行过程中，公司还会持续跟踪并管理合同收入，同时严格把控实际成本支出，确保不超过计划成本范围。此外，公司还会提前预估并预留出税金部分，以便在最终结算时能够准确计算出项目的预计利润，如图 7-4 所示。

单位工程	类别	单位	工程量	计划成本						综合基价	合计	预计收入（不含税金）		预计税金		预计利润		合理误差
				人工费		材料费		机械费				单价报价	合计	税率9%		预计盈亏额	预计利润率	
				基价	小计	基价	小计	基价	小计									
吊顶粉刷工程	面积	平方米	7,654.38	17.50	-	-	-	14.70	112,520.86	32.20	246,474.26	45.03	344,681.23		31,021.31	98,206.97	28.49%	
	容积	立方米	-	-	-	-	-	-	-	-	-	-	-		-	-	-	
	重量	公斤	1,300.00	-	-	2.40	3,120.00	-	-	2.40	3,120.00	4.91	6,383.00		574.47	3,263.00	51.12%	
	数量		-	-	-	-	-	-	-	-	-	-	-		-	-	-	
合同报价												不含税收入	351,064.23			合同金额	382,660.01	-0.01
												预计税金	-		31,595.78	金额取整	382,660.00	

图 7-4 某建筑公司的项目工程利润测算

通过上述一系列精细化的成本管理措施，该建筑公司能够清晰地掌握吊顶粉刷工程的盈利预期，为项目的顺利实施和公司的稳健发展奠定了坚实的基础。

五、函数与窗体工具的应用

（一）SUMPRODUCT 函数

1. 语法

f(x)=SUMPRODUCT(array1，[array2]，[array3]，...)

其中,array1,[array2],[array3],…表示要相乘并求和的数组或区域,所有数组参数必须具有相同的维数。

2. 运用示例

(1) 简单乘积求和:假设有两组数据位于 A1:A3 和 B1:B3 区域,计算这两组数据的乘积之和:可以使用公式＝SUMPRODUCT(A1:A3,B1:B3)。

(2) 多条件求和:数据表结构【B 列:水果类型；C 列:厂家；D 列:重量；E 列:生产日期】。计算特定厂家(假设在 C 列)在特定月份(假设在 E 列,格式为日期,但我们需要提取月份)生产的"苹果"的总重量:

可以使用公式＝SUMPRODUCT(((B3:B11＝"苹果")*(C3:C11＝"某厂家")*(MONTH(E3:E11)＝某月份))*D3:D11)

这三个条件通过乘号(*)组合在一起,形成一个逻辑数组,其中只有同时满足所有条件的元素对应的乘积才为非零值(即特定厂家的"苹果"在特定月份的重量)。因此,SUMPRODUCT 函数计算这些乘积的总和,得到所需的总重量。

(二) COUNTIF 函数

1. 语法

f(x)＝COUNTIF(range, criteria)

其中:

range:需要应用条件的单元格区域。

criteria:确定哪些单元格将被计算在内的条件。这个条件可以是具体的数值、表达式或文本字符串,也可以是使用通配符(如 * 和 ?)的文本模式。

2. 运用示例

(1) 统计特定值的数量:假设要统计 A 列中值为"苹果"的单元格数量,可以使用公式＝COUNTIF(A:A,"苹果")。

注意:这里的 A:A 表示整个 A 列,但出于性能考虑,建议指定具体的范围。

(2) 统计范围值的数量:如果要统计 B 列中数值大于 100 的单元格数量,可以使用公式＝COUNTIF(B:B,">100")。这里的">100"是条件表达式,表示大于 100 的数值。

【例 7-4】 SUMPRODUCT 和 COUNTIF 函数

人力资源部每月例行办公用品的集中采购,不仅细致记录每项采购的成本金额,还紧密跟踪并统计采购款项的支付状态,确保信息的准确无误,以便财务部门能够高效地进行账务处理与后续的成本控制工作。采购信息如表 7-1 所示。

表 7-1 采购信息

序号	A	B	C	D	E	F	G
1	采购批次	采购日期	采购产品类别	采购数量(件)	单价(元)	采购成本金额(元)	付款状态
2	WOOLDRT01	2024-1-15	办公用品	30.00	10.00	300.00	已付款
3	WOOLDRT02	2024-2-15	办公用品	10.00	20.00	200.00	已付款

（续表）

序号	A	B	C	D	E	F	G
4	WOOLDRT03	2024-3-15	办公用品	15.00	12.00	180.00	未付款
5	WOOLDRT04	2024-4-15	办公用品	30.00	15.00	450.00	已付款
6	WOOLDRT05	2024-5-15	办公用品	40.00	23.00	920.00	已付款
7	WOOLDRT06	2024-6-15	办公用品	24.00	26.00	624.00	未付款
8	WOOLDRT07	2024-7-15	办公用品	22.00	10.00	220.00	已付款
9	WOOLDRT08	2024-8-15	办公用品	13.00	20.00	260.00	未付款
10	WOOLDRT09	2024-9-15	办公用品	19.00	12.00	228.00	已付款
11	WOOLDRT10	2024-10-15	办公用品	26.00	15.00	390.00	已付款
12	WOOLDRT11	2024-11-15	办公用品	37.00	23.00	851.00	已付款
13	WOOLDRT12	2024-12-15	办公用品	25.00	26.00	650.00	已付款

基于给定的采购金额及其付款状态的具体信息，财务部门可以巧妙地运用 Excel 中的 SUMPRODUCT 和 COUNTIF 函数，以满足不同的统计需求，从而进行高效、准确的财务数据分析。统计情况如表 7-2 所示。

表 7-2 采购成本及付款状态统计情况

统计事项	统计结果	运用公式
全年采购成本总金额	5 273	=SUMPRODUCT(D2:D13,E2:E13)
第二季度采购成本金额	1 994	=SUMPRODUCT(((B2:B13)>=B5)*((B2:B13)<=B7)*(F2:F13))
已付款的采购批数	9	=COUNTIF(G2:G13,"已付款")
未付款的采购批数	3	=COUNTIF(G2:G13,"未付款")

这些函数能够帮助财务人员快速汇总特定条件下的采购金额总额，以及计算符合特定付款状态条件的交易数量，为成本控制提供有力的数据支持。

（三）VLOOKUP 函数

1. 语法

f(x)＝VLOOKUP(lookup_value, table_array, col_index_num, [range_lookup])

其中：

lookup_value：必需。代表要查找的值。

table_array：必需。包含数据的单元格区域，查找值必须位于这个区域的第一列中。

col_index_num：必需。table_array 中待返回匹配值的列号。列号是从左向右数的。

［range_lookup］：一般是 0。

2. 运用示例

假设有一个包含员工信息的表格，其包含员工的姓名、部门和薪水等信息，想要根据员工的姓名来查找员工的薪水，可以使用公式＝VLOOKUP(A2,A:C,3,0)，如表 7-3 所示。

表 7-3　员工信息表

序号	A	B	C
1	姓名	部门	薪水
2	张三	人事部	5 000
3	李四	IT 部	6 000
4	王五	财务部	7 000

【例 7-5】　VLOOKUP 函数。

某公司财务部门致力于精细化库存管理，旨在通过精准的库存统计与监控，优化库存成本控制策略。通过建立高效的库存管理系统，实现对库存水平的实时把握，以便适时调整采购计划，避免过剩积压与短缺风险，从而达到有效控制库存成本、提升资金利用效率的目标。其库存管理系统如图 7-5 所示。

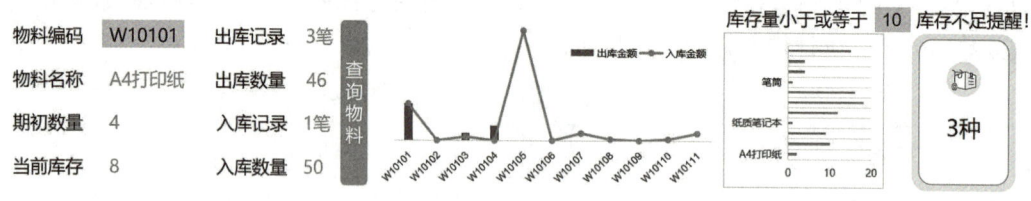

图 7-5　库存管理系统

财务部门可以巧妙地运用 Excel 中的 VLOOKUP 函数，建立库存统计与预警系统，以满足不同的监控需求，实现对库存水平的实时把握。例如，当监控办公用品 A4 打印纸库存水平时，通过输入 A4 打印纸(物料编码 W10101)的物料编码，可即时查询其出入库详情、当前库存量，并在库存低于安全预警线(假设预警库存量＝10 件)时自动触发库存不足预警。

(四) Excel 高阶工具——窗体

1. 概述

窗体是指 Excel 自带的高阶工具，是可用于辅助分析的实用工具。

2. 类型

在成本实训的应用场景中，窗体设计展现出多样化的形式，其中常用的组件类型包括滚动条、微调项、组合框和复选框等。这些元素不仅能丰富用户交互体验，还能极大地提升数据输入的便捷性和准确性。窗体常用组件如图 7-6 所示。

某公司在进行项目工程成本利润测算时，希望财务部门能够实现对不同工程项目预计成本、预计收入及预计利润等关键指标变动的精细化分析。

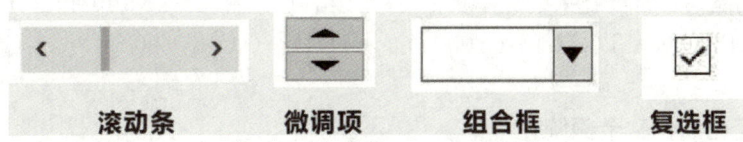

图 7-6 窗体常用组件

为此，财务部门借助 Excel 中的组合框窗体工具，实现对不同工程项目预计成本、预计收入及预计利润等关键指标变动的精细化分析，如图 7-7 所示。

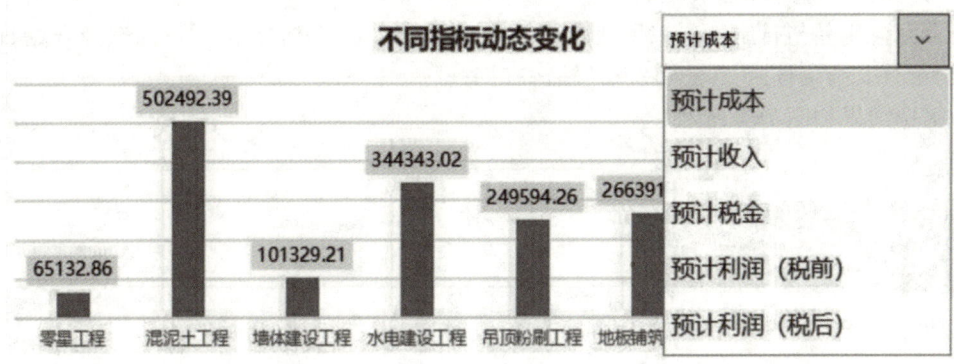

图 7-7 不同关键指标变动的精细化分析

这一策略不仅增强了数据分析的灵活性与深度，还显著提升了决策支持的效率与质量，有助于公司更准确地评估项目盈利潜力，优化资源配置，进而制定出更加科学合理的成本控制与利润增长策略。

 任务训练

项目七任务一习题

数智赋能——用 Excel 实现成本效益分析

1. 任务描述

在企业的采购活动中，成本效益分析扮演着至关重要的角色，既是制定精准采购策略的基础，也是评估采购成本控制效果的关键工具。Excel 工具可以帮助企业清晰地勾勒出采购活动的总体成本结构，为后续的采购决策提供坚实的数据支撑。

2. 任务分析

通过成本效益分析了解企业的采购成本，使用 Excel 的函数与工具，了解企业的采购活动总体成本结构，从而制定精确的采购策略。

3. 任务实训

步骤一：获取数据。

从实训平台下载文件"采购成本控制与效益分析-答题卡.xlsx"。

步骤二：办公用品与日常物耗采购成本计算。

随日期变化的采购金额统计：

在办公用品与日常物耗采购成本页面→单元格(J14)输入 SUMPRODUCT 高阶函数：
"=SUMPRODUCT((((C18:C20004)>=D14)*((C18:C20004)<=G14)*(G18:G20004)))"

随日期变化的付款金额统计：

在办公用品与日常物耗采购成本页面→单元格(L14)，输入 SUMPRODUCT 高阶函数：

"=SUMPRODUCT((((C18:C20004)>=D14)*((C18:C20004)<=G14)*(K18:K20004)))"

采购明细信息查询：

在办公用品与日常物耗采购成本页面→单元格 D14、G14 点击下拉框选择开始日期"2023/2/1"、结束日期"2023/12/31"筛选查询。

筛选结果如图 7-8 所示。

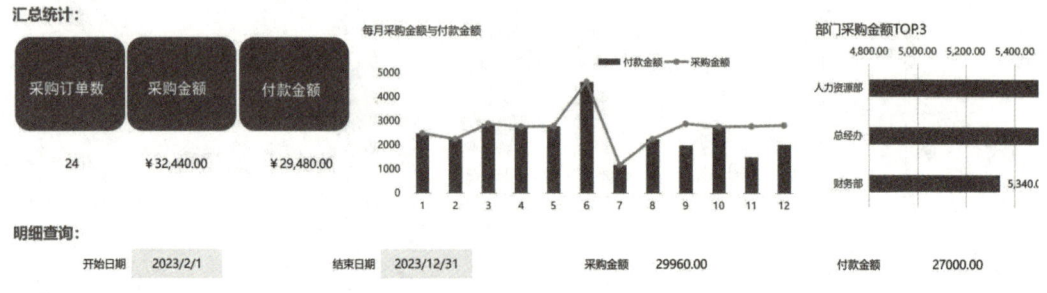

图 7-8 筛选结果

步骤三:员工饭堂食材采购成本——可视化绘图。
(1) 点击"员工饭堂食材采购成本"页面→选取"B16:E37"数据→生成折线图。
其中,图表标题为上一年与本年食材的平均采购进价对比。
(2) 编辑数据源。
图表数据区域:=员工饭堂食材采购成本!$B$16:$E$37
2 个系列分别为：

系列名称:上一年平均采购进价

系列值:=员工饭堂食材采购成本!$D$17:$D$37

系列名称:本年平均采购进价

系列值:=员工饭堂食材采购成本!$D$17:$D$37

类别:=员工饭堂食材采购成本!$B$17:$C$37

编辑数据源的界面如图 7-9 所示。

(3) 图列:勾选坐标轴、图表标题、误差线、图例。

分析不同维度损耗情况:在"员工饭堂食材采购成本"页面→点击单元格 P10,点击下拉框选择维度"损耗率"进行分析,如图 7-10 所示。

步骤四:社文活动物资采购成本计算。

点击"社文活动物资采购成本"页→点击单元格 D4 下拉框选择"执行采购"进行分析,如图 7-11 所示。

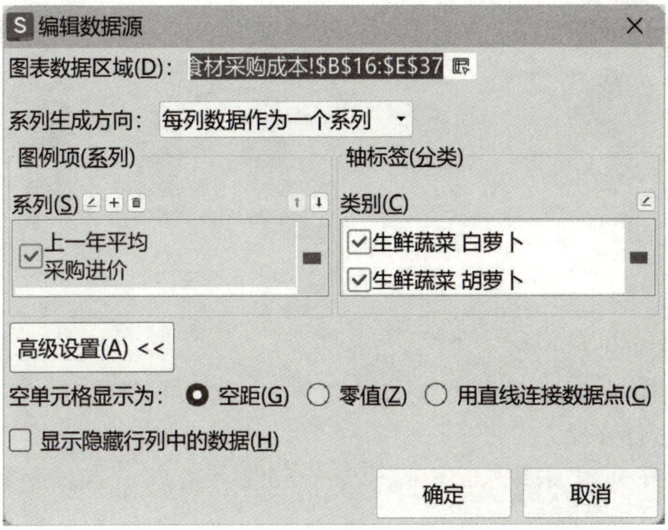

项目七 成本效益分析

图 7-9 编辑数据源

类别	损耗top1食材	损耗率
家禽肉蛋	鸡肉	0.0307
生鲜蔬菜	生菜	0.0813
生鲜水果	圣女果	0.049

筛选类别

金额单位：元

图 7-10 食材耗损率

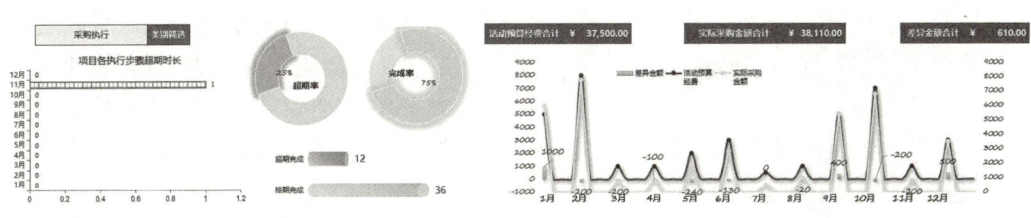

图 7-11 执行采购

步骤五：消防设备与物资采购成本计算。

采购付款预警：点击"消防设备与物资采购成本"页→点击合并单元格(D8:E8)下拉框选择"火灾报警控制器"进行分析。

供应商报价对比：点击"消防设备与物资采购成本"页→点击合并单元格(I4)下拉框选择"超期完成"进行分析。

消防设备与物资采购成本如图 7-12 所示。

157

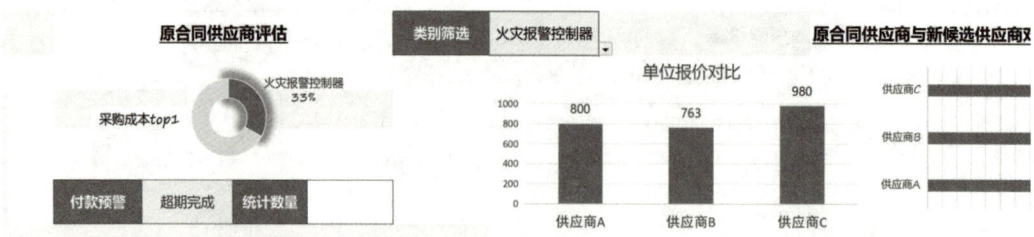

图7-12 消防设备与物资采购成本

步骤六:采购总成本分析。

采购成本结构:点击"采购总成本分析"页→点击合并单元格(F5:G5)下拉框选择"消防设备与物资"进行分析。

降本成效分析:点击"采购总成本分析"页→点击单元格G7下拉框选择数值指标"8%"。

采购总成本分析如图7-13所示。

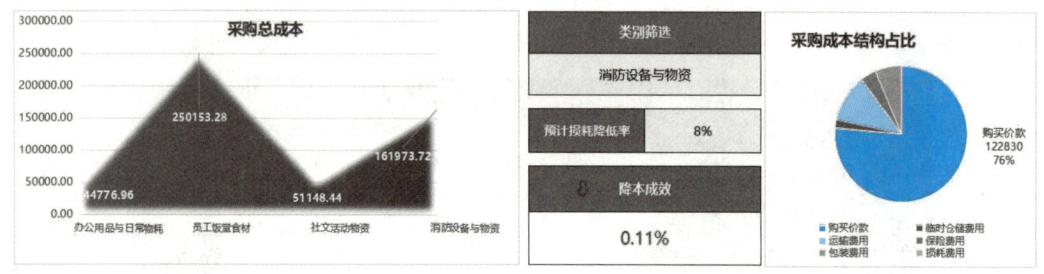

图7-13 采购总成本分析

决策赋能

在采购活动中,成本效益分析不仅是企业制定精准采购策略的前提,也是衡量采购成本控制成效的标尺。企业需深入剖析采购成本构成,采购成本构成涵盖了从原材料费用到运输成本、税费、保险费乃至运输损耗等各项开支。通过运用Excel等工具,企业能够实现对这些成本项目的精细化管理与可视化呈现,从而清晰地勾勒出采购活动的整体成本结构。这一过程不仅有助于企业识别成本控制的关键点,还为采购决策提供了详实的数据支撑,确保了采购策略的有效性与经济性。

在企业库存管理的活动中,成本效益分析同样发挥着不可替代的作用。库存管理不仅关乎资金占用,更直接影响企业的运营效率与市场响应速度。通过对库存成本的全面剖析,包括持有成本、缺货成本及机会成本等,企业能够深刻理解库存水平对整体运营的影响机制。在此基础上,结合成本效益分析,企业能够制定出既能满足市场需求,又能有效控制库存成本的优化策略,实现库存周转率的提升与运营成本的降低。

在项目工程领域,成本效益分析是项目决策与管理的核心所在。在项目启动前,通过详尽的成本估算与效益预测,企业能够评估项目的经济可行性与潜在收益,为项目立项提供科学依据。项目实施过程中,持续的成本效益分析有助于监控项目进展,及时调整资源配置,确保项目目标的实现。这一分析过程不仅关注直接成本与收益,还涵盖对间接成本、社会效益及环境影响的考量,体现了企业可持续发展的理念。

任务二　掌握本量利分析

思维引例

2024年,飞华企业新增一条高效生产线,该生产线采用了先进的技术和设备,旨在提高生产效率和产品质量,以满足日益增长的市场需求。临近年末,如何确保这条新生产线的投资回报最大化,如何在保证产品质量的同时有效控制成本,成了财务部门亟须解决的问题。

本量利分析是一种重要的财务管理工具,企业通过深入分析产品的成本、销量和利润之间的关系,制定科学的成本管控策略和销售计划。因此,财务部门的成员小李准备对新生产线进行全面的本量利分析,通过收集大量成本数据,利用 Excel 等数据分析工具,对这些数据进行整理和分析,以计算出生产线的盈亏平衡点、安全边际以及目标利润等关键指标,为企业的成本管理和生产计划提供有力的数据支持。

思考:小李应如何通过本量利分析进行成本数据分析呢?

思政图文案例4 深圳科技制造企业中的本量利分析与战略定价智慧

任务导入

本任务的主要内容有:

(1) 深入理解并掌握成本、业务量和利润之间的内在关系及其分析方法。

(2) 掌握本量利分析的基本含义,即固定成本、变动成本、业务量、单价、销售额和利润等变量之间的规律性联系。

(3) 学习本量利分析模型,重点掌握保本分析、保利分析以及利润敏感性分析。

知识准备

一、本量利分析的基本模型

（一）基本概述

本量利分析是一种深入剖析成本、业务量与利润之间错综复杂关系的系统方法。该方法与先前所介绍的成本性态分析紧密相关,不仅对成本变动规律理解深刻,还进一步扩展了分析维度,将业务量与利润纳入考量范畴,从而为企业提供更为全面、深入的经营决策支持。

（二）相关假设

本量利分析的基本模型基于以下相关假设:

1. 成本习性分析假设

成本习性分析假设认为成本可以按照其习性分为固定成本和变动成本两部分。区分一项成本是变动的还是固定的时,需限定在一定的相关范围内,包括期间假设和业务量假设。即固定成本是指在一定时期内,不随业务量的增减而变化的成本,如房租、折旧等;而

动画07 本量利分析的前提条件

课件19:项目七任务二本量利分析

变动成本则是指随着业务量的增减而变化的成本,如原材料、直接人工等。这一假设是本量利分析的基础。

2. 线性关系假设

线性关系假设指出,销售收入与销售量、成本与销售量之间存在线性关系。即销售收入随着销售量的增加而增加,成本也随着销售量的增加而增加,且这种增加是成比例的。此外,该假设也指出,变动成本与业务量呈完全线性关系,且固定成本不变。这一假设简化了分析过程,从而使基本模型可以通过数学模型进行预测和决策。

3. 品种结构稳定假设

品种结构稳定假设意味着在分析期间内产品的品种结构保持不变。也就是说,各种产品的销售收入和成本在总销售收入和总成本中的比例是固定的。这有助于更准确地预测未来的成本和收入。

4. 产销平衡假设

产销平衡假设指出,在分析期间内,企业的生产量等于销售量,即产品能够全部销售出去,没有库存积压,这有助于更准确地预测未来的现金流和利润。

(三) 基本模型

本量利分析基本模型是企业在成本管理中用于分析成本、业务量和利润之间关系的重要工具。其基本模型主要基于成本习性分析,将成本分为固定成本、变动成本和混合成本。其中,固定成本在特定的业务量范围内不受业务量变动影响,一定期间的成本总额能保持相对稳定,单位固定成本与业务量成反比;变动成本是指在特定的业务量范围内,总额随业务量变动而正比例变动的成本,而单位产品变动成本是稳定的;混合成本是除固定成本和变动成本之外的成本,随业务量变动而变动,但不成正比例关系。

1. 方程式的推导过程

$$\begin{aligned}利润(或息税前利润) &= 销售收入 - 总成本 \\ &= 单价 \times 销量 - (固定成本 + 变动成本) \\ &= 单价 \times 销量 - (固定成本 + 单位变动成本 \times 销量) \\ &= (单价 - 单位变动成本) \times 销量 - 固定成本\end{aligned}$$

也可以表达为:$EBIT = (P-V) \times Q - F$

其中,$EBIT$ 表示利润(或息税前利润);P 表示单价;V 表示单位变动成本;Q 表示销量;F 表示固定成本。

这个模型反映了企业利润受单价、销量、单位变动成本和固定成本 4 个因素的影响,即这个模型含有 5 个相互联系的变量,给定其中 4 个,便可求出第 5 个变量的值。

此外,在规划期间利润时,通常把单价、单位变动成本和固定成本视为稳定的常量,只有销量和利润两个自由变量。

(1) 给定销量时,可利用方程式直接计算出预期利润;

(2) 给定目标利润时,可直接计算出应达到的销售量。因此,通过调整这些因素,企业可以进行盈亏平衡分析、目标利润分析以及敏感性分析等,为企业的预测、决策、计划和控制等活动提供支持。

【例 7-6】 本量利基本模型。

甲企业仅生产一种塑料产品,每月固定成本为1 000元,销售单价为10元,单位变动成本为6元,本月计划销售500件。

要求:基于本量利基本模型,计算该企业本月的目标利润。

解析:

已知条件:

每月固定成本(F):1 000元

销售单价(P):10元/件

单位变动成本(V):6元/件

计划销售数量(Q):500件

将有关数据代入本量利分析的方程式,得:$EBIT=(P-V)\times Q-F=(10-6)\times 500-1\,000=1\,000(元)$

2. 边际贡献方程式

(1) 边际贡献是指销售收入减去变动成本后的差额,即:

$$边际贡献=销售收入-变动成本=(单价-单位变动成本)\times 销量$$

其中,将单价减去单位变动成本后的差额称为单位边际贡献。

(2) 而边际贡献率,是指边际贡献在销售收入中所占的百分率,即:

$$边际贡献率=边际贡献\div 销售收入\times 100\%=单位边际贡献\div 单价\times 100\%$$

(3) 与边际贡献率相对应的是"变动成本率",即变动成本在销售收入中所占的百分率。

$$变动成本率=变动成本\div 销售收入\times 100\%=单位变动成本\div 单价\times 100\%$$

(4) 由于销售收入被分为变动成本和边际贡献两部分,前者是产品自身的耗费,后者是给企业作的贡献,两者占销售收入的百分比之和应等于1。

$$边际贡献率+变动成本率=边际贡献\div 销售收入+变动成本\div 销售收入=1$$

综上所述,边际贡献方程式可以表达为:

$$\begin{aligned}息税前利润 &= 销售收入-变动成本-固定成本\\ &=边际贡献-固定成本\\ &=销量\times 单位边际贡献-固定成本\\ &=销售收入\times 边际贡献率-固定成本\end{aligned}$$

其中:固定成本+息税前利润=边际贡献总额

该方程式也表明边际贡献的用途是先用于补偿固定成本,剩余部分形成企业利润总额。

【例7-7】 边际贡献方程式。

已知甲产品的单价为1 000元,单位变动成本为600元,年销售量为500件,年固定成本为80 000元。

要求:计算甲产品的边际贡献(总额)。

解析:边际贡献总额=单位边际贡献×销售量=(1 000-600)×500=200 000(元)

基本的本量利关系图如图7-14所示,它是一种经济学工具,以图形的方式直观地展示了成本、销量与利润之间的相互关系。在图中,横轴代表销售量,纵轴代表成本和销售收入。固定成本线是一条与横轴平行的直线,表示不随销量变化的成本;变动成本线则随销量的增加而线性增长,表示与销量直接相关的成本。销售收入线则以更大的斜率从原点出发,代表随着销量的增加,销售收入也相应增加。

这三条线的交点即为盈亏平衡点,它表示在这一点上企业的销售收入与总成本(固定成本与变动成本之和)相等,既无盈利也无亏损。在交点左侧,成本高于收入,企业处于亏损状态;而在交点右侧,收入超过成本,企业则开始盈利。因此,基本的本量利关系图为企业管理者提供了直观的决策依据,帮助其了解在不同销量水平下的成本结构和盈利状况,从而制定出合理的生产和销售策略。

边际贡献式本量利关系图如图 7-15 所示,它是一种用于展示企业边际贡献、固定成本、变动成本以及销售收入之间关系的图。这种图通过可视化的方式,帮助企业管理者更直观地理解在不同销量水平下企业的成本结构和盈利能力。

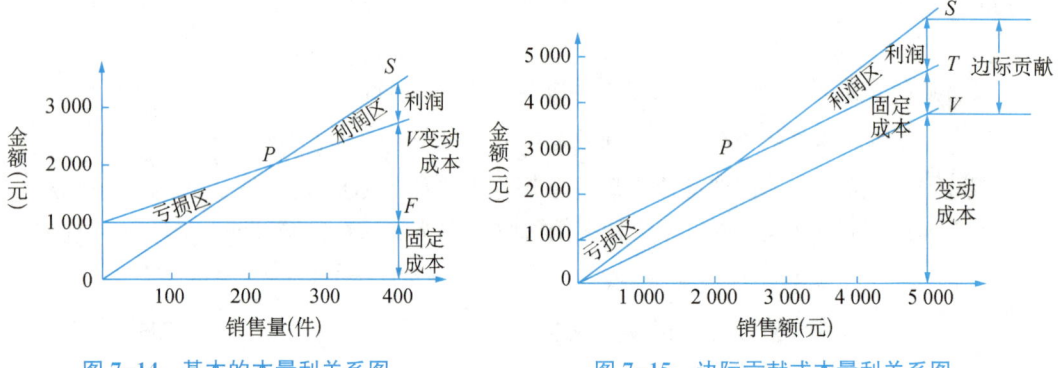

图 7-14　基本的本量利关系图　　　　图 7-15　边际贡献式本量利关系图

在绘制边际贡献式本量利关系图时,先绘制的是变动成本线,它通常是一条从原点出发,斜率为变动成本率的直线,表示随着销量的增加,变动成本也按固定比例增加。然后,在此基础上,以点(0,固定成本)为起点,绘制一条与变动成本线平行的总成本线,表示固定成本与变动成本之和。销售收入线则是一条从原点出发、斜率为产品销售单价的直线,代表随着销量的增加,销售收入也相应增加。

边际贡献式本量利关系图的关键在于展示边际贡献的数值和变化。边际贡献是指销售收入减去变动成本后的余额,它代表了产品销售对企业利润的贡献。在图中,边际贡献可以通过销售收入线与变动成本线之间的垂直距离来表示。随着销量的增加,边际贡献也随之增加,当边际贡献超过固定成本时,企业便开始盈利。此外,边际贡献式本量利关系图还展示了盈亏临界点,即销售收入线与总成本线的交点。在这个点上,企业的销售收入等于总成本,既无盈利也无亏损。管理者可以通过观察此图,了解在不同销量水平下企业的盈亏状况,从而制定出合理的生产和销售策略。

综上所述,边际贡献式本量利关系图也是一种重要的管理工具,它通过图形化的方式展示了企业成本、销量和利润之间的复杂关系,为企业管理者提供了直观的决策依据。

二、保本分析

保本分析可以用于确定企业在不亏损的情况下所需达到的最低销售量或收入水平。简而言之,它帮助管理者了解企业的盈亏平衡点,即总收入与总成本相等的那一点,从而制定有效的定价、成本控制及销售策略,以确保企业的稳健运营和盈利。

在学习保本分析时,需要掌握以下相关的指标。

(一)保本点

保本点,又称盈亏临界点,是指企业收入和成本相等的经营状态,即边际贡献等于固定成时企业所处的既不盈利又不亏损的状态。通常用一定的业务量(保本量或保本额)表示。

1. 保本量

保本量是指利润等于 0 时的销售量。

计算公式:

0 = 单价 × 保本量 − 单位变动成本 × 保本量 − 固定成本

保本量 = 固定成本 ÷ (单价 − 单位变动成本) = 固定成本 ÷ 单位边际贡献

2. 保本额

保本额是指利润等于 0 时的销售额。

计算公式:

0 = 保本额 × 边际贡献率 − 固定成本

保本额 = 固定成本 ÷ 边际贡献率 = 保本量 × 单价

(二)盈亏临界点作业率

盈亏临界点作业率,指盈亏临界点销售量占企业实际或预计销售量的比重,反映企业保本的业务量在实际或预计业务量中所占的比重。

计算公式:盈亏临界点作业率 = 盈亏临界点销售量 ÷ 实际或预计销售量 × 100%

(三)安全边际与安全边际率

安全边际,指实际或预计销售额(量)超过盈亏临界点销售额(量)的差额,表明销售额(量)下降多少企业仍不至亏损。

计算公式:

安全边际额 = 实际或预计销售额 − 盈亏临界点销售额 安全边际量
= 实际或预计销售量 − 盈亏临界点销售量

安全边际率 = 安全边际额(量) ÷ 实际或预计销售额(量) × 100% 安全边际率 + 盈亏临界点作业率 = 1

【例 7-8】 保本点。

某生产企业仅产销一种 A 产品,销售单价为 5 元,单位变动成本为 3 元,固定成本为 600 元/月,实际销售额为 5 000 元。

要求:计算其保本量、保本额、盈亏临界点作业率、安全边际额、安全边际量和安全边际率。

解析:

保本量 = 固定成本 ÷ 单位边际贡献 = 600 ÷ (5−3) = 300(件)

保本额 = 保本量 × 单价 = 300 × 5 = 1 500(元)

盈亏临界点作业率 = 保本额 ÷ 实际销售额 = 1 500 ÷ 5 000 × 100% = 30%

安全边际额 = 实际销售额 − 保本额 = 5 000 − 1 500 = 3 500(元)

安全边际量 = 安全边际额 ÷ 单价 = 3 500 ÷ 5 = 700(件)

安全边际率 = 安全边际额 ÷ 实际销售额 = 3 500 ÷ 5 000 × 100% = 70%

三、保利分析

微课07 保本分析和保利分析

保利分析，通常指的是一种基于成本、销量和利润之间关系的财务分析方法，它特别关注企业的保本点（即盈亏平衡点）以及在此基础上的盈利状况分析。保利点是指在单价和成本水平一定的情况下，为确保预先制定的目标利润可以实现，而必须达到的销售量或销售额。

在学习保利分析时，需要掌握以下相关的指标。

（一）保利量

保利量是指使企业实现目标利润所需完成的业务量。

在考虑企业所得税的情况下：

$$目标利润 = 单价 \times 销量 - 单位变动成本 \times 销量 - 固定成本保利量$$
$$= (固定成本 + 目标利润) \div (单价 - 单位变动成本)$$
$$= (固定成本 + 目标利润) \div 单位边际贡献$$

在不考虑企业所得税的情况下：

$$税后目标利润 = (单价 \times 销量 - 单位变动成本 \times 销量 - 固定成本) \times (1 - 所得税税率)$$

$$保利量 = [固定成本 + 税后目标利润 \div (1 - 所得税税率)] \div (单价 - 单位变动成本)$$
$$= [固定成本 + 税后目标利润 \div (1 - 所得税税率)] \div 单位边际贡献$$

项目七思维导图

（二）保利额

保利额是指企业为实现既定的目标利润所需的业务额，可在计算保利量的公式基础上乘以"单价"加以计算。

【例7-9】 保利点。

某生产企业仅产销一种B产品，销售单价为2元，单位变动成本为1.2元，固定成本为1 600元/月。

要求：

（1）若目标利润为1 500元，假设不考虑企业所得税，计算保利量和保利额。

（2）若目标税后利润为1 500元，企业所得税税率为25%，计算保利量和保利额。

解析：

（1）不考虑所得税，则：

保利量 = (1 600 + 1 500) ÷ (2 - 1.2) = 3 875（件）

保利额 = (1 600 + 1 500) ÷ [(2 - 1.2) ÷ 2] = 7 750（元）

（2）考虑企业所得税，已知其税率为25%，则：

保利量 = [1 600 + 1 500 ÷ (1 - 25%)] ÷ (2 - 1.2) = 4 500（件）

保利额 = [1 600 + 1 500 ÷ (1 - 25%)] ÷ [(2 - 1.2)/2] = 9 000（元）

四、利润敏感性分析

（一）基本概述

1. 定义

利润敏感性分析可以用于评估企业盈利能力对各种因素的敏感程度。

2. 分析目的

（1）找出敏感因素：从众多不确定性因素中找出对经济效益指标有重要影响的敏感性因素。

（2）分析影响程度：分析这些敏感性因素对项目经济效益指标的影响程度和敏感性程度。

（二）分析方法

1. 因素变动分析法

这一方法适用于企业已识别出敏感因素的情境，包括单因素变动分析法和多因素变动分析法。具体来说，分析研究的是当制约利润的有关因素（如售价、单位变动成本、销量、固定成本等）发生某种变化时，利润及利润相关指标随之变化的程度。

（1）单因素变动对利润敏感性的分析。例如，某企业通过对制约利润的有关因素，即售价、单位变动成本、销量、固定成本，分别进行调控（如先将售价、单位变动成本、固定成本维持基础的预测值不变，只允许单因素销量变化，对其余因素再进行类似该操作，进行逐项研究），从而分析单因素对利润随着变化的程度，帮助企业管理层更好地了解利润的波动，从而制定相应决策，如图 7-16 所示。

指标	基础的预测值	单因素变动情况	各指标因素变动情况	利润变动额	利润变动率
Q：销售量	935000.00	P、V、F 维持基础的预测值不变，Q 变化	2.00%	93500.00	2.01%
P：产品单价	12.50	Q、V、F 维持基础的预测值不变，P 变化	1.00%	121550.00	2.61%
V：单位变动成本	7.50	Q、P、F 维持基础的预测值不变，V 变化	-1.00%	-140250.00	-3.02%
F：固定成本	25000.00	P、V、Q 维持基础的预测值不变，F 变化	8.00%	750.00	0.02%

图 7-16　单因素变动对利润敏感性的分析

（2）多因素变动对利润敏感性的分析。例如，某企业同时对制约利润的有关因素（售价、单位变动成本、销量、固定成本）进行调控，继续研究多因素对利润随着变化的程度，如图 7-17 所示。

指标	基础的预测值	多因素变动情况	各指标因素变动情况	利润变动额	利润变动率
Q：销售量	935000.00	P、V、F、Q 同时变化对利润的影响	2.00%	75176.00	1.62%
P：产品单价	12.50		1.00%		
V：单位变动成本	7.50		-1.00%		
F：固定成本	25000.00		8.00%		

图 7-17　多因素变动对利润敏感性的分析

综上所述，这种分析的形式通过对不同因素对企业利润的影响进行量化和分析，帮助企业管理层更好地了解和预测利润的波动，从而制定相应的经营策略和决策。

2. 敏感系数分析法

企业在未识别出敏感因素的情境中，可以通过计算敏感系数来分析。敏感系数是反映敏感程度的重要指标，可以帮助企业判断一个因素是否为敏感因素。

计算公式：

$$敏感系数＝目标值变动百分比÷参数值变动百分比$$

判断：

敏感系数为正，表明该参数与利润同方向变动；

敏感系数为负，表明该参数与利润反方向变动；

敏感系数绝对值＞1，该参数为利润的敏感因素，绝对值越大，敏感程度越强；

敏感系数绝对值＜1，该参数为利润的不敏感因素，绝对值越小，敏感程度越弱。

【例 7-10】 敏感系数分析法。

甲公司只生产一款雨衣，目前处于盈利状态，单位变动成本为 10 元，息税前利润对变动成本的敏感系数为－4。

要求：

假设其他条件不变，甲公司盈亏平衡时的单位变动成本为多少元/件？

解析：

在盈亏平衡点，息税前利润的变动百分比为－100％。息税前利润对变动成本的敏感系数为－4，则变动成本的变动百分比为：(－100％)÷(－4)＝25％。

因此：

盈亏平衡点时的单位变动成本＝10×(1＋25％)＝12.5(元)

五、单变量求解及窗体工具的应用

(一) Excel 高阶工具——模拟分析-单变量求解

1. 概述

"模拟分析-单变量求解"是指 Excel 自带的辅助数据分析的工具，可通过选择目标单元格、可变单元格和目标值来实现数据的快速运算。

2. 操作路径

操作路径如图 7-18 所示。

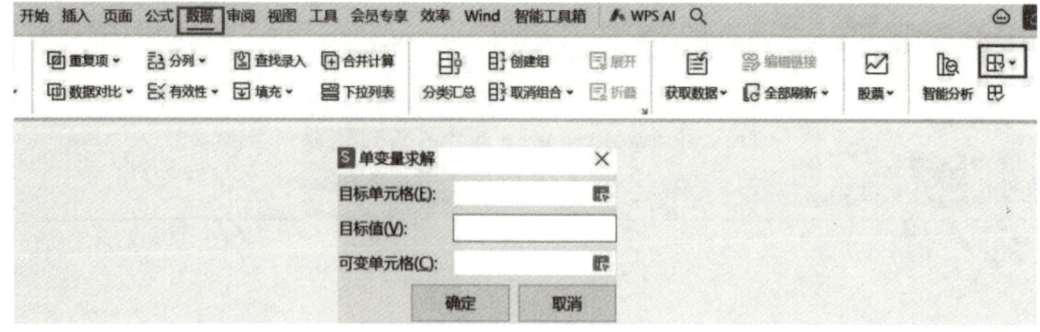

图 7-18 操作路径

(二) Excel 高阶工具——窗体工具

1. 概述

窗体是 Excel 中自带的交互功能模块，借助滚动条、微调项等组件，为数据选择、分析

项目七 成本效益分析

操作提供便捷交互入口,助力高效开展数据辅助分析。

2. 类型

在成本实训场景里,窗体常依托滚动条、微调项、组合框、复选框等组件实现交互设计。这些组件在成本数据录入、分析参数设置等操作中,既优化交互流畅度,又减少人工输入误差,提升数据处理效率与精准度。如图7-19所示。

图 7-19 窗体常见组件类型

【例 7-11】 应用场景。

在深化本量利分析的过程中,某公司寄望于财务部门能够进一步优化数据分析的质量与效率,通过更精准、更前瞻性的洞察,为公司决策提供强有力的数据支撑,从而推动业务增长与盈利能力的提升。

在保本分析中,财务部门巧妙地运用了 Excel 的微调项窗体工具,实现了对单价与单位变动成本的灵活调控。这一创新方法使管理者能够直观地观察到盈亏平衡点随着这些关键因素的动态变化而发生的微妙调整,从而更深入地理解成本结构、价格策略与盈利能力之间的复杂关系,如图7-20所示。

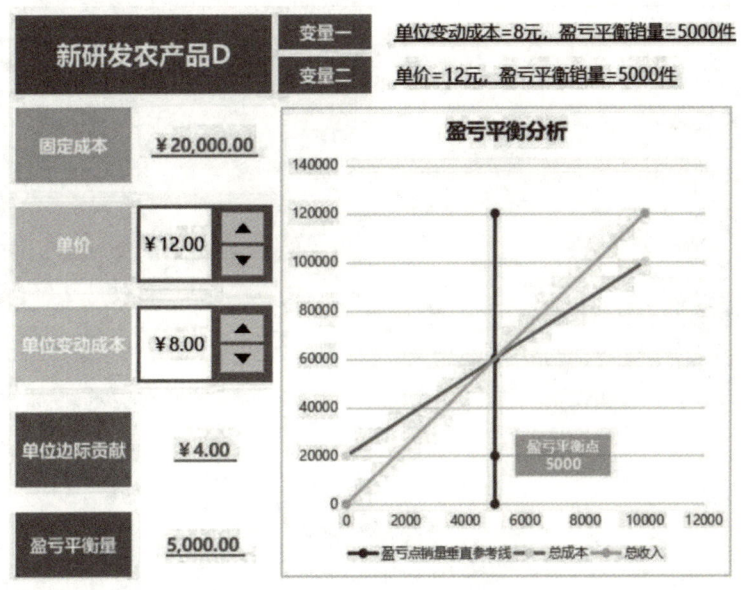

图 7-20 盈亏平衡点与关键因素的动态变化分析图

在保利分析中,财务部门高效利用了单变量求解功能,迅速而准确地锁定目标值,极大地提升了分析效率与决策的科学性。这一系列举措不仅增强了数据分析的深度与广度,也为公司的战略规划与运营管理提供了更为坚实的数据基础,如图7-21所示。

指标	2023年实际数	指标	2024年目标值	增减变动	变动幅度
销售量	600000.00	销售量	935000.00	335000.00	55.83%
产品单价	12.00	产品单价	12.50	0.50	4.17%
单位变动成本	5.00	单位变动成本	7.50	2.50	50.00%
固定成本	20000.00	固定成本	25000.00	5000.00	25.00%
息税前利润	4180000.00	息税前利润	4650000.00	470000.00	11.24%

图 7-21　保利分析图

在利润的敏感性分析中，财务部门巧妙地运用了 Excel 的滚动条和组合框窗体工具，轻松调整各项指标因素，并从单因素变动与多因素综合变动的双重维度深入探索利润变化的敏感性，有助于精准识别影响利润的关键因素及其影响程度，如图 7-22 所示。

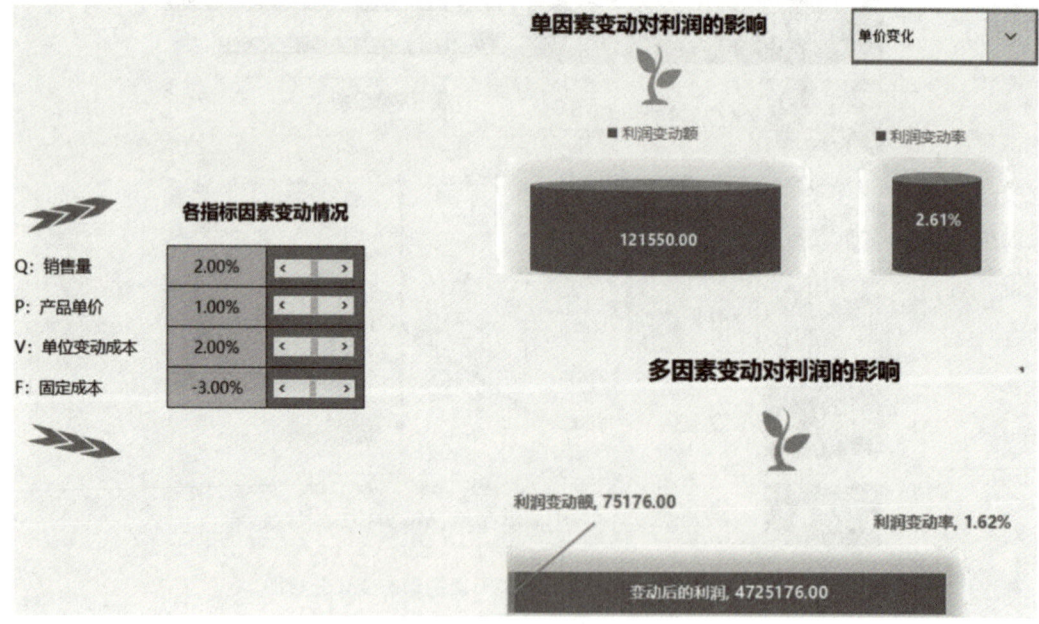

图 7-22　利润敏感性分析图

项目七 成本效益分析

数智赋能——用 Excel 实现本量利分析

1. 任务描述

本量利分析基本模型是企业在成本管理中用于分析成本、业务量和利润之间关系的重要工具。保本分析可用于确定企业在不亏损的情况下所需达到的最低销售量或收入水平;保利分析关注于企业的保本点(即盈亏平衡点)以及在此基础上的盈利状况分析;利润敏感性分析则可以用于评估企业盈利能力对各种因素的敏感程度,包括单因素变动对利润敏感性的分析和多因素变动对利润敏感性的分析。请根据提供的实验资料,运用 Excel 可视化模型进行相应的决策分析。

2. 任务分析

使用 Excel 可视化模型,通过本量利分析企业的保本点、保利点和企业盈利能力的影响因素,从而帮助企业进行成本分析与决策。

3. 任务实训

步骤一:获取数据。

从实训平台下载文件"本量利分析-答题卡.xlxs"。

步骤二:保本分析(盈亏平衡分析)。

综合边际贡献率:点击"保本分析(盈亏平衡分析)"页→点击单元格 C15,根据公式"边际贡献率=边际贡献÷销售收入",输入"=C13/C11"。

保本点的销售额:点击"保本分析(盈亏平衡分析)"页→点击单元格 C17,根据公式"保本点的销售额=固定成本÷边际贡献率",输入"=C9/C15"。

单价变量:点击"保本分析(盈亏平衡分析)"页→点击单元格 N10(含【窗体】控件)→点击上三角形或下倒三角形调整参数至"12"。

单位变动成本变量:点击"保本分析(盈亏平衡分析)"页→点击单元格 N12(含【窗体】控件)→点击上三角形或下倒三角形调整参数至"8"。

保本分析结果如图 7-23 所示。

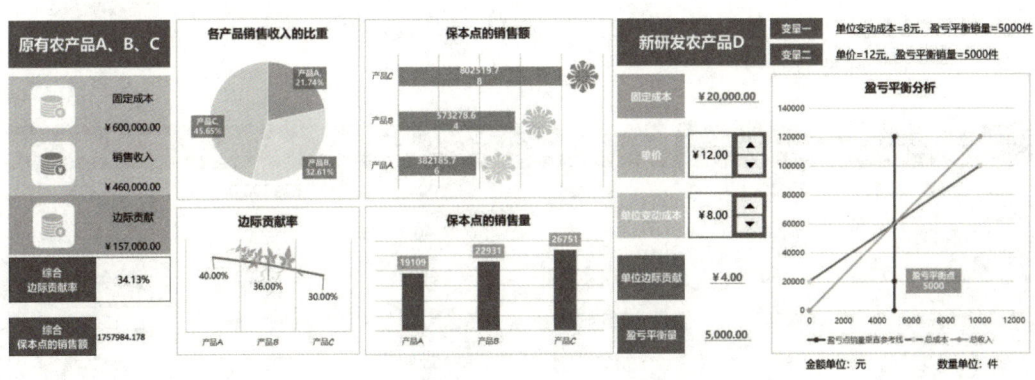

图 7-23 保本分析

169

步骤三：保利分析。

计算上半年息税前利润：点击"保利分析"页→点击单元格C11:C16区域,点击下拉框,从上到下依次筛选参数"216 400.00""249 730.00""319 610.00""276 250.00""358 200.00""369 770.00"。息税前利润如图7-24所示。

月份	息税前利润	2024年	
1	216400.00	实际数	上半年息税前利润
2	249730.00		
3	319610.00		
4	276250.00		
5	358200.00		
6	369770.00		
7	403216.67	预测数	下半年息税前利润
8	433185.24		
9	463153.81		
10	493122.38		
11	523090.95		
12	553059.52		
合计	￥4,658,788.57	目标值（取整）	￥4,650,000.00

图7-24 息税前利润

2024年目标值-销售量：点击"数据-模拟分析-单变量求解"→选择目标单元格为$L$11,可变单元格为$L$15,输入目标值。单变量求解如图7-25所示。

目标值为取整后的预测值,即合并单元格(E23:F23)的值,点击确定。预测值如图7-26所示。

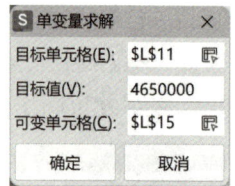

图7-25 单变量求解

指标	2023年实际数	指标	2024年目标值	增减变动	变动幅度
销售量	600000.00	销售量	935000.00	335000.00	55.83%
产品单价	12.00	产品单价	12.50	0.50	4.17%
单位变动成本	5.00	单位变动成本	7.50	2.50	50.00%
固定成本	20000.00	固定成本	25000.00	5000.00	25.00%
息税前利润	4180000.00	息税前利润	4650000.00	470000.00	11.24%

图7-26 预测值

得到结果如图 7-27 所示。

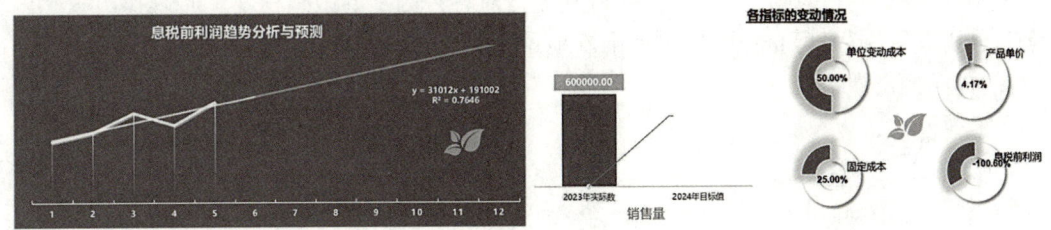

图 7-27　结果图

步骤四：利润的敏感性分析。

各因素变量：点击"利润的敏感性分析"页→点击单元格 D5：D8 区域（设置有【窗体】控件）→点击左箭头或右箭头调节参数（销售量"6％"、产品单价"1％"、单位变动成本"－1％"、固定成本"8％"）。

各指标类别筛选：点击"利润的敏感性分析"页→点击单元格 F4（设置有【窗体】控件）→点击下拉框选择"销售量变化"。

利润敏感性分析结果如图 7-28 所示。

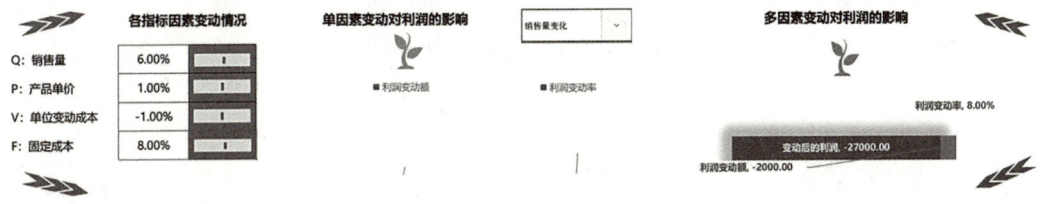

图 7-28　利润敏感性分析

决策赋能

本量利分析基于一系列关键假设，包括成本习性分析假设、线性关系假设、品种结构稳定假设以及产销平衡假设。这些假设为分析提供了理论基础，使企业能够通过数学模型来预测和决策。在此基础上，本量利分析的基本模型得以构建，它通过数学公式揭示了成本、业务量和利润之间的依存关系。在本量利分析的基本模型中，涉及单价、销量、单位变动成本、固定成本和利润共五个关键变量。基于本量利公式，当明确其中四个变量的数值时，可通过代数运算推导得出第五个变量的结果。这为企业进行盈亏平衡分析、目标利润分析以及敏感性分析等提供了有力支持。例如，在规划期间利润时，企业通常将单价、单位变动成本和固定成本视为稳定的常量，通过调整销量来预测和达到目标利润。

保本分析可以帮助管理者确定企业在不亏损的情况下所需达到的最低销售量或收入水平。通过掌握保本点、盈亏临界点作业率以及安全边际和安全边际率等指标，企业可以制定有效的定价、成本控制及销售策略，确保稳健运营和盈利。

保利分析较为关注企业的盈利状况，通过计算保利量和保利额等指标，为企业实现既定的目标利润提供指导。在进行保利分析时，企业需要考虑所得税的影响，以确保目标利润的准确性和可行性。

利润敏感性分析则用于评估企业盈利能力对各种因素的敏感程度。通过找出敏感因素并分析其影响程度，企业可以更加准确地预测和应对潜在的风险和机遇，从而优化资源配置，提高经济效益。

项目七任务二习题

项目小结

本项目系统地介绍了企业成本效益分析的相关知识，包括成本效益分析的定义与原则、采购成本控制与效益分析、库存成本控制与效益分析、项目工程成本利润测算与效益分析、SUMPRODUCT 函数、COUNTIF 函数、VLOOKUP 函数与窗体工具的应用，本量利分析等内容。重点在于两点：一是通过成本效益分析为企业的成本控制、利润测算进行成本数据分析，二是通过本量利分析可以对企业进行保本分析、保利分析以及利润敏感性分析。通过学习这些内容，学生将掌握企业成本控制和利润预测方法，从而提高决策的科学性和准确性。在学习过程中，学生还将接触企业真实案例，了解行业最新动态，为其职业发展提供有益的参考。

笔记

巩固练习

一、思考题

1. 成本效益分析在成本管理中的作用主要体现在哪些方面？请结合实际案例进行说明。
2. 在本量利分析时，企业需要考虑哪些关键因素？请结合实际案例进行分析。

二、讨论题

1. 对于一个制造企业，你认为应该如何制订成本控制计划？请从采购成本控制、库存成本控制等方面进行讨论。
2. 结合实际案例，讨论企业在进行自制或外购决策时有哪些成本需要考虑。

项目八 成本管理视角下的产品经营策略认知

 项目导读

在当今全球商业环境瞬息万变的背景下,随着党的二十大胜利闭幕及"十四五"规划的稳步推进,中国经济正步入高质量发展阶段,强调创新驱动、绿色发展和数字化转型的重要性。企业面临着前所未有的机遇与挑战,市场竞争愈发激烈,消费者需求日益多元化和个性化。在这一宏观环境下,如何科学、高效地管理成本,优化产品经营策略,成为企业提升竞争力、实现可持续发展的关键。

为顺应国家发展战略,企业需不断审视经营管理模式,特别是在成本管理和产品经营策略上。短期经营决策要求管理者迅速识别相关成本,借助 Excel 高阶应用等信息技术手段,确保决策科学准确。同时,在产品生产决策和定价策略上,企业需紧跟市场趋势,结合成本管理理念,制定符合市场需求的生产计划和定价方案,兼顾成本效益、市场需求和资源配置。在数字化、信息化环境下,企业还需利用 Power BI 等数据分析工具,实现成本数据可视化和智能化管理,准确把握成本变动趋势,发现成本控制问题,提升运营效率,为战略规划和决策提供数据支持。

 学习目标

【知识目标】
1. 理解短期经营决策的概念、重要性及其在企业经营管理中的作用。掌握短期经营决策的基本流程和原则,以及决策过程中需要考虑的关键因素。
2. 理解成本管理在产品生产与定价决策中的应用。掌握不同成本管理战略在产品生产与定价中的应用方法和策略。

【技能目标】
1. 能够熟练使用 Excel 进行数据处理和分析;能够运用窗体工具筛选关键指标,进行动态分析,为决策提供支持。
2. 能够使用 Power BI 进行数据可视化,将复杂的数据转化为直观的图表和报告;能够运用可视化结果,为决策提供支持。

【素养目标】
1. 培养学生的决策分析能力,使其能够独立思考、分析问题,并作出合理的决策。
2. 培养学生的数据敏感度,使其能够准确识别和分析数据中的关键信息,为决策提供支持。

智能化成本核算与管理

知识框架

```
项目八 成本管理视角下的产品经营策略认知
├── 任务一 了解短期经营决策
│   ├── 短期经营决策的基本概述
│   ├── 短期经营决策的决策过程
│   ├── 相关成本与不相关成本
│   └── Excel高阶应用—窗体工具的应用
└── 任务二 走近成本管理与生产定价决策
    ├── 产品生产决策的基础
    ├── 产品生产决策应用场景
    ├── 产品定价决策的基础
    ├── 产品的定价方法
    ├── 成本管理视角下产品生产与定价战略
    └── Power BI数据可视化
```

自主预习任务单

一、学习指南
课题名称：智能化成本核算与管理
达成目标： (1) 深入理解成本管理视角下的产品经营策略，包括短期经营决策的基本框架、相关成本与不相关成本的区分、产品生产与定价决策的基础理论，以及不同成本管理战略的核心概念和适用情境。 (2) 能够合理运用所学知识，对企业的短期经营决策、产品生产决策和定价决策进行实际操作和分析，制定合理的决策方案。
学习方法建议： 理论结合实践，通过模拟经营决策过程，学生学习如何作出短期经营决策和生产定价决策，理论与实际相结合。 成本案例分析研讨，引导学生以真实企业决策为例，学习决策流程中的决策基础和决策方法。
课堂学习形式预告： 案例讨论与演示，课堂上教师通过案例讲解产品经营决策基础与方法，学生分组讨论并提出他们的理解和分析结果。
二、学习任务
学生通过观看教学视频(或阅读教材、分析提供的学习资源)自学，完成下列学习任务： (1) 阅读走近成本管理视角下的产品经营策略，做好课前预习。 (2) 登录新商科智慧学习空间平台进行实操训练。
三、困惑与建议(请在此处记录在本项目学习中遇到的困惑和对课程的建议)

项目八 成本管理视角下的产品经营策略认知

任务一　了解短期经营决策

思维引例

小李是一家中小型企业的财务分析师,负责为公司制定短期经营决策。随着市场竞争的加剧,小李发现公司正面临着原材料成本上升、产品销量下滑的双重困境。在这样的市场环境下,公司必须快速响应市场变化,作出精准的经营决策,以确保企业的生存与发展。

面对这种困境,小李决定利用 Excel 高阶应用中的窗体工具,对公司过去几年的经营数据进行深度挖掘和分析。他通过灵活筛选关键指标,如销售额、毛利率、成本结构等,进行了动态分析,以揭示数据背后的隐藏规律和趋势。这些分析结果为他提供了宝贵的决策依据,帮助他制定出了更加精准和有效的短期经营决策,从而确保了公司在激烈的市场竞争中能够保持稳健的发展态势。

思考:想一想,哪些关键指标对于短期经营决策的制定至关重要?

任务导入

本任务的主要内容包括:

(1) 了解短期经营决策的基本概述,包括其定义、特点以及决策过程和常用的决策方法。

(2) 掌握 Excel 高阶应用技巧,特别是窗体工具的应用,能够丰富用户交互体验,提升数据输入的便捷性和准确性。

知识准备

一、短期经营决策的基本概述

课件 20:项目八任务一短期经营决策

(一) 定义

短期经营决策是指企业在一年以内或者维持当前经营规模的条件下,针对日常生产经营中的具体问题所进行的决策。

(二) 特点

短期经营决策的主要特点是在既定的规模条件下,专注于如何有效地进行资源配置,以实现最大的经济效益。这类决策通常不涉及固定资产投资和经营规模的改变,而是侧重于在现有资源和能力范围内,通过优化生产、销售、库存管理等日常运营活动,提升企业的运营效率和盈利能力。因此,短期经营决策往往是在成本性态分析所提及的"相关范围内"进行的,即决策考虑的是在一定产量或业务量范围内,成本如何随业务量变化而变动,以及如何利用这种成本变动规律来制定更加经济合理的决策方案。

175

二、短期经营决策的决策过程

(一) 决策方法

短期经营决策常用的方法包括差量分析法、边际贡献分析法和本量利分析法等。这些方法帮助企业在决策过程中分析备选方案的优劣,从而选出最优方案。

1. 差量分析法

这种方法的核心在于计算两个备选方案的差量成本和差量收入,从而得出差量损益,并据此来选择决策方案。差量成本指的是两个方案之间预期成本的差异数,而差量收入则是两个方案之间预期收入的差异数。当差量收入大于差量成本时,通常认为前一个方案在经济效益上更为优越,因此应被选为最优方案。

2. 边际贡献分析法

边际贡献分析法主要关注各方案的边际贡献额,这一指标是销售收入减去变动成本后的余额。在成本相同的情况下,边际贡献总额最大的方案通常意味着利润最大。然而,当方案中存在专属成本时,还需进一步考虑相关损益,即边际贡献额减去专属成本后的余额,以确定最终的优选方案。

3. 本量利分析法

本量利分析法通过分析成本、业务量(产量或销售量)和利润之间的关系,来确定最优的生产和销售策略。

这种方法通常使用公式"利润$=Q\times(P-V)-F$"来计算,其中,Q代表业务量,P代表单价,V代表单位变动成本,F代表固定成本。

(二) 决策步骤

动画 08 短期经营决策的步骤

1. 明确决策问题和目标

明确决策的问题和目标,以及决策的标准。

2. 收集相关资料并制定备选方案

收集相关资料和数据,设计制定各种可能实现目标的备选方案,备选方案应尽可能详细,以便后续分析各方案的优劣。

3. 对备选方案作出评价,选择最优方案

对各备选方案进行详细的定性和定量分析,从各个方面分析各方案的可行性和优劣。

4. 决策方案的实施与控制

在最优方案选定后,组织实施,并在实施过程中监控和调整方案。

三、相关成本与不相关成本

(一) 相关成本

1. 相关成本的特点

决策的相关成本应该同时具备两个特点。

(1)相关成本是面向未来的。这要求管理者不仅要具备预测能力,能够预估这些成本与潜在效益的具体数值,还要善于从历史数据中提炼出有价值的信息,通过这些信息来构建更精准的预测模型,从而为未来的决策提供有力支持。简而言之,分析历史数据是为了揭示规律,以指导企业更准确地把握未来的成本与效益变化。

(2)相关成本在各个备选方案之间应该有所差异。在评估不同方案时,关键在于识别出那些在不同选项间存在差异的成本,即相关成本。以产品生产的决策为例,若各备选产品方案在固定成本上保持一致,则这部分成本对决策选择不构成直接影响,因为它在所有选项中均保持不变,属于无关紧要的信息范畴。因此,企业只需聚焦于那些因选择不同方案而变化的成本,它们才是决定最终决策的关键因素。

2. 相关成本的分类

相关成本可以根据其性质和用途进一步细分为以下几类,每类成本在短期经营决策中都有其独特的作用。

(1)边际成本,是指一个主体增加一单位产量或销售量所带来的总成本的增加量。边际成本是评估生产规模变化对经济效益影响的重要指标。在短期经营决策中,企业通常需要考虑边际成本与边际收益之间的平衡,以确定最优的生产规模。

(2)机会成本,是指一个主体为了选择某一方案而放弃的次优方案所能带来的最大收益。机会成本反映了选择某一方案所放弃的潜在利益,是评估方案优劣的重要标准。在决策过程中,企业需要全面考虑所有可能的方案及其机会成本,以确保选择出最优方案。

(3)付现成本,是指需要用现金支付的成本,如原材料采购费用、员工工资等。付现成本与企业现金流动状况密切相关,因此,企业在短期经营决策中需要特别关注。企业需要根据现金流动状况合理安排付现成本的支付时间和金额,以确保生产经营活动的顺利进行。

(4)重置成本,是指在当前市场条件下,企业重新购置或替代某项资产所需支付的成本。重置成本反映了资产的市场价值,是评估是否继续使用或替换资产的重要参考。在决策过程中,企业需要综合考虑资产的重置成本与继续使用成本之间的比较,以确定最佳的资产使用策略。

(5)专属成本,是指只能由某一特定方案或产品承担的成本,与其他方案或产品无关。专属成本是评估不同方案经济效益的重要依据。在决策过程中,企业需要识别并计算各方案的专属成本,以便准确评估各方案的优劣。

(6)差量成本,是指两个或多个备选方案之间预期成本的差异数。差量成本是评估不同方案经济效益差异的重要指标。在决策过程中,企业需要计算并比较各方案的差量成本,以确定最优方案。

(7)可避免成本,是指企业通过选择某一方案而可以避免发生的成本。可避免成本是评估方案经济效益的重要方面。在决策过程中,企业需要识别并计算各方案的可避免成本,以便选择那些能够降低成本、提高经济效益的方案。

(8)可延缓成本,是指企业在未来某个时间点之前可以推迟支付或发生的成本。可延缓成本为企业提供了更多的决策灵活性。在决策过程中,企业需要综合考虑可延缓成本的时间价值和未来支付能力,以确定最佳的支付策略。

(二)不相关成本

在短期经营决策中,除了相关成本外,还存在一些与决策无关的成本,即不相关成本。这些成本在决策过程中不应被考虑,因为它们不会对决策结果产生实质性影响。以下是几种常见的不相关成本。

(1)沉没成本。沉没成本是指已经发生且无法回收的成本。这些成本通常与过去的决策相关，但与当前或未来的决策无关。因此，在短期经营决策中，沉没成本不应被纳入考虑范围。例如，企业已经购买的旧设备或已经支付但无法退回的租金等，都属于沉没成本。

（2）无差别成本。无差别成本是指在不同备选方案之间保持不变的成本。这些成本不会因方案的选择而发生变化，因此对决策结果没有实质性影响。在决策过程中，企业可以忽略这些无差别成本，因为它们不会改变不同方案之间的经济效益比较。

（3）共同成本。共同成本是指由多个产品或方案共同承担的成本。这些成本通常无法直接归属于某一特定产品或方案，因此在决策过程中不应被单独考虑。相反，企业应采用适当的方法（如分摊法）将这些共同成本分配到各个产品或方案中，以便进行更准确的比较和评估。

（4）不可避免成本。不可避免成本是指无论选择哪个方案都会发生的成本。这些成本是固定的，不会因方案的选择而发生变化。因此，在短期经营决策中，这些成本不应被纳入考虑范围，因为它们不会对决策结果产生实质性影响。然而，需要注意的是，虽然这些成本是不可避免的，但企业仍然可以通过优化生产流程、提高生产效率等方式来降低这些成本。

（5）不可延缓成本。不可延缓成本是指必须立即支付或发生的成本，无法推迟到未来某个时间点。这些成本通常与企业的日常运营活动相关，如员工工资、水电费用等。在短期经营决策中，虽然这些成本是必需的，但它们不应被纳入决策过程的考虑范围，因为它们与不同方案之间的经济效益比较无关。然而，企业需要确保有足够的资金来支付这些不可延缓的成本，以确保生产经营活动的顺利进行。

四、Excel 高阶应用——窗体工具的应用

1. 概述

窗体是指 Excel 自带的高阶工具，是可用于辅助分析的实用工具。

2. 类型

在成本分析的应用场景中，窗体设计展现出多样化的形式，其中常用的组件类型包括滚动条、微调项、组合框和复选框等。这些元素不仅丰富了用户交互体验，还极大地提升了数据输入的便捷性和准确性，如图 8-1 所示。

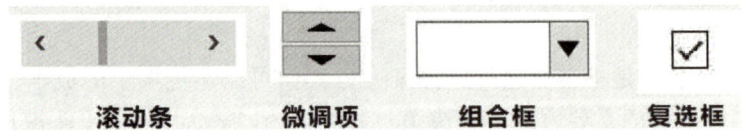

图 8-1　Excel 高阶工具

1. 任务描述

雅韵美妍化妆品有限公司专注于化妆品的研发、生产和销售，其产品类别包括护肤类产品和彩妆类产品。当化妆品与电商相结合时，就形成了化妆品电商这一特殊领域。早年，化妆品毛利十分可观，凭借其高毛利在市场中占据优势地位。随后，电商的崛起为化妆品电商带来了前所未有的发展机遇，电商通过市场的广泛拓展、提供便捷高效的购物体

项目八 成本管理视角下的产品经营策略认知

验以及实施精准营销策略极大地推动了该领域的快速增长。

然而,随着市场竞争的日益激烈、消费者需求的多样化以及政策监管力度的不断加强,化妆品电商领域的发展步伐逐渐放缓,面对这一挑战,公司需重新审视并调整其生产决策与定价策略。

已知公司深耕护肤与彩妆两大领域,其中,护肤类产品以其强功能属性为核心,因此研发周期较长、成本性较高,且因注重长期效果与安全性验证,市场反馈周期长、定价受限,目前面临盈利挑战。然而,作为公司的根基,公司仍坚定维持护肤产品线。而与护肤类产品相比,彩妆类产品凭借简洁的材料工艺与创意包装策略,如公司的主打产品,有着国风元素加持的"黛色倾城"眉笔高价热销,有效平衡了产品结构,为市场注入新活力,展现了差异化竞争与盈利增长点。

2. 任务分析

Excel 高阶应用为雅韵美妍化妆品有限公司提供了强大的数据处理与分析能力,助力公司在化妆品电商领域应对挑战、优化决策。通过 Excel,公司能够整合护肤与彩妆两大领域的产品数据,深入分析市场需求、消费者偏好及政策影响,为生产决策提供科学依据。同时,利用 Excel 的高阶功能,公司可以对护肤类产品的长研发周期和成本进行精细管理,优化定价策略,以应对市场反馈周期长的挑战。而对于彩妆类产品,Excel 则能帮助公司分析销售数据,识别热销产品及其背后的创意包装策略,从而进一步挖掘差异化竞争的潜力。总之,Excel 高阶应用是雅韵美妍化妆品有限公司在复杂市场环境中提升竞争力、实现可持续发展的有力工具。

3. 任务实训

步骤一:获取答题卡。

从实训界面获取数据,下载"短期经营决策-答题卡"附件,如图 8-2 所示。

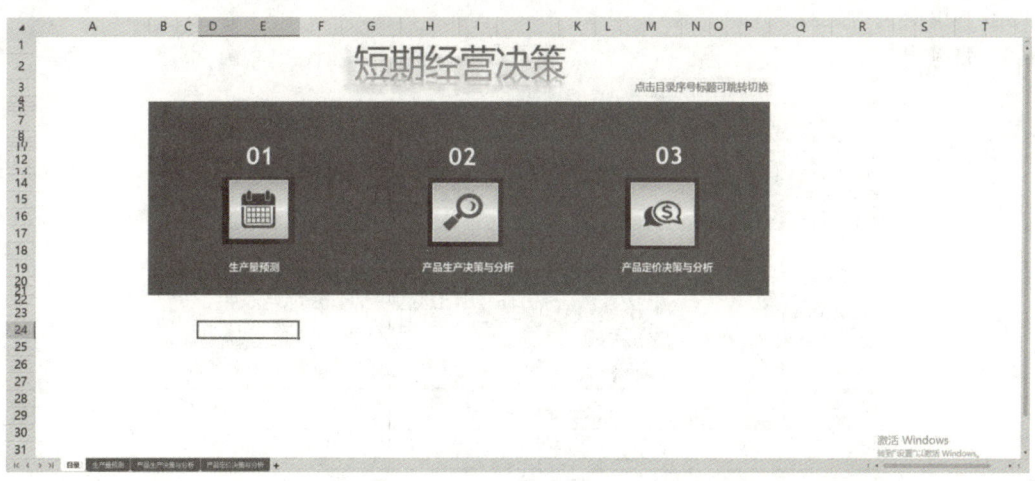

图 8-2 短期经营决策-答题卡封面

步骤二:运行 Excel 卡。

1)生产量预测

打开"生产量预测值工作簿",在该页签中的单元格区域(D12:G12),输入数组公式"=

D8＋E8＊D10;G10＋F8＊D11;G11",按回车键,即可得到 Excel 运行结果,如图 8-3 所示。

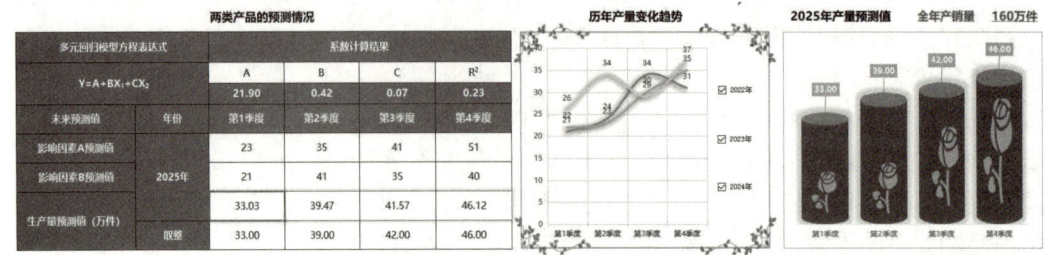

图 8-3　生产量预测表运行结果

由 Excel 运行结果可以快速看出,2025 年预计全年产销量 160 万件,其中,第一季度 33 万件,第二季度 39 万件,第三季度 42 万件,第四季度 46 万件。

2) 产品生产决策与分析

在生产量预测的基础上,打开"产品生产决策与分析工作簿",按照以下步骤依次调整 Excel。

(1) 调整后单位成本水平:在该页签的单元格 E10,输入公式"＝(U23－Q23)/Q23"。

(2) 是否停产:在该页签,根据题意的需求,在单元格 E12 点击下拉框进行选择。

(3) 是否增产:在该页签,根据题意的需求,在单元格 E14 点击下拉框进行选择。

(4) 投资购置设备选择:在该页签,根据题意的需求,在单元格 E16 点击下拉框进行选择。

(5) 提高生产效率的措施-提高总体产出工时:在该页签,根据题意的需求,在单元格 I17 点击下拉框进行选择。

(6) 提高生产效率的措施-减少挡产工时:在该页签,根据题意的需求,在单元格 I18 点击下拉框进行选择。

即可得到 Excel 运行结果,如图 8-4 和图 8-5 所示。

生产计划部署			
预计税前营业利润	护肤类产品	彩妆类产品	合计
按原生产计划	-60.00	440.00	380.00

考虑停产或增产计划		预计税前营业利润
调整后单位成本水平	-4.31%	
调整一:彩妆类产品按原计划生产,考虑护肤类产品的停产问题		
护肤类产品	是否停产　否	380.00
调整二:护肤类产品按原计划生产,考虑彩妆类产品的增产问题		
彩妆类产品	是否增产　是	532.00
	实现增产比例　5.00%	
	投资购置设备　70	
	预计使用年限　5	
	增加年固定成本　14	

图 8-4　生产计划部署情况运行结果

项目八 成本管理视角下的产品经营策略认知

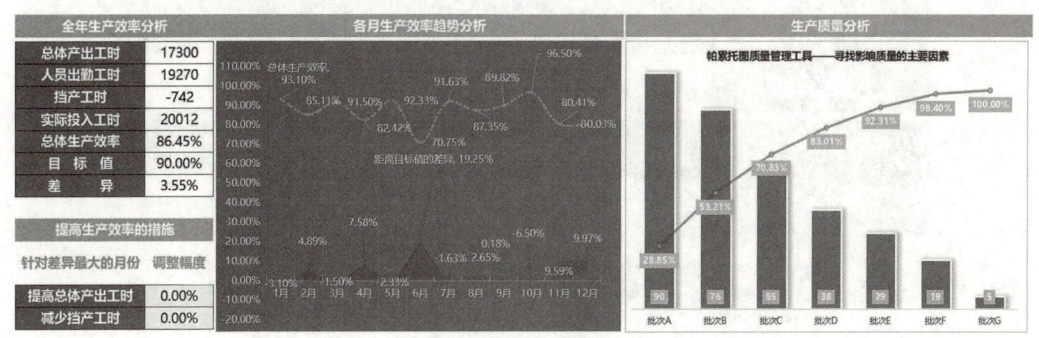

图 8-5 产品生产决策与分析表运行结果

根据需要调整输入内容,即可由 Excel 运行结果快速看出:若既不考虑对护肤类产品进行停产,也不考虑对彩妆类产品进行增产,则 2025 年预计整体税前营业利润为 380 万元;若在原生产计划基础上,投资购置一台价值 60 万元的设备,产品能实现增产 2%,则 2025 年预计整体税前营业利润为 451 万元;为了最大化 2025 年的预计整体税前营业利润,在原生产计划的基础上,最佳选择是投资购置一台 70 万元的设备等。

3)产品定价决策与分析

在生产量预测和产品生产决策的基础上,打开"产品定价决策与分析",按照以下步骤依次调整数据表。

(1)竞争公司-产品售价降幅:在该页签,根据题意的需求,在单元格 L5 点击下拉框进行选择。

(2)本公司-产品售价降幅:在该页签,根据题意的需求,在单元格 L8 点击下拉框进行选择。

即可得到 Excel 运行结果,如图 8-6 和图 8-7 所示。

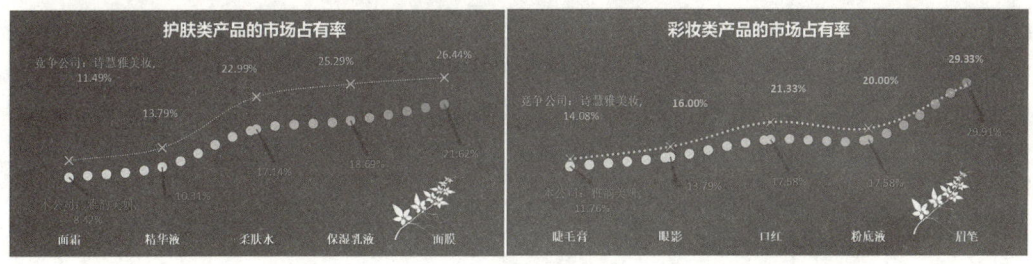

图 8-6 护肤类产品和彩妆类产品的市场占有率运行结果

根据需要调整输入内容,即可由 Excel 运行可视化结果:若在原生产计划的基础上,选择最大化 2025 年的预计整体税前营业利润的购置方案,则调整后单位成本水平为 −4.31%,此时彩妆类产品增产后成本水平为 34.45 元/件,而该类产品的整体价格水平大于增产后成本水平,说明在没有与竞争对手比价之前,目前维持该售价能确保有可观的盈利。进一步与竞争对手比价后发现,竞争对手诗慧雅美妆公司在调整定价前,其王牌产品眉笔的市场占有率为 27.4%,即除王牌产品眉笔外,其他产品的市场占有率均低于我司。但诗慧雅美妆公司依旧很重视这个问题并进行了定价调整计划,将该王牌产品售价

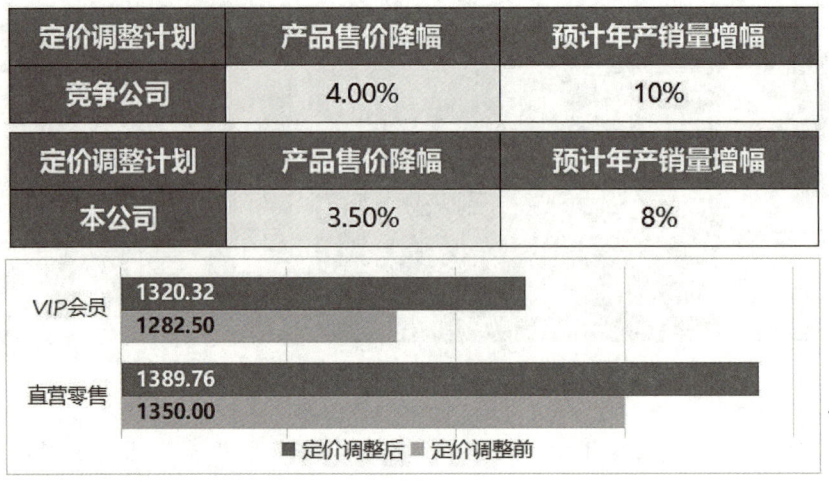

图 8-7 定价调整计划

降低 4%,能为该产品实现预计年产销量增幅为 10%。此时雅韵美妍若不采取定价调整计划,则王牌产品眉笔的市场占有率将被竞争公司超越。为此,雅韵美妍决定将王牌产品眉笔的售价降低 3.5%,才能避免其市场占有率不被竞争公司超越。

 决策赋能

通过以上任务训练可以看出,利用 Excel 高阶应用可以显著提升雅韵美妍化妆品有限公司在化妆品电商领域的决策效率与精准度。Excel 不仅为公司提供了强大的数据处理与分析能力,还助力公司在复杂多变的市场环境中作出更加科学合理的决策。在生产量预测方面,Excel 能够准确预测未来各季度的产销量,为公司制订生产计划提供可靠依据。在产品生产决策与分析中,Excel 通过精细管理单位成本、停产与增产决策、设备投资选择以及提高生产效率的措施,帮助公司优化生产结构,提升盈利能力。同时,在产品定价决策与分析中,Excel 能够帮助公司迅速响应市场变化,通过调整售价降幅来应对竞争对手的挑战,确保公司产品的市场占有率与盈利能力。

项目八任务一习题

任务二　走近成本管理与生产定价决策

 思维引例

小李是一家中小型制造企业的生产经理,近期市场环境动荡,原材料价格不断攀升,而产品需求却呈现出不确定的态势。面对这种困境,企业的利润空间被大幅压缩,甚至部分产品线出现了亏损的迹象。为了确保企业的持续运营和盈利能力,小李意识到必须重新审视现有的产品生产决策和定价策略。

他深知,仅凭过去的经验和直觉已无法应对当前的市场挑战。于是,他决定引入成本管理与生产定价决策的科学方法,并借助 Power BI 这一强大的数据可视化工具,深入分析产品的成本结构,优化生产流程。通过 Power BI,小李可以直观地看到各项成本数据的变动趋势,从而更准确地判断哪些环节存在节约成本的潜力。同时,结合市场需求和竞争态势,他利用 Power BI 进行数据分析和预测,制定了合理的定价策略。

思考:Power BI 的哪些功能对小李制定精准的生产和定价策略特别有帮助?

任务导入

本任务的主要内容包括:

(1)了解产品生产决策、定价方法及成本管理视角下的生产与定价战略,涵盖多个应用场景和策略,以优化企业运营。

(2)通过 Power BI 数据可视化技术,更高效地分析关键指标未达标的影响因素,为企业的决策提供更加精准的数据支持。

知识准备

一、产品生产决策的基础

(一)基本定义

产品生产决策是指在产品生产领域中,企业围绕如何利用现有人、财、物等资源,对是否生产、生产什么、怎样生产以及生产多少等问题进行的短期营运决策。

这一决策旨在使企业的现有资源达到最有效的配置,提高资源利用效率,增强价值创造力,最终实现企业的营运目标和经济效益最大化。

(二)关注点

1. 生产什么

这是产品生产决策的首要问题,企业需要根据市场需求、自身资源和技术能力等因素,确定生产哪种产品或产品组合。

2. 怎么生产

确定生产方法,包括生产流程、生产工艺、生产设备等方面的选择,以确保产品质量和生产效率。

3. 生产多少

确定生产数量,即企业需要生产多少产品或产品组合,以满足市场需求并实现经济效益最大化。

二、产品生产决策应用场景

在产品的生产决策中,常见的一些应用场景主要包括以下五类。

1. 亏损产品是否需要停产

决策原则:

$$边际贡献 = 销售收入 - 变动成本$$

对于亏损产品,企业需要进行详细的市场调研和财务分析,以确定是否继续生产该产

课件 21:项目八任务二成本管理与生产定价决策

微课 08 产品生产决策应用场景

品。如果该产品是政策性亏损产品,或虽然亏损但销售收入大于变动成本(即边际贡献为正),且符合企业战略目标,那么可以考虑继续生产。反之,如果该产品无法转产其他有市场销路的产品,且销售收入小于变动成本,那么停产可能是更好的选择。

2. 零部件自制与外购的决策

在零部件自制与外购的决策中,企业需要综合考虑两种方案的相关成本,选择相关成本孰低的方案。

(1) 企业有剩余生产能力且无法转移,不需要追加设备投资,只需要考虑变动成本。

(2) 企业有剩余生产能力且无法转移,需要追加设备投资,还需要考虑因需要追加新设备投资的而增加的专属成本。

(3) 企业有剩余生产能力且可以转移,还需要考虑有剩余生产能力的机会成本。

3. 特殊订单是否接受的决策

决策原则:

$$接受订单增加的相关损益 = 订单所提供的边际贡献 - 该订单所引起的相关成本$$

接受订单增加的相关损益>0时,可接受订单。

在决定是否接受特殊订单时,企业需要综合考虑订单价格、生产成本、产能利用率、风险评估、其他机会成本以及公司的战略目标等因素。如果特殊订单的价格能够覆盖生产成本并带来一定的利润,且不会影响正常订单的生产进度和产能利用率,同时符合公司战略目标,那么可以考虑接受。反之,如果特殊订单的价格无法覆盖生产成本或带来亏损,或者会影响正常订单的生产进度和产能利用率,那么应拒绝接受。

4. 约束资源最优利用决策

约束资源,是指制约企业实现生产经营目标的资源,也称最紧缺资源。因资源有限,企业需要决策优先生产哪种产品,才能最大限度地利用好约束资源,让企业产生最大的经济效益,即如何安排生产才能最大化企业的总的边际贡献。

决策原则:

$$单位约束资源边际贡献 = 单位产品边际贡献 \div 该单位产品耗用的约束资源量$$

优先安排单位约束资源边际贡献最大的方案。

5. 出售或深加工决策

对于某些产品,企业需要在出售和深加工之间进行选择。这取决于产品的市场需求、销售价格、加工成本以及深加工后的增值潜力等因素。在这类决策中,进一步深加工前的半成品成本属于沉没成本。因为无论是否深加工,这些成本都已经发生而不能改变。相关成本只应该包括进一步深加工所需的追加成本以及因深加工可能产生的其他额外成本,如专属设备折旧、额外的人工费用等,而相关收入则是加工后出售和直接出售的收入之差。

$$深加工的相关收入 = 加工后出售收入 - 直接出售收入$$

深加工的相关成本,主要考虑变动成本、专属成本、机会成本等因素。

$$差额利润 = 深加工的相关收入 - 深加工的相关成本$$

当差额利润>0时,应进一步深加工该产品,否则应该直接出售该产品。

如果市场需求旺盛,销售价格高,且加工成本相对较低,那么企业可以选择深加工以增加产品附加值。反之,如果市场需求不足,销售价格低,或加工成本高且深加工后的增值潜力有限,那么企业应选择出售原产品以获取现金流。

项目八思维导图

三、产品定价决策的基础

产品定价决策是指企业为实现其定价目标而科学合理地确定商品的最合适价格的过程。这一决策在企业的生产经营活动中占据重要地位,因为价格不仅直接影响产品的销售量和销售收入,还间接关系到企业的单位销售成本和销售利润。

1. 定价目标

定价目标是企业在制定价格策略时首先需要考虑的因素,这些目标可能包括增加盈利、扩大市场份额、维持品牌形象、应对竞争等。企业根据自身的经营战略和市场环境选择适合的定价目标,并据此制定具体的定价策略。

2. 定价基础

产品定价决策的基础主要包括成本因素和供求规律因素。

(1) 成本因素。企业需要考虑产品的生产研发等成本,它包括产品的生产成本(如原材料、人工、设备等费用)以及营销、分销等与销售相关的费用,以确保价格能够覆盖这些成本并产生一定的利润。

(2) 供求规律因素。供求规律是市场经济中决定产品价格的重要法则。它表明,在自由市场上,产品价格由供给和需求双方的力量共同决定。

企业需要根据市场需求和供给情况,运用边际收入等于或接近于边际成本时利润最大的原则,来确定最优价格。

四、产品的定价方法

企业在制定产品价格时,需综合考虑市场需求、成本结构、竞争态势、消费者心理及企业战略目标等多方面因素,采用合适的定价方法,以确保产品价格既能体现产品价值,又能满足市场需求,同时实现企业利润最大化。

(一) 需求导向定价法

需求导向定价法强调以市场需求为中心,根据消费者对产品价值的认知和支付意愿来确定价格。这种方法要求企业深入了解目标市场的消费者需求、购买偏好和支付能力,通过市场调研、消费者调查等方式收集数据,分析消费者对产品特性的重视程度和价格敏感度,从而制定出既能满足消费者需求又能实现企业利润的价格策略。

(二) 成本基础定价法

成本基础定价法以产品成本为基础,加上一定的利润或费用来确定产品价格。这种方法的核心在于确保企业能够覆盖成本并获得合理的利润。

1. 成本加成定价法

(1) 计算公式可以是在成本的基础上加上相关利润等的基本公式:

产品的目标价格 = 单位产品的制造成本 + 非制造成本及合理利润(考虑完全成本)

产品的目标价格 = 单位变动成本 + 固定成本和预期利润(考虑变动成本)

(2) 计算公式也可以是结合成本利润率、销售利润率等指标的变形公式：

成本利润率定价法：产品的目标价格 = 单位产品成本 × (1 + 成本利润率)

销售利润率定价法：产品的目标价格 = 单位产品成本 ÷ (1 − 销售利润率)

2. 保本点定价法

保本点定价法是根据产品的固定成本、变动成本和预期销售量来确定产品价格，以确保企业至少能够收回成本的方法。这种方法适用于市场需求不确定或产品生命周期较短的情况，通过设定保本价格来降低经营风险。

计算公式：

单位产品价格(不含税) = (单位固定成本 + 单位变动成本)/(1 − 适用税率)

3. 目标利润定价法

目标利润定价法是根据企业设定的目标利润和预期销售量来确定产品价格的方法。这种方法要求企业先明确销售目标、成本结构和预期利润，然后结合市场竞争状况来制定价格策略。通过设定合理的价格水平，企业可以在实现销售目标的同时，确保获得预期的利润。

计算公式：

单位产品价格(不含税) = (单位目标利润 + 单位固定成本 + 单位变动成本)/(1 − 适用税率)

(三) 竞争参照定价法

竞争参照定价法根据市场上同类产品的价格来制定产品价格。这种方法要求企业密切关注竞争对手的定价策略、市场份额和消费者反馈，通过比较和分析来制定具有竞争力的价格策略。通过设定与竞争对手相似的价格水平或提供更具吸引力的价格优惠，企业可以在市场上获得更大的竞争优势。

(四) 价值感知定价法

价值感知定价法根据消费者对产品价值的认知来制定产品价格。这种方法强调产品的独特性和消费者对产品价值的认可程度。企业需要通过市场调研和消费者调查来了解消费者对产品特性的重视程度和价格敏感度，然后根据这些信息来制定价格策略。通过设定与消费者感知价值相匹配的价格水平，企业可以提高消费者的购买意愿和忠诚度。

(五) 优惠定价策略

优惠定价策略通过提供折扣、促销等方式来吸引消费者购买产品。这种方法常用于促销季节、新品上市或清理库存时。通过设定具有吸引力的优惠价格或提供额外的增值服务(如赠品、免费安装等)，企业可以刺激消费者的购买欲望，提高销售量。

(六) 季节性定价法

季节性定价法根据产品的季节性需求来制定产品价格。例如，在旅游旺季时，酒店和机票价格通常会上涨；而在淡季时，价格则会下降。通过设定与季节性需求相匹配的价格水平，企业可以平衡供求关系，提高运营效率。

(七) 组合套餐定价法

组合套餐定价法将多种产品组合在一起，以低于单独购买的价格出售。这种方法可以刺激消费者的购买欲望，提高销售量。通过设定合理的套餐价格和组合方式，企业可以满足消费者的多样化需求，同时提高产品的附加值。

(八) 心理战术定价法

心理战术定价法利用消费者的心理特征来制定产品价格。例如,将价格设定为99元而不是100元,可以给消费者留下更便宜的印象;或者通过设定"原价"和"折扣价"来营造促销氛围,激发消费者的购买欲望。这种方法要求企业深入了解消费者的心理需求和购买行为,通过设定合理的价格策略来引导消费者的购买决策。

(九) 高端奢华定价法

高端奢华定价法将产品价格设定在较高水平,以体现产品的奢华和独特性。这种方法常用于高端奢侈品市场,如名表、珠宝、高端服装等。通过设定高价,企业可以塑造品牌形象,提高产品附加值,并吸引追求高品质生活的消费者。

(十) 市场份额扩张定价法

市场份额扩张定价法通过设定具有竞争力的价格来扩大市场份额。这种方法适用于市场竞争激烈、消费者价格敏感度较高的情况。通过设定低于竞争对手的价格水平或提供更具吸引力的价格优惠,企业可以吸引更多消费者购买产品,从而增加销售量并提高市场份额。然而,这种方法也可能导致企业利润下降,因此,企业需要在长期利益和短期利益之间作出权衡。

五、成本管理视角下产品生产与定价战略

从成本管理的视角出发,产品生产与定价战略可以围绕成本控制、成本预测、成本优化以及市场需求与竞争状况等多个维度来制定。以下是一些基于成本管理的产品生产与定价战略。

(一) 成本领先战略

1. 产品生产方面

成本领先战略的核心在于通过一系列的成本控制措施,确保产品在市场上的成本竞争优势。在产品生产环节,企业会采用高效的生产流程和技术,如自动化生产线、精益生产等,以提高生产效率并减少资源浪费。同时,企业会与供应商建立长期合作关系,争取更有利的采购价格,进一步降低原材料成本。此外,企业还会严格控制内部管理成本,如优化组织架构、减少不必要的开支等,确保整体成本控制在较低水平。

2. 定价战略方面

在定价策略上,实施成本领先战略的企业会基于其成本优势,设定相对较低的价格来吸引消费者。由于生产成本较低,企业能够在保持一定利润的同时,提供比竞争对手更具竞争力的价格。这种定价策略有助于企业迅速扩大市场份额,提高销量,并通过规模经济效应进一步降低成本,形成良性循环。同时,企业也会密切关注市场动态和竞争对手的定价策略,灵活调整价格以保持竞争优势。

(二) 差异化战略

1. 产品生产方面

差异化战略注重产品的独特性和创新性,以满足消费者的个性化需求。在产品生产环节,企业会投入大量资源进行产品研发和设计,以确保产品在功能、品质、外观等方面具有独特性。企业会与研发机构、设计师等合作,共同开发出具有市场竞争力的新产品。同时,企业还会注重产品质量和性能的提升,通过严格的品质控制和测试,确保产品能够满

足消费者的期望和需求。

2. 定价战略方面

在定价策略上,实施差异化战略的企业会基于其产品的独特性和高品质,设定相对较高的价格。由于产品具有独特性,消费者愿意为其支付更高的价格。这种定价策略有助于企业保持较高的利润率,并提升品牌形象和市场地位。同时,企业也会通过营销手段强调产品的独特性和高品质,增强消费者对产品的认知和信任度,从而提高产品的市场竞争力。

(三) 成本与市场需求平衡战略

1. 产品生产方面

成本与市场需求平衡战略强调在满足市场需求的同时,控制产品成本。在产品生产环节,企业会根据市场需求的变化灵活调整生产策略。当市场需求旺盛时,企业会增加产量以满足市场需求;当市场需求低迷时,企业会减少产量以降低库存成本。同时,企业还会注重产品组合的优化,通过调整不同产品的生产比例和销售渠道,以实现成本效益最大化。

2. 定价战略方面

在定价策略上,实施成本与市场需求平衡战略的企业会根据市场需求和成本情况来制定价格。当市场需求旺盛时,企业可能会适当提高价格以获取更高的利润;当市场需求低迷时,企业可能会降低价格以刺激销量。这种定价策略有助于企业保持灵活性和市场竞争力,同时实现盈利目标。企业还会密切关注市场动态和竞争对手的定价策略,灵活调整价格以保持竞争优势。

(四) 成本控制系统优化战略

1. 产品生产方面

成本控制系统优化战略的核心在于通过优化成本控制系统来降低产品成本。在产品生产环节,企业会采用先进的成本管理方法和工具,如作业成本法、目标成本法等,来精确核算和控制产品成本。企业会建立成本数据库和成本分析模型,对生产过程中的各项成本进行实时监控和分析,以便及时发现成本问题和潜在风险。同时,企业还会加强与生产部门的沟通和协作,共同制定成本控制措施和改进方案。

2. 定价战略方面

项目八任务二习题

在定价策略上,实施成本控制系统优化战略的企业会基于其优化后的成本数据来制定价格。由于成本控制系统较为完善,企业能够更准确地了解产品成本和市场情况,从而制定出更具竞争力的价格策略。这种定价策略有助于企业提高盈利能力,并增强市场竞争力。同时,企业还会根据市场需求和竞争对手的定价策略灵活调整价格,以保持竞争优势和市场份额。

六、Power BI 数据可视化

分析关键指标未达标的影响因素——逐层钻取的图表可视化分析。

(一) 基本原理

钻取,简单来说,就是改变维的层次,变换分析的粒度。它包括向上钻取(drillup)和向下钻取(drilldown)两种操作。向上钻取是通过减少维数,将低层次的细节数据概括为高层次的汇总数据,从而在更大的粒度上查看数据信息;向下钻取则是增加新的维数,从汇总数据深入细节数据,在更小的粒度上观察和分析数据信息。

项目八　成本管理视角下的产品经营策略认知

（二）钻取的作用

在 Power BI 中，用户可以通过点击视觉对象（如矩阵树状图、柱形图、地图、折线图等）上的特定图标或按钮来实现钻取操作。通过钻取功能，用户可以在不同的粒度间快速切换，从而更高效地分析数据。

任务训练

数智融合——用 Power BI 作出成本管理与生产定价决策

1. 任务描述

未来家居科技有限公司（以下简称"未来家居"）总部位于中国科技创新之都——深圳，在全球范围内设有研发中心、生产基地及客户服务网络，旨在为全球家庭提供智能化、个性化、便捷化的家居生活解决方案。未来家居匠心打造的综合性智能家居系统，融合了全方位的全屋智能定制服务和灵活的半智能定制服务这两种新商业模式，旨在满足不同客户的个性化需求。

商业模式一：全方位的全屋智能定制服务。

在该模式下，未来家居旨在提供全方位的全屋智能定制服务，即客户无需另行选购控制设备系统，公司的智能家电与智能系统完美融合，一站式解决家居智能化需求，让家的每一个角落都充满智慧与便捷。

商业模式二：灵活的半智能定制服务。

针对已有家电设备的客户，未来家居推出了灵活的半智能定制模式。在此模式下，客户可保留自己心仪的家电，而公司的智能家居系统则作为智能桥梁，通过高科技手段（即购买设备控制系统）与这些家电实现无缝对接与智能联动。一些市面上常见厂商的家电品牌，都能在公司智能系统下焕发新生，与公司智能系统共同打造一个高效、舒适的智能家居生活场景。

目前，公司需要用 Power BI 快速搭建一个成本效益与产品经营策略的驾驶舱，聚焦智能家居原有系列与新品系列。其目标是精准分析成本结构、利润空间和市场需求，以数据驱动决策，优化定价和产销策略，提升整体竞争力。

2. 任务分析

Power BI 为未来家居提供了强大的数据分析与可视化工具，助力企业快速搭建成本效益与产品经营策略的驾驶舱。通过 Power BI，企业能够精准分析智能家居原有系列与新品系列的成本结构，深入挖掘各项成本构成，为优化成本控制提供有力支持。同时，Power BI 还能帮助企业分析利润空间，通过对比不同产品系列的盈利能力，为优化定价策略提供科学依据。

此外，Power BI 还能实时追踪市场需求变化，通过数据分析洞察消费者偏好与购买行为，为企业的产销策略调整提供及时准确的信息。这种以数据驱动决策的方式，能够显著提升企业的决策效率与准确性，进而优化资源配置，提升整体竞争力。

3. 任务实训

（1）观察"成本效益分析"看板，显示结果如图 8-8 所示，即可读取直接信息。

189

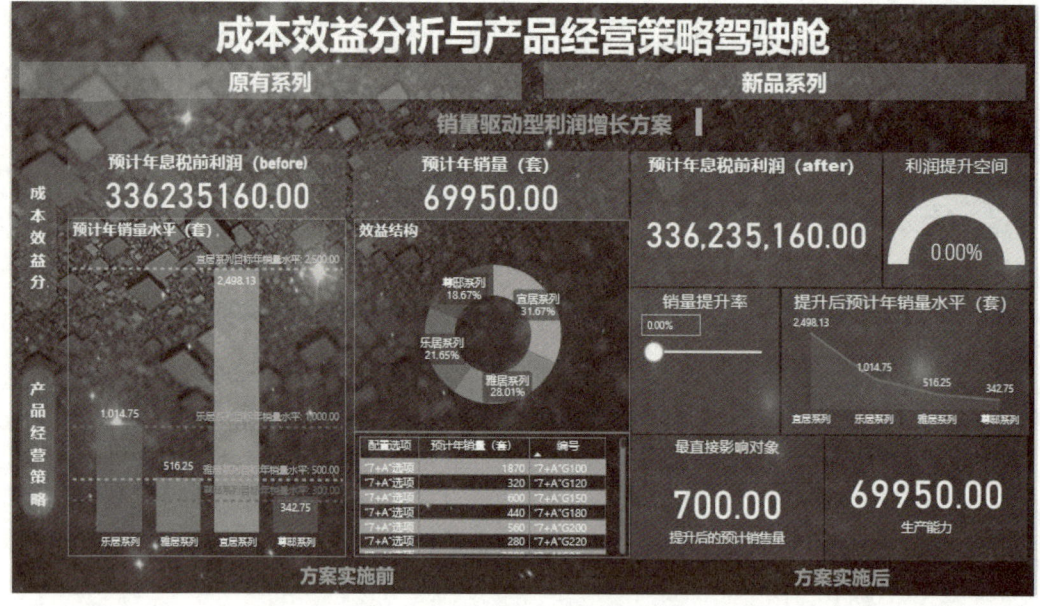

图 8-8 "成本效益分析"看板显示结果

通过大屏,可以快速得到可视化结果如:预计年销量为 69 950 套;预计息税前利润可达 336 235 160 元;在智能家居的原有系列中,预计年销量均值低于目标年销量水平的是宜居系列;预计年销量水平低于 1 000 套的有 2 个系列,分别是"雅居系列"和"尊邸系列"。

(2)在"原有系列-成本效益分析"的看板页签中,借助 Power BI 钻取功能,对柱形图进行以下逐层钻取与分析,产品档次层可视化结果如图 8-9 所示。

向下钻取一级至产品档次,可知进口档的预计年销量均值较低,且低于目标年销量水平。此后,进一步钻取至"配置"层,配置层可视化结果如图 8-10 所示。

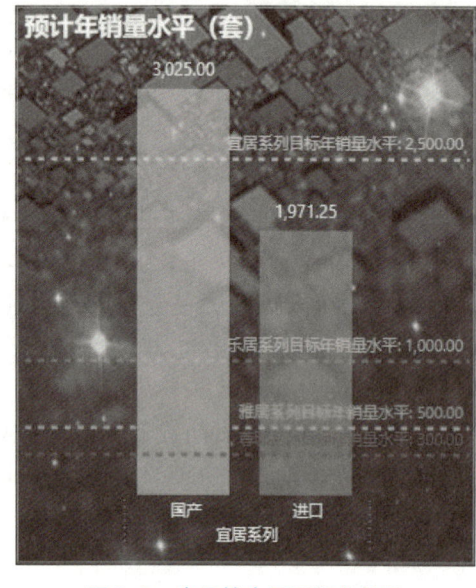

图 8-9 产品档次层可视化结果

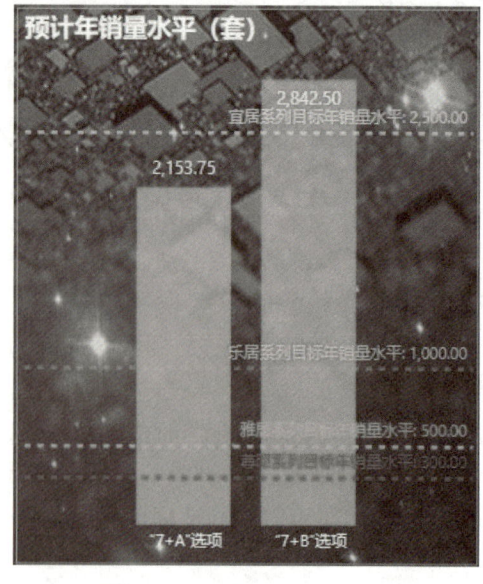

图 8-10 配置层可视化结果

向下钻取一级至产品配置,"7+A"配置的预计年销量均值较低,且同样未达目标年销量水平。

(3) 在"原有系列-成本效益分析"的看板页签中,根据公司设置的"最直接影响对象的销量提升率"调整输入数据并读取看板内容,当销量提升率为3%时看板显示内容如图8-11所示。

通过修改输入"销量提升率"读取不同条件下的可视化结果,如若将最直接影响对象的预计年销量提高5%,不仅能确保系列年销量超过目标,还能实现年息税前利润达到336 532 660元,显著增强盈利能力;若将最直接影响对象的预计年销量提高8%,此举措下,该对象的预计销售量将增至756套,为整体业绩带来最佳增长潜力等。

(4) 在智能家居与地产方的合作项目中,地产方想追加一批80 m²"7+A"选项国产档次的"乐居系列"的智能家居订单,但是只愿意出价每套450元。已知"乐居系列"最大生产能力为1 800套,目前预计正常订货量为1 480套,单价为475元,单位变动成本为396元,根据已知内容调整"产品经营性而略看板",观察可视化结果,可视化看板-是否接受订单如图8-12所示。

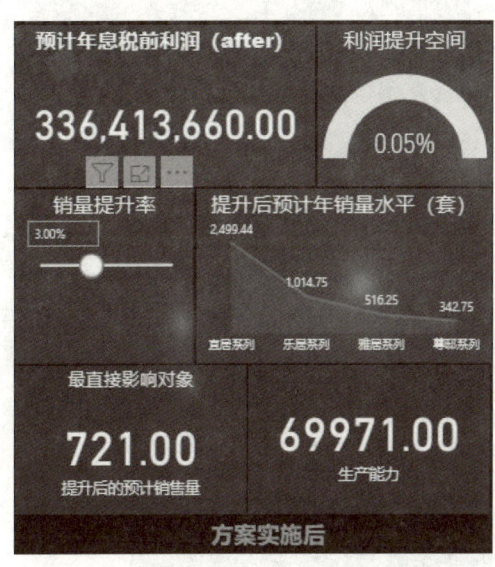

图8-11 当销量提升率为3%时看板显示内容

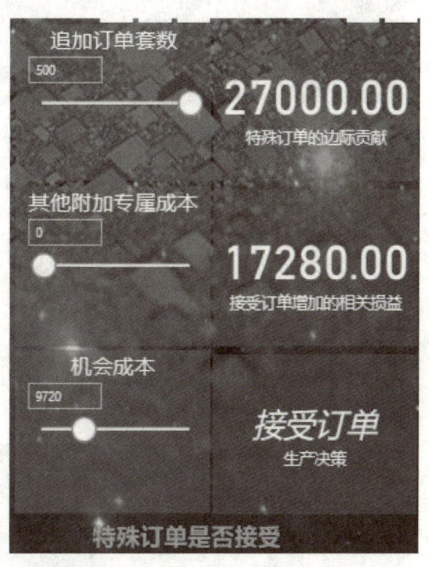

图8-12 可视化看板-是否接受订单

调整"产品经营性战略看板"由生产决策版面读出是否能够接受订单。该版面接受订单增加的相关损益=27 000−0−9 720=17 280,为正值,所以能够接受订单。

(5) 在资源有限的情况下,针对共用同一机器设备的两款智能家电,根据实际情况调整"生产效率提升幅度",观察可视化结果,可视化看板-约束资源最优利用如图8-13所示。

通过以上大屏,可以快速得到可视化结果如:在原生产条件下,该企业能产生的最大总边际贡献为1 250 000元。

(6) 在"原有系列-产品经营策略-产品生产决策"的看板页签中,根据题意输入对应的参数,得到可视化结果,可视化看板-深加工决策如图8-14所示。

通过以上大屏，可以快速得到可视化结果如：当加工件数为 10 000 件，专属成本为 50 000 元时，应作出深加工决策。

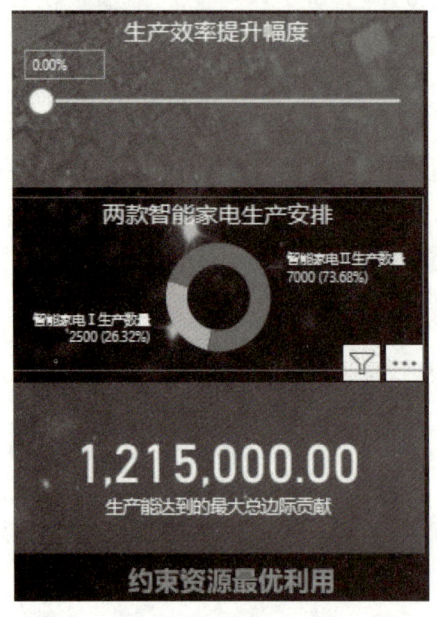

图 8-13　可视化看板-约束资源最优利用

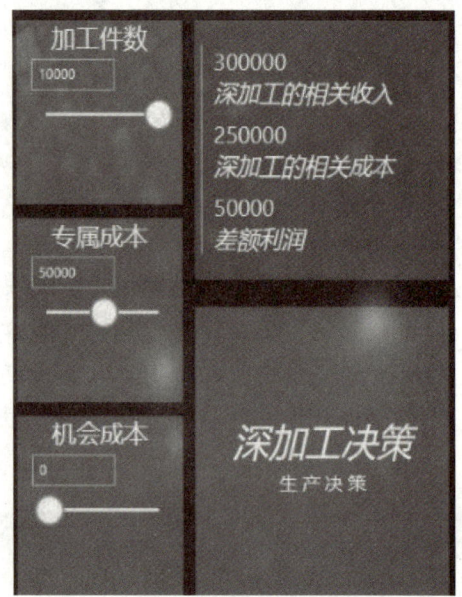

图 8-14　可视化看板-深加工决策

（7）已知针对"豪庭系列"生产必需的关键零部件 X-LAN 预计每年需要制造 10 000 万个，外购进口的成本为 58 元/个，（假设不考虑进口环节的相关税费），结合"智能化成本核算与管理实训"平台上国产自主研发关键零部件 X-LAN 的相关资料进行数据分析，在"新品系列"的看板页签中，根据题意输入对应的参数，即可快速得到可视化结果，可视化看板-零部件自制还是外购如图 8-15 所示。

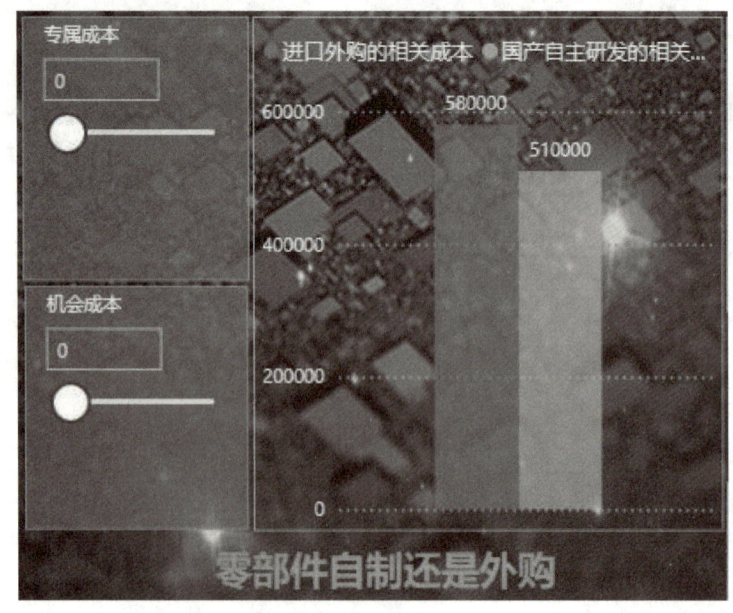

图 8-15　可视化看板-零部件自制还是外购

通过以上大屏,可以快速得到可视化结果:若公司具备生产 10 000 万个关键零部件 X-LAN 的生产能力,且无法转移时,则不需要追加设备投资。

(8)假设到了 2026 年,随着新品系列融入市场一年,公司正式宣布其成为第五大核心系列产品。为避免其预计整体税前营业利润急剧下降产生重大损失,公司需要作出决策——是否将短期内作为新品研发的"豪庭系列"停产。在"新品系列"的看板页签中,根据相关资料输入参数"是"与"否",可视化看板-是否需要停产如图 8-16 所示。

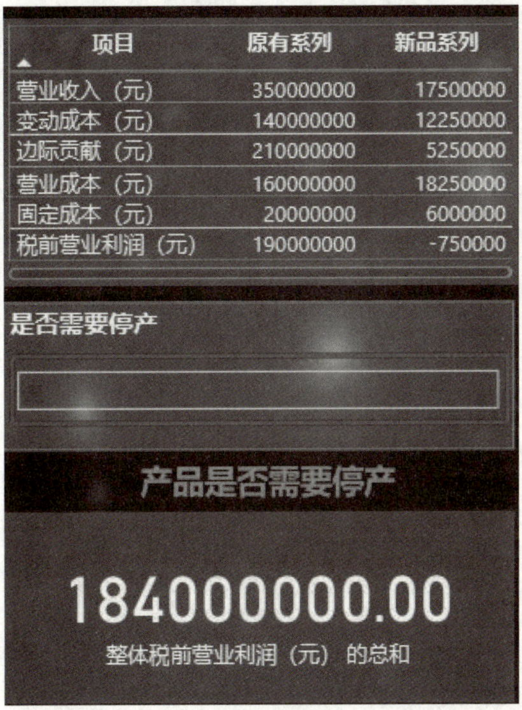

图 8-16　可视化看板-是否需要停产

观察可视化大屏可以发现,当参数选择"是",发现利润比选择"否"低,为 18 400 万元。因为新品系列能提供正的边际贡献,在短期内,即使停产该产品,其固定成本也不会降低,所以不应该停产。

 决策赋能

Power BI 可以为企业提供一个强大的数据分析和可视化平台,特别是在成本管理与生产定价决策方面。Power BI 的钻取功能使企业能够深入剖析不同产品系列、产品档次和产品配置的成本效益,从而为企业优化成本控制和定价策略提供科学依据。同时,通过调整输入参数并观察可视化结果,企业能够迅速作出生产决策,如是否接受特定订单、如何优化资源利用、是否进行深加工以及零部件是自制还是外购等。此外,Power BI 还能帮助企业评估新品系列的市场表现,为是否停产等长期战略决策提供支持。

 项目小结

　　本项目致力于全面剖析成本管理视角下的产品经营策略,旨在通过短期经营决策与成本管理及生产定价决策两大模块的深入探索,为企业提供高效、科学的决策支持。本项目从短期经营决策的基础知识入手,明确了相关成本与不相关成本的概念,并借助Excel高阶应用技巧,特别是窗体工具的动态分析功能,实现了关键指标的灵活筛选与精准分析。

　　在成本管理与生产定价决策方面,详细阐述了产品生产决策的基础、应用场景以及产品定价决策的基础与多种定价方法。同时,本项目从成本管理的视角出发,深入探讨了产品生产与定价战略的制定,旨在通过优化成本结构和定价策略,提升企业的市场竞争力。

　　此外,本项目引入了Power BI数据可视化工具,以直观、生动的形式展示数据背后的规律和趋势,为决策提供更加精准的支持。通过本项目的学习,企业将能够制定出更加科学、高效的决策方案,从而在激烈的市场竞争中立于不败之地。

 巩固练习

一、思考题

1. 在短期经营决策中,企业面临是否接受低价追加订单的选择。若该订单单价低于产品的完全成本,但高于变动成本,从成本管理角度分析,企业应如何决策?需要考虑哪些潜在因素?
2. 某企业采用变动成本加成定价法为新产品定价,但市场竞争激烈,竞争对手以低于其定价的价格出售类似产品。此时,企业若坚持原有定价可能失去市场份额,若降价则可能无法实现预期利润。请分析该企业应如何调整定价策略以平衡成本与市场?

二、讨论题

1. 在生产定价决策中,成本加成定价法和市场导向定价法各有优劣。结合实际案例,探讨企业应如何根据自身产品特点、市场结构和竞争环境,灵活组合两种定价方法,制定最优定价策略?
2. 短期经营决策中,沉没成本与机会成本常影响决策者的判断。请分享一个因错误考虑沉没成本或忽视机会成本导致决策失误的商业案例,并分析如何在成本管理中避免类似错误,确保决策科学性。

项目九　预算管理

 项目导读

北宋为了分散尚书省的财权设立了三司,三司的领导三司使直接向皇帝负责。三司使的别称叫计相,相当于现在的财政部部长。这一制度的设立标志着古代预算制度的成熟。三司使负责国家的财政预算,通过严格的预算程序来确保国家的财政稳定。从北宋的三司制度中,可以看出预算管理对于国家和社会的重要性。在现代社会,预算管理是政府、企业等组织实现资源有效配置、控制成本、提高效益的重要工具,也是维护社会稳定、促进经济发展的关键所在。通过预算管理,单位可以更加科学、合理地规划和使用资源,及时发现和纠正问题,确保各项工作的顺利进行。因此,无论是政府还是企业,都应该高度重视预算管理,不断完善和优化预算制度,以适应现代社会的发展需求。

 **学习目标**

【知识目标】
1. 深入理解预算管理的基础知识,掌握多种预算编制方法的核心原理。
2. 全面掌握精细化预算管理的全流程、全面预算管理的基本环节与内容。
3. 掌握如何运用 Excel 的 TREND 函数进行预算数据分析和可视化呈现。

【技能目标】
1. 熟悉精细化预算与全面预算管理的流程。
2. 掌握运用 Excel 可视化模型进行全面预算工作。

【素养目标】
1. 深入学习和掌握多样化的预算方法,以深化对预算管理的全面理解与提升实际应用能力。
2. 在预算管理实践中坚守职业道德底线,确保企业利益最大化的同时,积极履行社会责任,实现经济效益与社会效益的双赢。

思政 PPT 05
岭南商帮预算管理智慧与现代传承

智能化成本核算与管理

 知识框架

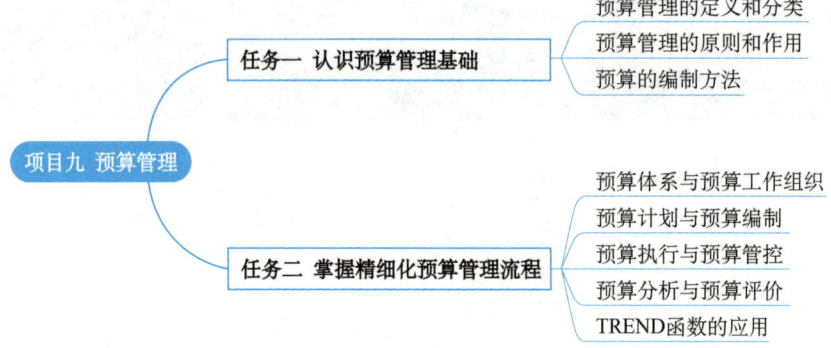

 自主预习任务单

一、学习指南
课题名称：智能化成本核算与管理
达成目标： (1) 掌握多种预算编制方法的核心原理、精细化预算管理的全流程、全面预算管理的基本环节与内容。 (2) 能熟练运用 Excel 可视化模型进行全面预算管理。
学习方法建议： (1) 数据模型构建：学生通过掌握多种预算编制方法、精细化预算管理与全面预算管理，利用 Excel 进行数据处理，并建立 Excel 可视化模型。 (2) 场景化学习：结合模拟企业的预算数据，学生可以通过构建 Excel 可视化模型了解数据可视化的应用。
课堂学习形式预告： (1) 模型演示与分析：教师示范如何使用 Excel 构建可视化模型，学生在课堂上仿照老师的步骤进行操作。 (2) 小组分析与汇报：学生以小组为单位，进行预算管理分析，并通过课堂汇报分享结果。
二、学习任务
通过观看教学视频（或阅读教材、分析提供的学习资源）自学，完成下列学习任务： (1) 阅读开展成本分析与预测相关资料，做好课前预习。 (2) 登录智能化成本核算与管理实训平台进行实操训练。
三、困惑与建议（请在此处记录在本项目学习中遇到的困惑和对课程的建议）

项目九 预算管理

任务一　认识预算管理基础

思维引例

临近年末,华宇企业的经济利润不尽如人意,远低于年初设定的预期目标。为了企业更好地发展,财务主管李敬爱希望通过预算管理来制定科学合理的战略目标,引领企业走出困境。

她制订了初步的预算管理计划。首先,进行市场分析和内部评估,深入了解行业动态和企业实力。其次,基于评估结果,设定明确、具体的战略目标。再次,将战略目标转化为可操作的预算指标,确保每个部门都有清晰的目标和任务。最后,建立预算监控与评估机制,确保预算执行的准确性和高效性。

思考:假如你是李敬爱,应如何进行精确预算管理呢?

任务导入

本任务的主要内容有:

(1) 深入理解预算管理的基础知识,包括预算的基本概念、分类及其在企业管理中的角色。

(2) 掌握多种预算编制方法的核心原理,以便能够根据企业实际情况,选用合适的预算编制工具和技术。

思政视频04
预算赋能战略资源配置

知识准备

一、预算管理的定义与分类

(一) 定义

预算管理是一种计划,它是对未来经济活动进行预测和规划的工具,在执行该计划的过程中需要进行监督、反馈与调整。预算管理可以帮助组织或个人了解其未来的经济状况,从而形成相应的计划和决策。

(二) 分类

1. 按时间划分

按时间的长短可以划分为短期预算与长期预算。短期预算通常是指在一年以内的时间范围内制订的预算计划,用于规划组织的日常运营活动,如经营预算、财务预算等。长期预算是指在一年以上的时间范围内制订的预算计划,通常用于制定组织的长期发展战略,例如,长期销售预算、资本预算、长期资本筹措预算、研究与开发预算等。

2. 按内容划分

按照预算内容的不同可以划分为分预算和总预算。分预算也称为"辅助预算",是指根据组织的不同部门或业务单元,分别制定和实施的预算。分预算有助于组织更好地了

课件22:项目九任务一预算管理基础

解不同部门或业务单元的运营情况和绩效,从而更好地进行资源分配和决策,如经营预算、专门决策预算等。总预算也被称为"主预算",是整个组织的预算计划,它涵盖了组织的所有部门和业务单元,包括资产负债表预算和利润表预算,可以反映企业的总体状况,是各种分预算的综合。总预算有助于协调和平衡各个部门和业务单元的预算,确保组织的整体目标和战略得以实现,如财务预算。

3. 按业务活动领域划分

按业务活动领域可以划分为投资预算、营业预算和财务预算。投资预算也就是资本预算;营业预算也可以称为经营预算,是企业日常营业活动的预算,如采购、生产、销售等业务;财务预算是关于利润、现金和财务状况的预算,包括现金预算、利润表预算和资产负债表预算。

二、预算管理的原则与作用

(一)基本原则

企业的预算管理原则是指企业在制定和实施预算管理过程中应遵循的一系列基本原则和指导思想,主要包括以下五项原则。

一是战略导向原则。预算管理应围绕企业的战略目标和业务计划有序开展,引导各预算责任主体聚焦战略、专注执行、达成绩效。

二是融合性原则。预算管理应以业务为先导、以财务为协同,将预算管理嵌入企业经营管理活动的各个领域、层次、环节。

三是平衡管理原则。预算管理应平衡整体利益与局部利益、收入与支出、结果与动因等关系,促进企业可持续发展。

四是过程控制原则。在预算管理过程中,企业应通过及时监控、分析等把握预算目标的实现进度并实施有效评价,为经营决策提供有效支撑。

五是权变性原则。预算管理强调预算对经营管理的刚性约束的同时,又可以根据内外环境的重大变化调整预算,并针对例外事项进行特殊处理。

(二)对企业管理的作用与影响

预算管理是企业管理的重要组成部分,它是对企业未来一定时期内的财务状况和经营成果的预测和规划。通过预算管理,企业可以更好地掌握自身的财务状况,预测未来的发展趋势,从而制定更加科学合理的经营策略。

预算管理可以影响企业的未来规划、成本控制、资源分配和绩效评估。它可以帮助组织或个人明确未来的目标和计划,从而制定相应的策略和行动方案;也可以控制组织的成本,避免浪费和不必要的开支,协调组织的各种资源,确保资源的合理分配和使用;此外,也可以评估组织的绩效,帮助组织了解其目标的实现情况。

三、预算的编制方法

(一)基本定义

预算的方法是企业制定财务预算的重要手段。不同的预算方法可能会产生不同的预算结果,因此选择合适的方法对于企业来说至关重要。本任务将介绍几种常见的财务预算方法,并分析其使用条件和优缺点。

(二) 具体编制方法

1. 增量预算法与零基预算法

1) 增量预算法

增量预算法是一种基于历史数据来预测未来预算需求的方法，假设未来的预算需求与历史数据相似，因此可以在历史数据的基础上进行调整来制定新的预算。它适用于相对稳定且可预测的环境和项目。对于历史数据丰富且未来变化不大的情况，增量预算法是一个有效的选择。

增量预算法简单易行，节省时间和资源，它由于基于历史数据，所以有一定的合理性和可参考性。但该方法过于依赖历史数据，忽视未来的变化和不确定性，可能导致无效费用开支无法得到有效控制，使不必要开支合理化，造成预算上的浪费。

微课09 预算管理的编制方法

2) 零基预算法

零基预算法是一种从零开始制定预算的方法，它不考虑历史数据，从实际需要出发分析预算期经济活动的合理性，经综合平衡，形成预算的预算编制方法。它适用于不可预测或需要创新的环境和项目。但是这个方法往往工作量比较大。

该方法能够充分考虑未来的变化和不确定性，避免历史数据的束缚，预算编制更贴近预算期企业经济活动需要，也能够增加预算编制的透明度，从而帮助企业及时发现和解决潜在问题。但该方法耗时长、成本较高，不适用于复杂或大型的项目。此外，该方法不考虑历史数据，从零开始，所以预算编制的准确性受企业管理水平和相关数据标准准确性影响较大，受主观因素影响较大。

2. 固定预算法与弹性预算法

1) 固定预算法

固定预算法也被称为静态预算法，是以预算期内正常的、最可实现的某一业务量（例如，产量、销售量、与预算项目相关的弹性变量）水平为固定基础，不考虑可能发生的变动的预算编制方法。它适用于稳定且可预测的市场环境和项目。

该方法简单易行，便于理解、管理和控制，有利于保持稳定的财务状况和运营环境。缺点是过于僵化，无法适应市场和环境的变化，当实际的业务量与预算数存在较大差异时，会导致预算指标的实际数与预算数的比较因业务量基础不同而失真。

2) 弹性预算法

弹性预算法也称动态预算法，是一种根据实际需求和变化来调整预算的方法。它允许企业在预算期间内对成本和收入等关键因素进行调整。它适用于需要灵活应对的市场环境和项目。企业在使用弹性预算法时，需要权衡灵活性的好处与额外的高成本。

该方法的优点是能够灵活适应市场和环境的变化，有利于提高预算的有效性和适应性。同时，它能够适用多种业务量水平并能克服固定预算的缺点，减少资源浪费和机会错失，更贴近企业经营管理实际情况。缺点是工作量大，需要更多的管理和监控工作来确保调整的合理性和准确性。市场及其变动趋势预测的准确性对弹性预算的合理性具有较大影响，可能导致预算的不确定性和风险增加。

3. 定期预算法与滚动预算法

1) 定期预算法

定期预算法是一种按照固定时间周期（如年度、季度）制定和执行预算的方法，企业通

常在每个周期开始时制定预算,并在周期结束时进行评估和调整。它适用于稳定且可预测的市场环境和项目,需要按照固定周期进行管理和监控的情况,可以选择定期预算法进行预算。

该方法简单易行,便于管理和监控,有利于企业保持稳定的财务状况和运营环境,能够与组织的年度计划和其他周期计划保持一致。但缺点是过于僵化,无法适应市场和环境的变化。对于长期项目或跨周期项目,定期预算法可能难以实现有效的资源分配和管理。

2)滚动预算法

滚动预算法是指企业根据上一期预算执行情况和新的预测结果,按既定的预算编制周期和滚动频率,对原有预算方案进行调整和补充,逐期滚动、持续推进的预算编制方法。滚动预算法是一种连续不断地更新和调整的预算方法。它适用于多种复杂多变的业务环境,尤其适用于那些规模较大、时间跨度较长、业务活动连续且市场环境变化较快的情形。

该方法的优点是通过持续滚动预算编制,逐期滚动管理,实现动态反映市场、建立跨期综合平衡,从而有效指导企业运营,提供及时的反馈和调整、改进和优化。缺点是预算滚动的频率越高,对预算沟通的要求越高,预算编制的工作量越大。因此,在传统人工操作下,需要更多的管理和监控工作来确保调整的合理性和准确性。

 任务训练

1. 任务描述

根据实际案例企业的预算管理情况,判断企业当前的预算编制方法是否合适并给出理由。

2. 任务分析

恰当的预算编制方法对企业至关重要,它能助力企业实现精确的预算管理,进而优化成本控制,合理设定绩效目标,为企业的重大决策提供有力支持。

3. 任务实训

步骤一:了解乐华水务公司的预算管理情况。

乐华水务公司主要承担企事业单位和居民生活用水供给,其管理2座地表水厂、4座地下水源、2座大型排涝泵站,日排水达59万立方米。其主营业务主要围绕自来水开展。夏北区、夏中区的地下水源水质较好,夏南区、夏东区的地下水源水质较差,城区水量需求较高、郊区水量需求较低。

为了进行精确预算管理,乐华水务公司在财务部成立了预算管理委员会,赋予预算管理委员会管理职能,按照公司预算控制的程序认真协调好各管理职能部门之间、各部门与分公司之间以及各分公司之间的业务关系。同时采用全面预算管理编制、执行、控制、考核和评价,在预算编制方法上,主要使用固定预算法和增量预算法。

步骤二:判断企业预算编制方法是否合适。

因为乐华水务公司的主营业务主要围绕自来水开展,虽然业务单一,但因水质不同、水量实际需求不同等因素,业务情况变得复杂,所以该公司采用固定预算法和增量预算法过于简单和单一，没有根据不同项目的特点灵活选择合适的编制方法。因此，乐华水务公司需要改进预算方法。

 决策赋能

在制定和实施预算管理时，企业应遵循一系列基本原则，如战略导向原则、融合性原则、平衡管理原则、过程控制原则和权变性原则。这些原则共同构成了预算管理的指导思想，确保预算管理能够围绕企业战略展开，与业务活动紧密结合，平衡各方利益，实现过程监控，并根据环境变化进行适时调整。

在预算的编制方法中，增量预算法与零基预算法、固定预算法与弹性预算法、定期预算法与滚动预算法等方法各具特点。增量预算法简单易行，但可能过于依赖历史数据；零基预算法则能充分考虑未来变化，但工作量大。固定预算法适用于稳定环境，但缺乏灵活性；弹性预算法则能适应市场变化，但编制工作量大且需更多监控。定期预算法便于管理，但难以适应环境变化；滚动预算法则能持续更新调整，但工作量大且对沟通要求高。

项目九任务一习题

任务二　　掌握精细化预算管理流程

 思维引例

路华企业于2022年实施了业财融合，以实现业务与财务的有机融合。随着这一战略的稳步推进，2024年，企业又引入了精细化管理，以期实现与业财融合的协同效应。在这一背景下，精细化预算管理成为企业管理的核心环节，它不仅关乎着资金的有效配置，更影响着企业的决策效率、成本控制及市场竞争力。

思考：假如你是路华企业财务主管，应如何进行精细化预算管理呢？

 任务导入

本任务的主要内容有：

（1）全面掌握精细化预算管理的全流程，从预算计划的制订与预算编制，到预算执行的严格监控与灵活调整，再到预算结果的分析评价。

（2）掌握全面预算管理的基本环节与内容，包括预算编制、预算执行与跟踪以及预算分析。

 **知识准备**

一、预算体系与预算工作组织

（一）预算体系

在预算管理体系中，分预算与主预算之间存在着紧密且相互增强的关联与支持关系。

课件 23：项目九任务二 精细化预算管理流程

分预算为主预算提供基础数据和信息,主预算则对分预算进行整合和协调,确保整个组织的预算计划与战略目标保持一致。

由图 9-1 可以看出,各种预算是一个有机联系的整体。一般将由分预算与主预算组成的预算体系,称为全面预算体系。

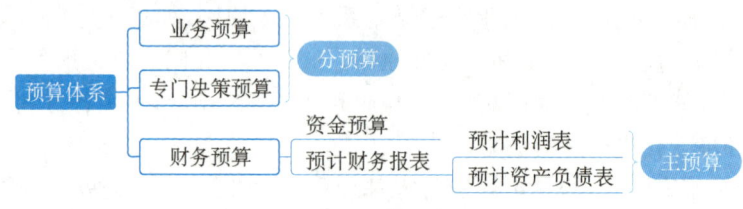

图 9-1　预算体系图

(二) 预算的工作组织

预算管理部门在组织内部通常分为决策层、预算管理委员会、财务管理部门、各预算执行单位。通过这四个层次的划分和明确职责,组织可以建立起完善的预算管理体制,确保预算目标的实现。同时,各层次之间的协调和沟通也至关重要,以确保预算管理的有效性和效率。

1. 决策层

决策层一般为董事会,其作为组织的最高决策机构,负责制定组织的战略目标和预算目标,确保预算与组织的整体战略目标保持一致,并批准预算方案。

2. 预算管理委员会、财务管理部门

预算管理委员会与财务管理部门分别为一级管理层、二级管理层,都是考核层。两者负责协调各部门的预算工作,确保预算的合理性和可行性;下达预算目标、审批预算编制方案和预算执行情况,对预算执行结果进行考核和评价。

3. 各预算执行单位

各预算执行单位是执行层,负责提出本单位详细的预算方案,上报至财务管理部门。从而确保业务活动符合预算要求,及时向财务管理部门报告预算执行情况,并根据实际情况提出调整建议。

二、预算计划与预算编制

动画 09 预算管理的基本流程

预算部署工作的基石是做好预算计划与预算编制。预算的计划是对预期的财务和经营状况进行全面预测和规划的过程,涉及各种因素,如历史数据、市场情况、竞争对手、经济环境等。为了确保预算计划的准确性和可行性,专业的财务人员和管理人员需要参与制定过程。

(一) 预算计划

在实际工作中,许多企业会成立专门的预算管理委员会,由部分财务人员组成。由管理层确定一个年度利润总目标,并将其下达给预算管理委员会。预算管理委员会根据目标要求,开始进行预算的标准制定和规划工作。通过预算管理委员会的专业知识和经验,企业能够更准确地预测未来的财务状况,合理规划资源分配,实现战略目标。这种分工和协作方式有助于提高预算计划的准确性和有效性,为企业的发展提供有力的支持。

企业一般按照分级编制、逐级汇总的方式,采用自上而下、自下而上、上下结合或多维度相协调的流程编制预算,具体流程如图 9-2 所示。

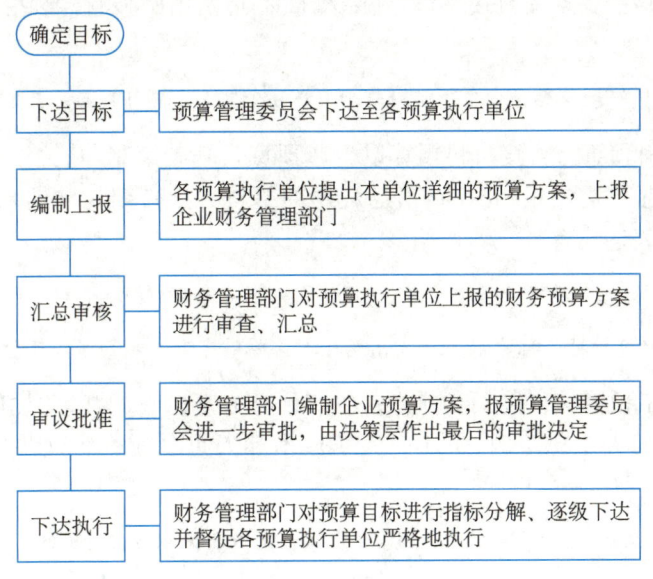

图 9-2　预算编制流程

其中,对预算内容的编制是最关键的一个步骤,如图 9-3 所示。

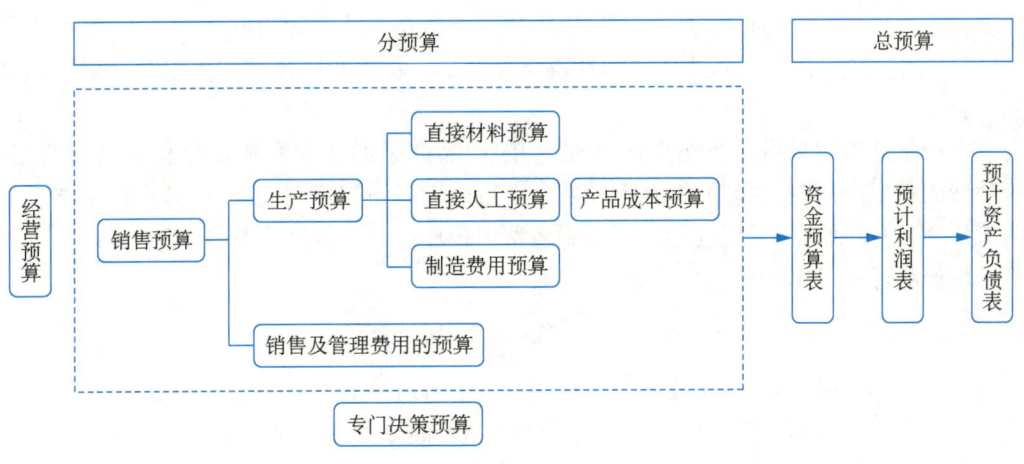

图 9-3　预算内容编制

1. 经营预算编制

1)销售预算

销售预算是预算编制的起点,关注的要素有销售数量和销售单价。其中,销售数量根据市场预测或销货合同并结合企业生产能力确定,销售单价根据定价决策确定。这些要素的关系表达式为:

$$销售收入 = 销售单价 \times 销售数量$$

2）生产预算

生产预算是在销售预算的基础上编制的，其关注的要素有销售量、期初和期末产成品存货量、生产量，这些要素受直接材料、直接人工、制造费用所影响。这些要素的关系表达式为：

$$预计生产量 = 预计销售量 + 预计期末产成品存货 - 预计期初产成品存货$$

（1）直接材料预算。直接材料预算以生产预算为基础编制，其关注的要素有预计采购量、采购单价、生产需用量（指生产所需耗用的材料数量）、期初和期末材料存货（量）。这些要素的关系表达式有：

$$预计采购金额 = 预计采购量 \times 采购单价$$

$$预计材料采购量 = 生产需用量 + 期末材料存量 - 期初材料存量$$

（2）直接人工预算。直接人工预算以生产预算为基础编制，其关注的要素有预计产量、单位产品工时、人工总工时、每小时人工成本和人工总成本。这些要素的关系表达式为：

$$人工总成本 = 人工总工时 \times 每小时人工成本 = 预计生产量 \times 单位产品工时 \times 每小时人工成本$$

为了简化预算的编制，有时会假设所有变量都采用最简单和最直接的方式进行处理。在这种情况下，假设工资都需要使用现金支付，不需另外预计现金支出，所以可直接汇入资金预算。即教材默认不存在应付职工薪酬，当期工资当期支付，这样做可以避免涉及其他支付方式带来的复杂计算和考虑，这不能代表所有企业的实际情况。

（3）制造费用预算。制造费用预算通常分为变动制造费用预算和固定制造费用预算两部分。

变动制造费用是指企业在生产过程中，随产品数量的变化而相应变化的制造费用。这种费用与生产活动直接相关，且会随着生产量的增减而按比例变动，比如直接生产工人的工资、电力费、燃气费等。因此，变动制造费用预算以生产预算为基础编制，可以通过计算单位产品标准成本计算其预算金额。即：

$$预算金额 = 单位产品标准成本 \times 计划产量$$

若没有标准成本，则等于逐项预计计划产量下所需要的变动制造费用之和。

固定制造费用则是指企业在生产过程中不随产品数量变化而变化的制造费用。这些费用通常是间接的，与生产活动不直接相关，但又是制造产品所必需的，比如管理人员的基本工资、机器设备的折旧、租赁费用等。因此，固定制造费用预算与本期产量无关，按每季度实际需要的支付额预计，然后求出全年数。固定制造费用的各期金额不一定相等。

需要注意的是制造费用中，除折旧费外都需支付现金，即制造费用扣除折旧费汇入资金预算。

3）产品成本预算

产品成本预算是预算期内产品成本的预算，其主要要素是产品的单位成本和总成本。

基于之前的计算，需要首先根据生产预算的信息分别确定料、工、费的单位成本，如表9-1所示。

表 9-1 料、工、费的单位成本

表达式	单耗
直接材料的单位成本＝单价(料)×单耗(料)	单位产品材料用量
直接人工的单位成本＝单价(工)×单耗(工)	单位产品工时
变动制造费用的单位成本＝单价(费)×单耗(费)	变动制造费用分配率
固定制造费用的单位成本＝单价(费)×单耗(费)	固定制造费用分配率

其次,需根据单位成本和对应数量确定生产成本,其表达式如表 9-2 所示。

表 9-2 生产成本表达式

表达式	对应数量
生产成本＝单位成本×数量	生产量
期末存货＝单位成本×数量	期末存货量
销货成本＝单位成本×数量	销售量

其中,由"期初存货量＋预计生产量＝预计销售量＋期末存货量",得"生产成本＋期初存货成本＝期末存货成本＋销货成本",此外产品成本预算涉及的是实物量和价值量,但并不涉及现金的收支,因此不会对资金预算产生影响。

4) 销售及管理费用预算

销售及管理费用预算是预算期内销售和管理费用的预算,包括销售人员薪酬、办公费用、差旅费等,它根据历史数据和其他相关信息编制。

企业在制定销售费用预算时,需要对过去的销售费用进行深入分析,以评估其必要性和效果。这有助于确定未来销售费用的合理预算水平,确保资源的有效利用并实现更好的业务效果。管理费用通常属于固定成本,因此在制定管理费用预算时,企业通常会以过去的实际开支为基础,并根据预算期的可预见变化进行调整。其中,从销售及管理费用总额中扣除非付现部分(如折旧、摊销等)即可得到销售及管理费用的现金支出。

2. 专门决策预算的编制

专门决策预算,又称"资本支出预算",其预算通常与项目投资决策相关,并经常跨越多个年度,多为长期投资预算。专门决策预算的要点在于准确反映项目资金投资支出与筹资计划,它同时也是编制资金预算、预计利润表和预计资产负债表的依据。一般预算项目如果没有涉及专门预算,可以不用编制。这些预算对于企业进行长期投资决策和规划具有重要意义。

3. 财务预算的编制

1) 资金预算

资金预算是指编制现金流量预算表。其可以反映预算期内预计现金收入与现金支出,以及为满足理想现金余额要求而进行筹资或归还借款等。因此,企业在编制现金流量预算表之前,需要先完成现金收入预算表和现金支出预算表。

其中现金收入预算表的编制依据来自销售预算,现金支出预算表的编制依据来自经营预算、专门决策预算和其他预算。在现金收入预算表和现金支出预算表的基础上,现金流量预算表的编制步骤可以分为三步。

第一步是确定可供使用的现金,包括期初现金余额、现金收入。期初现金余额为年初的现金余额,现金收入来自销售预算,其主要来源为销货取得的经营现金收入。

第二步是确定现金余缺。现金余缺为可供使用现金减去现金支出,其中现金支出涉及经营预算,如直接材料、直接人工、制造费用、销售及管理费用中的现金支出;专门决策预算,如购买设备用于长期投资;其他预算,如所得税费用、股利分配。

第三步是通过资金筹措及运用,调整期末现金余额为理想的期末现金余额。期末现金余额的计算公式为:

$$期末现金余额 = 现金余缺 \pm 资金筹措及运用$$

如果现金余额小于理想期末现金余额,表明现金不足,需要筹措现金,如出售有价证券或借入短期借款;如果现金余额大于理想期末现金余额,表明现金多余,需要使用现金,如偿还短期借款或购入有价证券。

2) 预计利润表的编制

编制预计利润表的依据是各经营预算、专门决策预算和资金预算,可以反映企业在预算期内预计实现的利润情况,如表 9-3 所示。

表 9-3 利润表编制项目与数据来源表

主要项目	编制依据的数据来源
销售收入	来自销售预算的预计销售收入
减:销售成本	产品成本预算中的预计销货成本
毛利	差额
减:销售及管理费用	销售及管理费用预算
利息	资金预算
利润总额	差额
减:所得税	在利润规划时估计的,并已列入资金预算
税后净收益	差额

3) 预计资产负债表的编制

预计资产负债表是编制全面预算的终点。编制预计资产负债表的依据是各经营预算、专门决策预算、资金预算和预计利润表,如表 9-4 所示。

表 9-4 资产负债表编制主要项目与数据来源表

主要项目	编制依据的数据来源
货币资金	资金预算(期初、期末现金余额)
应收账款	销售预算(结合收账政策)
应付账款	直接材料预算(结合付款政策)
存货	直接材料预算、产品成本预算(产成品)

项目九 预算管理

(续表)

主要项目	编制依据的数据来源
盈余公积	预计利润表(净利润,结合盈余公积的计提政策)盈余公积的年末余额＝年初余额＋按10%计提的法定盈余公积＋计提任意盈余公积
未分配利润	预计利润表(净利润)、资金预算(股利)、预计资产负债表(盈余公积)未分配利润的本年增加额＝本年的净利润－本年分配的股利－本年计提的盈余公积未分配利润的年末余额＝年初余额＋未分配利润的本年增加额
银行借款项目	资金预算(取得与归还借款)

最终,将编制好的预算方案提交给上级领导或相关部门进行审批。通过对预算方案的合理性、可行性、风险性等多方面的审核和评估,作出是否批准预算的决策。若预算方案审批通过,下一步则进入预算执行与管控阶段。

项目九思维导图

三、预算执行与预算管控

预算执行与预算管控是企业财务管理的重要组成部分,它们关系到企业资源的合理配置、经营目标的实现以及企业竞争力的提升。其可以分为对预算收入指标、预算成本指标、预算费用指标的执行追踪与管控。

(一) 对预算收入指标的执行追踪与管控

预算收入包括主营业务收入、其他业务收入等。主营业务收入的计算可以由产品单价和预计销量相乘得出,对预算收入的执行追踪与管控,有助于企业实现收入增长目标。

1. 预算收入指标的执行追踪

1) 收入进度分析:计算执行率

为了确保预算收入目标的顺利实现,企业应对实际收入进行持续追踪,并与预算收入进行对比分析。这种分析可以按月度、季度和年度进行,计算收入类指标的执行率,分析收入完成情况,以便及时发现问题并采取措施。

$$\text{收入类指标的执行率}＝\text{实际收入}\div\text{预算收入}\times 100\%$$

【例 9-1】 收入指标执行率。

某公司年初设定的年度预算收入为1亿元,第一季度预算收入为2 500万元。到第一季度末,实际收入为2 300万元,执行率为92%。通过对比发现,虽然执行率未达100%,但仍在可控范围内。公司随即召开分析会议,讨论影响收入的因素,如市场需求变化、竞争对手策略等,并决定加大市场推广力度,以弥补第一季度的收入差距。

2) 收入结构分析:按销售城市或销售门店

通过分析不同销售城市或销售门店的收入占比,可以清晰地识别出哪些地区或门店是主要的收入来源,以及哪些地区或门店存在增长潜力或需要改进。

【例 9-2】 收入构成分析。

某企业在全国范围内有多个销售门店,通过收入结构分析发现,一线城市门店的收入占比高达60%,而二线城市的收入占比仅为30%,其余为三线及以下城市。进一步分析发现,二线城市中的某几个门店虽然地处经济较为发达的地区,但收入表现却不尽如人意。针对这种情况,企业可以考虑将部分市场推广资源从一线城市转移到二线城市的潜

力门店,以提升这些门店的品牌知名度和销售业绩。

2. 预算收入指标的管控措施

1) 优化产品结构,提高高附加值产品销售比例

通过优化产品结构,企业可以提高整体收入水平,具体措施包括提高附加值产品的研发力度、提升产品质量、改进包装设计等,以吸引更多消费者。同时,企业还可以调整销售策略,如提供更有吸引力的价格优惠、加强售后服务等,以提高高附加值产品的市场占有率。

【例 9-3】 优化产品结构。

某电子产品公司发现其高端智能手机市场需求持续增长,而低端手机市场则趋于饱和。为此,公司决定调整产品结构,加大高端智能手机的研发和生产投入,同时减少低端手机的产量。通过这一策略调整,公司不仅提高了整体收入水平,还增强了品牌的市场竞争力。

2) 加强市场拓展,加大市场宣传力度

市场拓展是提高品牌知名度和市场占有率的重要手段。企业可以通过多种渠道进行市场宣传,如广告投放、网络营销、线下活动等。在宣传过程中,企业应注重突出产品的独特卖点和优势,以吸引消费者的关注,提高其购买欲望。

【例 9-4】 加强市场拓展。

某服装品牌为了提升市场知名度和销售额,决定在全国范围内开展一场大型营销活动。活动包括在各大商场举办新品发布会、邀请知名明星代言、在社交媒体上发起话题挑战等。通过这些活动,该品牌成功吸引了大量消费者的关注和参与,销售额也实现了显著增长。同时,该品牌还通过市场调研和数据分析,不断优化营销策略和产品定位,以更好地满足消费者需求。

(二) 对预算成本指标的执行追踪与管控

预算成本主要包括主营业务成本和其他业务成本。主营业务成本的计算可以由单位生产成本和预计销量相乘得出,对预算成本的执行追踪与管控,有助于企业降低成本、提高效益。

1. 预算成本指标的执行追踪

1) 成本进度分析:计算执行率

成本进度分析是预算管理中的重要环节,它有助于企业及时了解成本的实际发生情况与预算目标的偏差,从而采取相应的控制措施。企业可以按月度、季度、年度对实际成本与预算成本进行对比,计算成本类指标的执行率,分析成本控制的执行情况。

【例 9-5】 成本进度分析。

某企业计划在一个季度内完成总成本预算 100 万元,但实际第一个月就发生了 40 万元的成本,第二个月又发生了 45 万元。通过对比可以发现,成本进度偏快,需要及时调整后续的成本支出计划,以确保总成本控制在预算范围内。

成本类指标的执行率 = 实际成本 ÷ 预算成本 × 100%

2) 成本结构分析:分析各成本项目占比

成本结构分析是对各项成本项目进行详细剖析,以了解各项成本在总成本中的占比情况,进而找出成本控制的重点。

项目九　预算管理

【例 9-6】 成本结构分析。

在生产成本结构分析中,某制造业企业的生产成本包括原材料成本、人工成本、制造费用等。通过分析各成本项目的占比,可以发现原材料成本占比较高,达到了 60%。这说明企业在原材料采购和库存管理上需要进一步优化,以降低生产成本。

2. 预算成本指标的管控措施

1) 成本核算与控制:成本的精细化管理

成本核算与控制是成本管理的核心环节。企业需要建立完善的成本核算体系,确保各项成本数据的准确性和完整性。同时,企业还要加大成本控制力度,通过制定严格的成本控制制度和流程,确保成本支出在预算范围内。例如,某企业可以通过设定成本超支预警机制,当实际成本接近或超过预算时自动发出预警信号,提示相关部门和人员及时采取措施进行成本控制。

2) 成本优化:提升企业竞争力

企业可以通过多种方式进行成本优化,如技术创新、流程改进、供应链管理优化等。技术创新可以降低产品成本、提高生产效率;流程改进可以消除浪费、提升运营效率;供应链管理优化可以降低采购成本、提高库存周转率。例如,某企业通过引入自动化生产线进行技术创新,不仅降低了人工成本,还提高了产品质量和生产效率;同时,通过优化供应链管理减少了库存积压和物流费用从而进一步降低了总成本。

【例 9-7】 成本管控措施。

某零售企业的门店遍布全国多个城市。在预算成本指标的执行追踪中,企业可以按月度和季度对各销售城市的门店成本进行分析。企业通过对比实际成本与预算成本可以发现某些城市的门店成本偏高。企业进一步进行成本结构分析发现这些城市的门店租金成本占比较高。为了控制成本提升利润,企业可以采取以下管控措施:

首先是成本核算与控制,建立详细的门店成本核算体系,确保租金、人力成本等各项费用数据准确无误。同时设定成本超支预警机制对租金成本进行重点监控。

其次是进行成本优化,针对租金成本偏高的问题,与房东进行谈判争取降低租金;或通过优化门店布局和商品陈列,提高销售额以分摊租金成本;另外还可以考虑关闭一些亏损严重的门店以减少租金支出。通过这些措施企业可以有效地控制成本,提升盈利能力。

(三) 对预算费用指标的执行追踪与管控

预算费用包括销售费用、管理费用和财务费用。对预算费用的执行追踪与管控,有助于企业合理使用资金、降低费用支出。

1. 预算费用指标的执行追踪

1) 费用进度分析:计算执行率

费用进度分析是预算管理中的关键一环,它要求企业定期(如月度、季度、年度)将实际发生的费用与预算费用进行对比,以评估费用控制的情况。这种分析有助于企业及时发现费用偏差,并采取相应措施进行调整。

$$费用类指标的执行率 = 实际费用 \div 预算费用 \times 100\%$$

【例 9-8】 费用进度分析。

某企业年度预算中市场推广费用为 120 万元,第一季度实际发生市场推广费用 30 万元。企业在费用进度分析中,发现第一季度实际费用占年度预算的25%,与预算进度一致。但若第二季度实际发生费用突然增加到60万元,超出预算,则需要进行深入分析,找出费用超支的原因,如市场活动增加、单价上涨等,并据此调整后续预算或控制措施。

2) 费用结构分析:分析各费用项目占比的执行追踪与管控

费用结构分析旨在通过分析各费用项目在总费用中的占比,找出费用控制的重点。这种分析有助于企业优化费用结构,提高费用使用效率。

【例9-9】 费用结构分析。

在三项期间费用结构分析中,某企业发现管理费用中的办公费用占比较高,通过进一步排查发现存在浪费现象:办公用品采购过量、办公设备闲置等。针对这些问题,该企业可以制定相应的成本控制措施,如实行严格的办公用品采购审批制度、提高办公设备的利用效率等。

2. 预算费用指标的管控措施

1) 预算审批制度:规范流程审批

建立健全的预算审批制度是企业费用控制的重要手段。通过严格的审批流程,可以确保每一笔费用的发生都符合预算要求,从而有效控制费用的支出。

【例9-10】 预算审批制度。

某企业规定,超过10万元的市场推广费用需由总经理审批。当市场部提出一项20万元的市场推广计划时,需先经过部门经理审核后提交给总经理审批。总经理在审批过程中会仔细审查该计划的合理性、必要性和预算的符合性,确保费用的合理支出。

2) 费用报销管理,防止虚假报销和不当支出

费用报销管理是企业费用控制的重要一环。企业通过严格的报销流程和审核机制,可以确保报销费用的真实性和合理性。

【例9-11】 费用报销管理。

某企业员工在出差后提交了差旅费报销申请。财务部门在收到报销单据后,先核对单据的完整性和真实性,然后检查各项费用是否符合公司的报销标准。在确认无误后,财务部门将报销款项打入员工的银行账户中。在这一过程中,严格的审核流程确保了报销费用的真实性和合理性。

四、预算分析与预算评价

预算分析与评价主要包括以下四方面的内容。

(一) 对预算收入指标的分析

在预算管理过程中,对收入指标的分析是至关重要的。例如,对比实际收入与预算收入,明确哪些收入项目达标,哪些未达标或超出预算。这有助于识别收入增长点及潜在的收入风险。

1. 达标项目分析

对于达标或超出预算的收入项目,应进一步分析其背后的原因,如市场策略的有效性、产品竞争力的提升等,以便在未来继续优化并推广这些成功因素。

2. 未达标项目分析

对于未达标的收入项目,特别是远低于预算的收入项目,需深入分析具体原因。例

如,若整体收入不达标,可细化到各销售门店的业绩表现,找出业绩拖累的门店。

(二) 对预算成本指标的分析

成本控制的有效性直接影响着企业的盈利能力,在分析预算成本指标时,关键在于对比实际成本与预算成本,明确哪些成本项目得到有效控制,哪些则超出了预算范围。

1. 预算内成本控制

对于有效控制在预算内的成本项目,应总结经验,形成成本控制的标准流程和规范,以便在全公司范围内推广。

2. 超出预算成本控制

对于超出预算的成本项目,需深入分析其原因。例如,若整体成本不达标,可细化到具体生产成本项目,如材料成本、制造费用等。材料成本高可能由于原材料价格上涨、采购策略不当等,而制造费用增加可能由于新设备的引入、生产效率低下等。

(三) 对预算费用指标的分析

在预算费用指标的分析中,企业需关注实际费用与预算费用的差异,明确哪些期间费用控制在预算内,哪些超出了预算。对于有效控制在预算内的费用项目,应继续保持并优化其管理方式;对于超出预算的费用项目,需深入分析其原因。例如,若整体费用不达标,可细化到具体部门的期间费用项目,如市场部门员工是否存在对业务招待费滥用的现象等。

(四) 基于预算分析结果的评价

基于预算分析结果的评价是预算管理的重要环节。通过对部门和员工的评价与考核,可以反馈预算执行情况,激励先进,鞭策后进。

1. 收入类指标的评价

对于收入达标的销售门店,应给予相应的激励措施,如奖金、晋升机会等;对于未达标的门店,需合理分析原因,若存在客观原因(如市场行业差),应给予一定的理解和支持;若存在主观原因,则需采取相应的整改措施,并纳入绩效考核。

2. 支出类指标的评价

对于成本控制和费用控制得好的部门,应给予表彰和奖励;对于超出预算的部门,需严肃处理,查明原因,制订整改计划,并纳入绩效考核体系。

通过实施精细化的预算管理流程,企业能够深刻而细致地把握其财务状况及运营动态,确保每一笔收入与支出都经过严格而周密的规划与监控。这种管理方式极大提升了企业对市场变化的敏锐度与适应力,增强了其在行业中的竞争力,更关键的是,它实现了对成本的有效管控,消除了不必要的浪费与低效支出,确保了企业资源的最大化利用与增值。因此,精细化的预算管理流程不仅是企业实现高效运营、稳健发展的有力工具,而且是其迈向成功与繁荣的坚实基础。

五、TREND 函数的应用

(一) 概述

TREND 函数通过线性回归的方式,根据已知的数据点预测未来的数据点或趋势。

(二) 本质

TREND 函数是一种简单的线性回归分析,通过最小化误差的平方和来找到最佳拟合的直线。

(三) 语法

f(x)=TREND(known_y's, known_x's, [new_x's], [const])

known_y's:表示已知的 y 值数组或单元格区域。

known_x's:表示已知的 x 值数组或单元格区域。

new_x's(可选):表示需要预测的新 x 值;如果省略,则默认使用 known_x's 中的 x 值进行预测。

const(可选):一个逻辑值,用于指定是否将回归直线的截距(y 轴上的截距)强制设为 0。如果为 TRUE 或省略,则不强制截距为 0;如果为 FALSE,则强制截距为 0。

【例 9-12】 TREND 函数。

销售预算是预算编制的起点,也是确保公司资源有效配置、市场策略精准实施的重要一环。某公司基于上年度 1~4 季度的销量数据,预测本年度 1~4 季度的销量预算,在预测完成后,这些销量数据将直接应用于销售预算的具体编制中,作为制订年度经营计划、财务规划及资源调配策略的核心依据之一。

为了提升预测的准确性与效率,财务部门可以巧妙地运用 TREND 函数结合的数组公式,深入解析上年度前四个季度的销量数据趋势。基于这些详尽的数据分析,财务部门能够科学预测本年度前四个季度的销量预算,为公司的经营决策提供坚实的数据支撑,如图 9-4 所示。

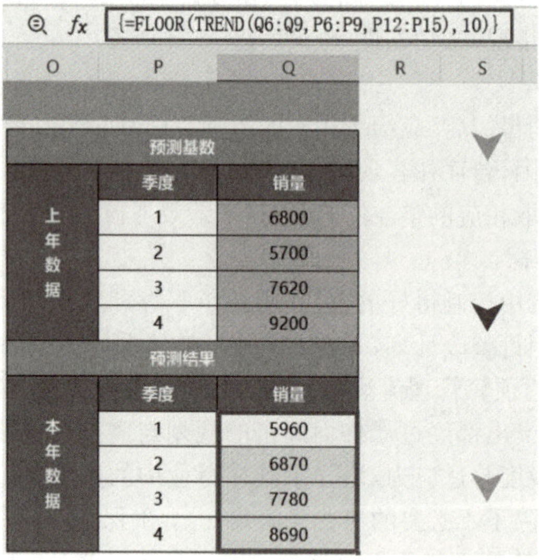

图 9-4　TREND 函数

数智赋能——用 Excel 实现精细化预算管理

1. 任务描述

基于视界眼镜制造有限公司 2025 年预算管理规划,利用 Excel 可视化模型,对其全面预算工作进行决策分析,包括预算计划的制订与预算编制、预算执行与管控、预算分析,特别关注年度利润目标与全年销售情况预测的关系,并完成进阶练习。

2. 任务分析

利用Excel构建可视化模型,深入分析全面预算工作,涵盖预算计划编制、执行监控及后期分析。通过模型直观展现数据关联,辅助决策层精准把握财务状况,优化资源配置,确保年度利润目标与销售计划的有效对接。

3. 任务实训

步骤一:获取数据。

从实训平台下载文件"全面预算管理-答题卡.xlxs",在实验资料中获取任务背景与相关数据。

步骤二:预算编制。

点击"预算编制"页→点击单元格区域(Q6:Q9)进行数据选择(上年每季度销量预测基数),参数分别为第一季度销量"6 800"、第二季度销量"5 700"、第三季度销量"7 620"、第四季度销量"9 200"。

继续在"预算编制"页→选中单元格区域(Q12:Q15),输入 TREND、FLOOR 函数相结合的数组公式:"=FLOOR(TREND(Q6:Q9,P6:P9,P12:P15),10)",按下"Enter",得出本年季度销量预测结果,如图9-5所示。

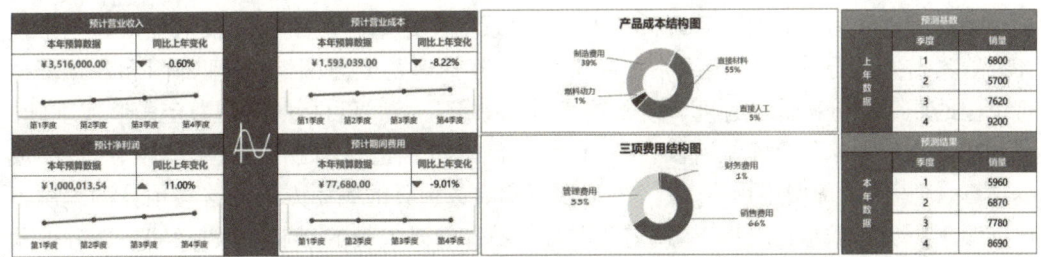

图9-5 本年度季度销量预测结果

步骤三:预算执行与跟踪。

点击"预算执行与跟踪"页→选中单元格(R16)。点击调节费用。追加幅度至"15%",如图9-6所示。

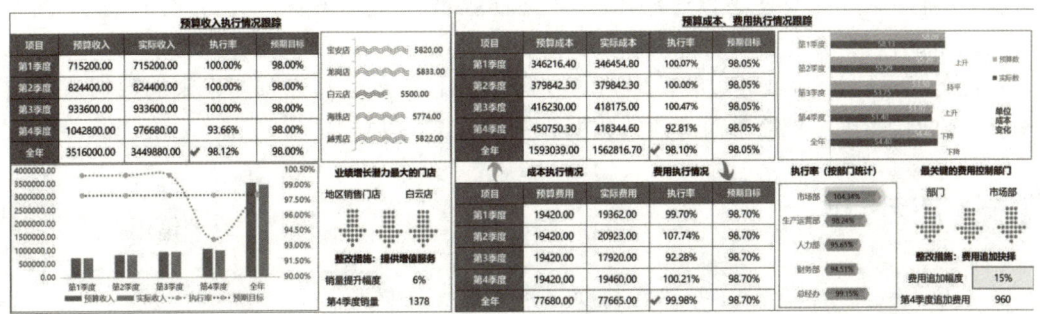

图9-6 费用追加图

步骤四:预算分析。

点击"预算执行与跟踪"页→选中单元格(R16)→保持费用追加幅度为"15%",此时三类预算指标均达标且保持在预算内→调节费用追加度为"20%",则费用预算执行结果为预算外。

继续在"预算执行与跟踪"页→选中单元格(R16)→调回最佳费用追加幅度为"15%"→点击"预算分析"页查看结果,如图 9-7 所示。

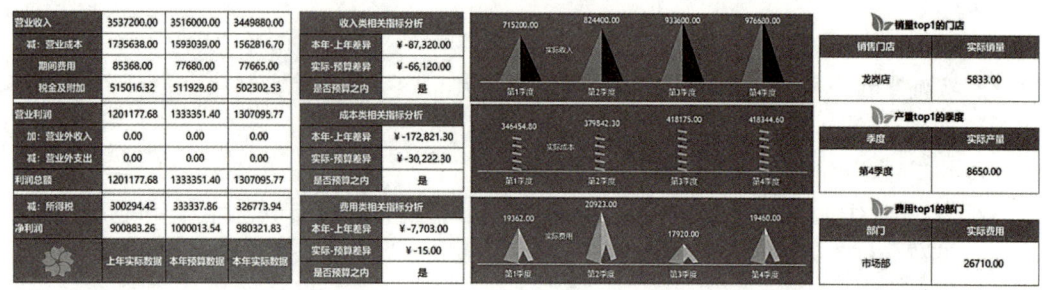

图 9-7 预算分析图

决策赋能

预算管理作为企业财务管理的核心,其体系构建是基础。预算体系中分预算与主预算有着紧密关系,预算工作组织中的决策层、预算管理委员会、财务管理部门和各预算执行单位的职责划分确保了预算管理的有效性和效率,为预算目标的实现奠定了坚实基础。

在预算计划与预算编制阶段,预算计划的制订过程包括销售预算、生产预算、产品成本预算、销售及管理费用预算、专门决策预算和财务预算的编制方法。这些预算的编制不仅依赖于历史数据和市场情况,还需要财务人员和管理人员的专业知识与经验,以确保预算的准确性和可行性。

预算执行与管控是预算管理流程中的关键环节,包括预算收入、成本和费用指标的执行追踪与管控,其相应管控措施有优化产品结构、加强市场拓展、成本核算与控制、成本优化等。这些措施有助于企业实现收入增长、降低成本和提高效益,从而增强市场竞争力。

预算分析与评价则是对预算管理效果的检验。通过对预算收入、成本和费用指标的分析,企业可以明确哪些项目达标,哪些未达标或超出预算,并深入分析原因。基于预算分析结果的评价,企业可以对部门和员工进行激励与考核,以反馈预算执行情况。

此外,TREND 函数通过线性回归的方式,根据已知的数据点预测未来的数据点或趋势,为企业提供了一种简单而有效的数据分析工具。

项目小结

本项目聚焦于预算管理知识及精细化预算管理流程,运用 Excel 可视化工具深度剖析相关数据。项目核心在于通过掌握企业精细化预算管理的全面流程,结合实例中的

笔记

项目九 预算管理

预算管理状况与财务数据,利用 Excel 的 TREND 函数实施可视化分析。此项目旨在提升学生的数据分析能力,特别是数据分析在企业分析中的应用水平,同时培养其应用财务大数据的意识,并构建深度分析思维模式。

一、思考题

1. 企业预算管理需要编制预测哪三大报表?试从报表的角度思考企业进行预算管理时需要注意什么影响因素。
2. 请结合实际案例思考精细化预算管理对企业的作用与影响,以及其独特之处。

二、讨论题

1. 精细化预算管理对企业打造柔性供应链有什么影响?请结合实际案例进行讨论。
2. 企业的预算管理与其市场竞争力之间存在怎样的关系?请结合实际案例,给出你的理由。

项目十　业绩考核与评价认知

 项目导读

　　日月经天，江河行地。从古至今，各行各业都离不开考核。考核作为一种衡量工作成效的重要手段，不仅关系个人职业生涯的发展，更影响着整个组织的运行效率。然而，考核工作被公认为是管理学上的"珠穆朗玛峰"，其难度之大，在于要考实、考准、考出内生动力，绝非易事。在新时代背景下，党的二十大报告对干部考核工作提出了新的要求，特别强调要完善干部考核评价体系，引导干部树立和践行正确政绩观。

　　面对这一要求，企业不仅要深入理解考核的本质和目的，还要探索如何将这一理念融入企业等组织的实际工作中。本项目将深入探讨业绩考核与评价的基本原理和方法，认识到考核工作对企业发展的重要性，提高在实际工作中运用考核手段的能力。这既是一道落实党的二十大精神的政治题，也是企业等组织在实践中的必答题。只有做好这道题，企业才能更好地激发员工的积极性、主动性和创造性，持续健康发展。

 学习目标

【知识目标】
1. 掌握业绩考核与评价的基本内容，理解其在组织管理中的作用。
2. 掌握责任成本的构成及责任成本核算与考核的要点。
3. 熟悉责任中心的定义与分类，掌握利润中心与投资中心考核指标的相关计算。
4. 熟悉责任报告的基本概念与编制流程，了解其对管理层的作用。
5. 熟悉四种基本的绩效管理工具，掌握基于EVA(经济附加值)的业绩考核方法。

【技能目标】
1. 培养学生建立责任体系的能力，了解责任中心与责任报告，能够识别并定义不同层级的责任成本，确保成本管理的精确性和有效性。
2. 培养学生运用绩效管理工具的能力，了解其在业绩考核中的应用场景和优势。

【素养目标】
1. 培养全局视野，及时发现并解决问题，为决策者提供有力支持，实现有效成本控制。
2. 强化责任意识，明确作为新时代中国特色社会主义接班人应该肩负的责任。

项目十 业绩考核与评价认知

知识框架

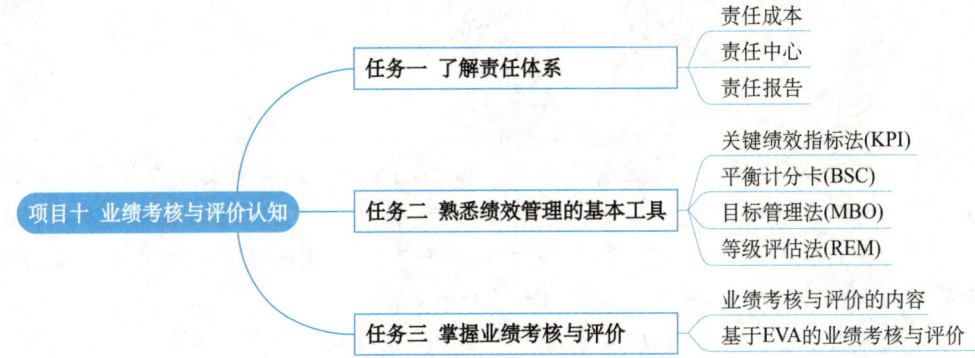

自主预习任务单

一、学习指南
课题名称：智能化成本核算与管理
达成目标： （1）熟悉四种基本的绩效管理工具，掌握基于EVA（经济附加值）的业绩考核方法。 （2）能够运用Power BI搭建预算管理与业绩考核评价驾驶舱，实现数据分析。
学习方法建议： （1）多维度分析训练：学生通过对市场数据、预算管理与业绩考核评价体系和预算相关数据进行分析，将理论与实践相结合，掌握综合数据分析方法。 （2）数据可视化与决策支持：学生可以利用Power BI等工具，将预算相关数据进行可视化展示，并为企业提供决策支持建议。
课堂学习形式预告： （1）Power BI讲解与案例分析：教师针对生物设备制造业、智能电子产品制造业运营数据和预算数据进行讲解，帮助学生理解员工绩效考核与评价分析方法。 （2）RANK函数讲解：教师课前对Excel中RANK函数的语法进行讲解，为后续学生运用Excel可视化模型进行决策分析打好基础。
二、学习任务
学生通过观看教学视频（或阅读教材、分析提供的学习资源）自学，完成下列学习任务： （1）阅读业绩考核与评价相关资料，做好课前预习。 （2）登录智能化成本核算与管理实训平台进行实操训练。
三、困惑与建议（请在此处记录在本项目学习中遇到的困惑和对课程的建议）

217

任务一　了解责任体系

思维引例

在绿源环保公司,新项目经理李华面临一项挑战:项目的成本超支和责任不明确导致进度延误。为了扭转局面,李华决定引入责任体系,他先分析了项目的责任成本,明确了每个环节的费用控制责任人。随后,他设立了责任中心,将团队成员分为几个小组,每组负责项目的一个关键部分,确保了工作的专注和效率。

李华还推行了责任报告制度,要求每个责任中心定期提交工作进展和成本使用情况。通过这些报告,项目透明度提高,问题得以迅速解决。这一系列措施实施后,项目逐渐步入正轨。

思考:在实施责任体系后,如何确保每个责任中心都能够持续高效地履行职责,防止责任落实不到位的情况发生?

任务导入

思政视频05
责任体系重塑成本管理,激发效益增长力

本任务的主要内容包括:
(1)学习责任体系,包括责任成本、责任中心、责任报告的内容,深入理解并掌握企业内部管理核心机制。
(2)明确各责任中心成本责任,激发成本控制积极性。

知识准备

课件24:项目十任务一责任体系

一、责任成本

(一)基本概念

责任成本是指在企业生产经营过程中,各责任中心因承担一定经济责任而发生的,并由特定的责任主体负责的成本。它强调成本的责任归属,是责任会计的重要组成部分。

(二)基本构成

责任成本由可控成本和不可控成本两部分构成。

1. 可控成本

可控成本是指责任中心可以直接进行控制和调节的成本,如材料消耗、人工费用等,通常应同时符合以下三个条件。
(1)可预测:成本中心有办法知道将发生什么性质的耗费。
(2)可计量:成本中心有办法计量它的耗费。
(3)可调控:成本中心有办法控制并调节它的耗费。

凡不符合上述三个条件的,即为不可控成本。

注意:可控成本总是针对特定责任中心来说的,对某个责任中心来说可控的一项成本,对另外的责任中心来说则是不可控的。一般来说,成本在消耗或支付当期通常具备直接可控性;但受成本性态、责任中心权责及业务流程动态调整影响,部分成本的可控性可延续至后续期间,并非绝对支付或消耗后不可控。

2. 不可控成本

不可控成本是指责任中心无法直接控制和调节的成本,如固定资产折旧、利息支出等。

区分可控成本和不可控成本,还要考虑成本发生的时间范围。一般来说,在消耗或支付的当期成本是可控的,一旦消耗或支付了就不再可控。有些成本是以前决策的结果,如折旧费、租赁费等,在添置设备和签订租约时曾经是可控的,而使用设备或执行契约时已无法控制。

从整个公司的空间范围和很长的时间范围来观察,所有成本都是人的某种决策或行为的结果,都是可控的。但是,对于特定的人或时间来说,有些是可控的,有些则是不可控的。

(三) 责任成本与标准成本、目标成本的区别和联系

标准成本和目标成本主要强调事先的成本计算,而责任成本强调事后的计算、评价和考核,是责任会计的重要内容之一。标准成本在制定时是分产品进行的,企业在事后对差异进行分析时才判别责任归属。企业在事先规定目标成本时就考虑责任归属,并按责任归属收集和处理实际数据。因此,不管使用目标成本还是标准成本作为控制依据,事后的评价与考核都要求核算责任成本。

(四) 责任成本核算与考核

企业应对各责任中心的责任成本进行单独核算,以明确各责任中心的成本责任。同时,通过建立合理的考核机制,对责任中心的成本控制效果进行评价和奖惩,以激发其成本控制的积极性。

【例 10-1】 甲公司是一家专注于生产精密机械部件的企业,拥有生产部、采购部、销售部以及财务部等多个部门。为了更有效地管理成本,公司决定实施责任成本核算体系。

责任成本核算与考核的实施如下。

(1) 设定责任中心。

生产部:作为成本中心,主要负责产品的直接生产。

采购部:作为成本中心,负责原材料的采购,对其采购成本负责。

销售部:作为利润中心,不仅负责产品的销售,还对其销售费用(如销售人员工资、广告费用、销售提成等)负责,并追求销售收入和利润的最大化。

财务部:虽然不直接产生成本,但在责任成本核算中扮演重要角色,负责成本数据的收集、分摊和核算,确保成本信息的准确性和及时性。

(2) 界定成本范围:明确界定各责任中心的可控成本,如生产部的直接材料消耗、人工成本等,采购部的材料采购价格等。

(3) 分摊共同费用:遵循"谁控制谁负责"的原则,将可控成本直接分配给相应的责任中心。

(4) 评价成本控制业绩:通过责任成本核算,公司能够清晰地了解各责任中心的成本控制情况。定期比较实际成本与预算成本,分析差异原因,并采取相应措施纠正偏差。根

据各责任中心的成本控制业绩,进行相应的奖惩,激励各部门积极参与成本控制活动。

二、责任中心

责任中心是指承担一定经济责任,并享有一定权力的企业内部单位,如企业内的各个分厂、车间、工段、班组以及各行政部门等。划分责任中心的标准并不在于组织机构的大小或人数的多少,其目的在于调动一切积极因素,使各责任中心在其职责范围内努力工作,为实现企业总体目标创造有利条件。因此,责任中心是为履行某种责任而设立的特定部门。责任中心应以明确责任为出发点,以职责范围作为划分的标准,它是一个权、责、利的结合体。

为了更有效地进行预算管理和绩效评估,责任中心通常根据其工作职责和权限范围被划分为不同类型。一般而言,这种划分包括成本中心、利润中心和投资中心三类。

(一) 成本中心

1. 基本含义

成本中心是责任会计中的一个重要概念,指的是在企业的生产经营活动中,对产品或劳务的成本负责的责任中心。由于成本中心作为一个独立的中心,不负责产品或劳务的销售,因此其业绩与销售收入或利润无关。例如,一个生产车间,它的产成品或半成品并不由自己出售,没有销售职能,没有货币收入。有的成本中心可能有少量收入,但不成为主要的考核内容。例如,生产车间可能会取得少量外协加工收入,但这不是它的主要职能,不是考核车间的主要内容。

2. 基本类型

1) 按是否有下属成本中心划分

按是否有下属成本中心划分,成本中心可分为基本成本中心和复合成本中心。

(1) 基本成本中心,它没有下属成本中心,一个工段(指的是企业生产流程中的一个特定区域或环节)可以作为一个成本中心。虽然工段没有下属的成本中心,但并不意味着它不重要。相反,工段作为企业生产流程中的一部分,其成本控制的效果和质量直接影响到企业的整体成本和效益。因此,企业需要对工段进行有效管理和监控,确保其成本控制得当,以达到企业的整体成本目标。

(2) 复合成本中心,是指企业在内部将多个成本中心合并成一个整体进行管理和核算的一种方式。复合成本中心是由多个成本中心组成的整体,这些成本中心可以是单一的、同类型的,也可以是不同类型的。它们被合并成一个整体进行管理和核算,以实现更高效的成本管理和控制。

2) 按成本的可估性和与其产出量的直接关系程度划分

按成本的可估性和与其产出量的直接关系程度划分,成本中心可分为技术性成本中心和酌量性成本中心。

(1) 技术性成本中心。技术性成本是指发生的数额通过技术分析可以相对可靠地估算出来的成本,如产品生产过程中发生的直接材料、直接人工、间接制造费用等。技术性成本在投入量与产出量之间有着密切联系,可以通过弹性预算予以控制。

(2) 酌量性成本中心。酌量性成本是否发生以及发生数额的多少是由管理人员的决策所决定的,主要包括各种管理费用和某些间接成本项目,如研究开发费用、广告宣传费

用、职工培训费等。酌量性成本在投入量与产出量之间没有直接关系,其控制应着重于预算总额的审批上。

3. 运作机制

成本中心的运作机制主要是通过制定和实施成本控制措施来实现成本目标。它通常会根据企业的经营目标和预算要求来制定各项成本控制措施,如降低采购成本、提高生产效率、优化产品设计等。同时,成本中心还需要对成本进行精细管理和控制,以实现成本最小化。

因此,通过设立成本中心,企业可以将成本管理和控制的责任落实到各个部门和员工,形成逐级控制、层层负责的成本中心体系。

4. 控制目标

成本中心的控制目标是实现成本最小化,这包括两个方面:

(1) 通过优化产品设计、采购、生产等环节降低不必要的成本。

(2) 通过合理安排各项成本的支出时间和方式提高成本效益。

同时还需要对成本的核算和管理进行监督和管理,确保成本的准确性和有效性。

5. 考核指标

一般而言,成本中心的考核指标是既定产品质量和数量条件下可控的标准成本。成本中心不对生产能力的利用程度负责,而只对既定产量的投入量承担责任。

(二) 利润中心

1. 基本含义

利润中心是指一个组织或单位,其对产品或服务的研发、生产、销售等环节进行全面管理,并承担相应的利润责任。它通常是由一组人员组成,具备对产品或服务的市场研究、销售策略、生产计划、成本控制等综合能力。

2. 基本类型

根据职责和权限的不同,利润中心可以分为独立利润中心和辅助利润中心。

(1) 独立利润中心:是指能够独立开展业务,对外销售产品或提供服务,并承担相应的市场风险和收益责任。

(2) 辅助利润中心:是指为其他业务单元或部门提供支持或协调工作,其收益来源于内部服务收费或成本分摊。

3. 运作机制

利润中心的运作机制主要是通过制定和实施销售预算和生产预算,并管理相应的成本和费用来实现利润目标。它需要关注市场需求和竞争状况,制定相应的销售策略和生产计划,并对其进行监控和调整。同时,利润中心还需要对相关成本和费用进行精细管理和控制,以实现利润最大化。

4. 控制目标

利润中心的控制目标是实现利润最大化,这包括两个方面:

(1) 通过优化销售和生产策略,提高收入。

(2) 通过合理控制成本和费用,降低成本。

同时,利润中心还需要关注市场风险和竞争状况,制定相应的应对策略,以保证企业的长期稳定发展。

5. 考核指标

对利润中心进行考核的指标主要是利润。企业在计量一个利润中心的利润时,考虑两个问题:选择一个利润指标,分配成本到该中心;为在利润中心之间转移的产品或劳务规定价格。

具体利润指标通常有三种:部门边际贡献、部门可控边际贡献、部门税前经营利润。

1) 部门边际贡献

部门边际贡献,又称部门毛利,是指部门在经营活动中所创造的、未扣除全部固定成本之前的利润贡献。它反映了利润中心(如部门或分部)为整个企业实际做出的贡献,对评价该部门在企业中所具有的重要性以及确定其应有的客观地位具有重要意义。

计算公式为:

$$部门边际贡献 = 部门销售收入 - 部门变动成本总额$$

以边际贡献作为利润中心的业绩评价依据其实不够全面,部门经理至少可以控制某些固定成本,并且在固定成本和变动成本的划分上有一定选择余地。以部门边际贡献为评价依据,可能导致部门经理尽可能多地支出固定成本以减少变动成本支出,但这样其实并不能降低总成本。

2) 部门可控边际贡献

部门可控边际贡献,也称部门经理可控边际,是指部门经理在其权责范围内有能力控制的边际贡献。它是在利润中心的边际贡献中扣除部门经理可以控制的固定成本后得到的,反映了该中心在其权限和控制范围内有效利用资源的能力。

计算公式为:

$$部门可控边际贡献 = 部门边际贡献 - 部门可控固定成本$$

以可控边际贡献作为业绩评价依据可能是最佳选择,因为它反映了部门经理在其权限和控制范围内有效使用资源的能力,而这一衡量标准的主要问题是可控固定成本和不可控固定成本的区分比较困难。

3) 部门税前经营利润

部门税前经营利润是指部门在经营活动中产生的、扣除变动成本和部门经理可控及不可控的固定成本后,但尚未扣除所得税之前的利润。它主要用于评价部门对企业利润和费用的管控与贡献,但不包括金融活动产生的损益。

计算公式为:

$$部门税前经营利润 = 部门可控边际贡献 - 部门不可控固定成本$$

以部门税前经营利润作为业绩评价依据,适合评价该部门对公司利润的贡献,而不适合于对部门经理的评价。

(三) 投资中心

1. 基本含义

投资中心是指负责管理和控制企业投资活动的责任中心。它主要关注企业的投资回报和风险控制,通过对投资项目的评估、决策和管理来实现投资目标。

2. 基本类型

根据投资性质和范围的不同,投资中心可以有不同的类型。例如,证券投资部门可以作为一个独立的投资中心,负责管理和控制证券投资活动;项目投资部门可以作为一个独立的投资中心,负责管理和控制项目投资活动等。

3. 运作机制

投资中心的运作机制主要是通过制定投资策略、评估投资项目、决策投资方向、管理投资风险等来实现投资目标。它通常会根据市场需求和企业战略来制定投资策略和方向,并根据投资项目的特点来评估风险和控制投资规模。同时,投资中心还需要及时掌握市场动态和投资项目进展情况,调整投资策略和管理措施,以实现投资回报最大化。

4. 控制目标

投资中心的控制目标是实现投资回报最大化,这包括两个方面:
(1) 通过优化投资策略和提高投资决策水平增加收益。
(2) 通过合理控制投资风险和优化资产组合降低风险。
同时还需要对投资项目的实施情况进行监督和管理,确保投资的效益性和合规性。

5. 考核指标

由于所得税是根据整个企业的收益确定的,与部门的业绩评价没有直接关系。因此,通常使用部门(税前)投资报酬率和部门(税前)剩余收益。

1) 部门(税前)投资报酬率

$$部门(税前)投资报酬率 = 部门税前经营利润 \div 部门平均净经营资产$$

这个指标属于相对数指标,可用于部门之间以及不同行业之间的业绩比较;还可以分解为投资周转率和部门经营利润率两者的乘积,并可进一步分解为资产的明细项目和收支的明细项目,从而对整个部门的经营状况作出评价。但是可能存在部门经理会产生"次优化"行为,即部门会放弃高于公司要求报酬率而低于目前部门投资报酬率的机会,或者减少现有的投资报酬率较低但高于公司要求的报酬率的某些资产,使部门的业绩获得较好评价,但损害了公司整体利益。

【例10-2】 某公司设定的投资报酬率标准为10%。目前业务部门A有一个稳定的投资项目,年投资报酬率为15%。部门经理在考虑新投资机会时,发现了一个新的项目,预计年投资报酬率为12%,但低于A部门当前的15%报酬率。为了避免新项目拉低部门整体投资报酬率,部门经理决定放弃这个新项目,尽管它高于公司的10%要求。这种行为就是"次优化"行为,即基于部门局部利益而非公司整体利益来作出决策的行为。

2) 部门(税前)剩余收益

$$部门(税前)剩余收益 = 部门税前经营利润 - 部门平均净经营资产应计报酬$$
$$= 部门税前经营利润 - 部门平均净经营资产 \times 要求的税前投资报酬率$$
$$= 部门平均净经营资产 \times (部门投资报酬率 - 要求的报酬率)$$

这个指标属于绝对数指标,不便于不同规模的公司和部门的业绩比较。它比较依赖于会计数据的质量,如果会计信息的质量低劣,也会导致低质量的剩余收益和业绩评价。但是与增加股东财富的目标一致,可以使业绩评价与公司的目标协调一致,引导部门经理采纳高于公司要求的税前投资报酬率的决策。

三、责任报告

(一) 基本概念

责任报告是企业内部各个责任中心在经济活动过程中所形成的各种数据、信息的汇总与整合。责任报告通常用于向管理层报告组织财务和运营情况。通过责任报告,企业能够全面了解各个责任中心的运营状况,及时发现和解决问题,为决策者提供有力支持。

(二) 编制流程

责任报告的编制流程一般包括以下步骤:

(1) 收集数据:各个责任中心定期将经济活动数据上报给企业总部,确保数据的准确性和完整性。

(2) 整理分析:企业总部对收集到的数据进行整理和分析,对各个责任中心的运营状况进行评估。

(3) 编制报告:根据整理和分析的结果,企业总部编制责任报告,包括各种数据和信息。

(三) 报告作用

责任报告在企业的决策制定、业绩考核、资源分配等方面发挥着重要作用。通过对责任报告的分析,企业决策者可以了解各个责任中心的运营状况,为资源分配和战略调整提供依据。此外,责任报告还可以帮助企业及时发现和解决问题,提高管理效率和运营效益。责任体系作为企业内部管理的重要组成部分,通过其完善构建与成本控制机制的结合,能够明确各责任中心的成本责任,有效激发其成本控制积极性,进而提升企业整体效益与竞争力。

针对不同类型责任中心实施有针对性的管理与考核,汇总并整合各责任中心在经济活动中产生的数据与信息,形成责任报告向管理层汇报财务与运营状况,这不仅有助于企业全面了解各责任中心的运营实况,还极大便利了问题的及时发现与解决,为决策者提供了有力的支持,是实现有效成本控制的关键所在。

 任务训练

1. 任务描述

晨光科技公司负责研发、生产和销售智能手机和相关配件,公司设有研发部、生产部、销售部、采购部、财务部等职能部门,成本控制不力,导致利润率下降。

2. 任务分析

建立责任成本核算体系,明确各责任中心的成本责任;通过责任成本核算,找出成本控制的薄弱环节,并制定改进措施。

3. 任务实训

步骤一:责任中心划分。

研发部:作为成本中心,负责新产品研发过程中的研发成本,包括研发人员工资、材料费用、设备折旧等。

生产部:作为成本中心,负责产品生产过程中的制造成本,包括直接材料、直接人工、制造费用等。

销售部:作为利润中心,负责产品销售过程中的销售收入和销售成本,包括销售人员工资、广告费用、物流费用等。

采购部：作为成本中心，负责原材料采购成本，包括采购价格、运输费用等。

财务部：作为成本中心，负责公司日常运营过程中的管理费用，包括办公费用、差旅费用等。

步骤二：责任成本核算。

确定成本范围：明确各责任中心的可控成本和不可控成本。

制定核算流程：建立责任成本核算流程，包括数据收集、分摊和核算方法。

选择核算方法：采用标准成本法进行责任成本核算，将标准成本与实际成本进行比较，分析成本差异，找出成本控制的薄弱环节。

步骤三：考核指标设计。

研发部：研发成本降低率、新产品开发周期等。

生产部：产品制造成本降低率、生产效率等。

销售部：销售收入增长率、销售利润率等。

采购部：采购成本降低率、供应商管理效率等。

财务部：管理费用控制率、资金使用效率等。

步骤四：责任报告编制。

收集数据：定期收集各责任中心的成本、费用、收入等数据。

编制报告：按照规定的格式和内容编制责任报告，包括成本分析、效益评估等内容。

报告分析：对责任报告进行分析，找出成本控制的薄弱环节，并提出改进建议。

决策赋能

责任成本核算体系强调了成本控制的责任归属，将成本控制的目标分解到各个责任中心，使每个中心都能够清晰地认识到自身的成本控制责任，并采取相应的措施进行控制。这种责任到人的机制，有效地避免了成本控制的盲区和漏洞，确保了成本控制目标的实现。责任成本核算体系为企业提供了科学的成本分析和评价工具。通过对责任报告的分析，企业可以及时发现成本控制的薄弱环节，并针对性地制定改进措施。这种基于数据和分析的管理方式，提高了成本控制的效率和效果，为企业节约了大量成本。

同时，责任成本核算体系有助于企业建立完善的绩效考核体系。企业通过对各责任中心成本控制业绩的考核，可以有效地激励员工积极参与成本控制活动，提高员工的工作积极性和主动性。通过对责任报告的分析和考核结果的反馈，企业可以不断优化成本控制流程和方法，提高成本控制水平，为企业未来的发展奠定坚实的基础。

项目十任务一习题

任务二　熟悉绩效管理的基本工具

思维引例

张琳是"智慧星辰"软件开发公司的人力资源经理，最近在工作中他发现了一个重要的问题：尽管公司投入了大量资源进行员工培训，但整体绩效并没有显著提升。为了改善这一状况，张琳决定引入绩效管理的基本工具来提升团队效能。她先采用了目标管理(MBO)方法，与各部门负责人一起设定了具体的、可衡量的业绩目标。

接着，张琳引入了关键绩效指标(KPI)，为每个岗位制定了明确的绩效衡量标准。她还实施了360度反馈评价，让员工从同事、上级和下属那里获得全面的绩效评价。张琳希望能够更准确地评估员工表现，并提供针对性的发展建议。

思考：除了上述工具，你还了解哪些常见的绩效管理基本工具？

任务导入

本任务的主要内容包括：

（1）了解业绩考核的基本内容，熟悉四种基本的绩效管理工具的特征。

（2）能够运用绩效管理工具对企业的绩效进行有效评估和管理，提升企业整体运营效率和业绩。

知识准备

课件 25：项目十任务二绩效管理的基本工具

一、关键绩效指标法

（一）基本含义

关键绩效指标法(key performance indicators，KPI)是以企业年度目标为依据，通过对员工工作绩效特征的分析，确定反映企业、部门和员工个人一定期限内综合业绩的关键性量化指标，并以此为基础进行绩效考核的方法。该方法通过设定明确的关键绩效指标，帮助企业将年度目标转化为具体的员工行动，从而提高整体业绩。

关键绩效指标，是对企业绩效产生关键影响力的指标，是通过对企业战略目标、关键成果领域的绩效特征分析，识别和提炼出的最能有效驱动企业价值创造的指标。值得注意的是，关键绩效指标法可以单独使用，也可以与经济增加值、平衡计分卡等其他方法结合使用。其应用对象可以是企业，也可以是企业所属的单位(部门)和员工。

（二）遵循 SMART 原则

（1）具体性(specific)：目标应该是明确而具体的，避免含糊不清或过于宽泛的描述。例如，一个具体的销售目标可以是"在未来三个月内，将 A 产品的销售额提高 20%"，而不是简单地"提高销售额"。

（2）可测量性(measurable)：目标应该是可以量化的，这样便于追踪进度和评估成果。比如，使用具体的数字(如销售额、产量、客户满意度百分比等)来衡量目标的达成情况。

（3）可达成性(achievable)：目标应该是实际可行的，既具有挑战性又不至于遥不可及。设定目标时需要考虑现有的资源、能力和市场环境等因素。

（4）相关性(relevant)：目标应该与组织或个人的整体战略、愿景和使命紧密相关。确保每个目标都对实现更广泛的目标有所贡献。

（5）时限性(time-bound)：目标应该设定明确的完成期限。这有助于保持紧迫感和专注度，同时促进计划的执行和成果的评估。

(三) 一般的应用程序

(1) 制订以关键绩效指标为核心的绩效计划。
(2) 制订激励计划。
(3) 执行绩效计划与激励计划。
(4) 实施绩效评价与激励。
(5) 编制绩效评价报告与激励管理报告等。

其中,绩效计划作为整个流程的起点和基础,其重要性不言而喻。它不仅为后续的绩效执行、评估与反馈提供了明确的指导和框架,还直接关联到组织目标的实现和员工工作动力的激发。

(四) 绩效计划

绩效计划的核心内容主要包括关键绩效指标体系的构建、分配指标权重以及确定目标值。

1. 关键绩效指标体系的构建

关键绩效指标(KPI)体系的构建是绩效计划中的首要任务。这一过程涉及对组织战略目标的深入理解和细化分解,确保每个 KPI 都能紧密连接并支撑战略目标的实现。构建 KPI 体系时,需要遵循 SMART 原则(具体性、可测量性、可达成性、相关性、时限性),确保每个指标都是具体明确的,可以量化评估,既具有挑战性又可实现。同时与组织和个人目标紧密相关,并在一定时限内完成。

在构建过程中,需要广泛收集信息,包括历史数据、行业标准、竞争对手情况等,以制定出既符合组织实际情况又具有前瞻性的 KPI。同时,要注重 KPI 的全面性和平衡性,既要关注财务指标,也要考虑非财务指标,如客户满意度、员工满意度、创新能力等,以全面反映组织的绩效水平。

2. 分配指标权重

确定了关键绩效指标体系后,需要为各个指标分配权重。

权重分配是反映各 KPI 在整个绩效评价体系中相对重要性的过程,也是确保评价结果公正、客观的关键环节。企业应基于各指标对组织目标实现的贡献程度、难易程度以及组织的战略重点等因素进行综合考虑。在分配权重时,可以采用专家打分、层次分析法、问卷调查等方法,确保权重分配的科学性和合理性。同时,要注重权重的动态调整,随着组织战略目标和业务环境的变化,及时调整各指标的权重,以确保绩效评价体系的时效性和适应性。

3. 确定目标值

目标值是衡量绩效达成情况的标准,也是员工努力工作的方向标。

在确定目标值时,需要结合组织的战略目标、历史数据、行业趋势以及员工的实际能力等因素进行综合考虑。目标值应具有一定的挑战性,能够激发员工的积极性和创造力,但也要确保在员工努力后能够达成,避免设置过高或过低的目标值而导致员工失去动力或失去信心。在确定目标值时,可以采用上下级协商的方式,确保目标值得到员工的认同和接受。同时,要注重目标值的可衡量性和可追踪性,确保在后续的绩效执行和评估过程中能够准确衡量员工的绩效达成情况,并为后续的绩效反馈和改进提供依据。

(五)相关评价

1. 优点

评价指标数量相对较少,实施成本相对较低。该方法通过识别价值创造模式,把握关键价值驱动因素,能够更有效地实现企业价值增值目标,使企业业绩评价与企业战略目标密切相关,有利于企业战略目标的实现。

2. 缺点

选取关键绩效指标需要基于对企业价值创造模式和战略目标的透彻理解,有效识别企业核心业务流程和关键价值驱动因素,若指标体系设计不当很可能会导致错误的价值导向和管理缺失。

二、平衡计分卡

动画10 平衡计分卡的核心

(一)基本含义

平衡计分卡是一种以企业战略为导向的绩效评价和管理系统。它通过将企业愿景和战略转化为财务、顾客、内部业务流程和学习与成长四个方面的具体指标,全面管理和评价企业的综合业绩。这些指标之间存在因果关系,通过这种关系可以了解企业的整体运营状况,并发现需要改进的领域。平衡计分卡不仅是一个绩效评价工具,还是一个有效的战略管理工具,可以帮助企业实现其战略目标。

(二)四个维度

平衡计分卡所设定的目标和指标源于企业的愿景和战略,它们从四个维度——财务、顾客、内部业务流程、学习与成长,来全面评估企业的业绩。如图10-1所示,这四个维度共同构成了平衡计分卡的框架,将任务和决策转化为具体可衡量的目标和指标,以支持企业的战略性发展。

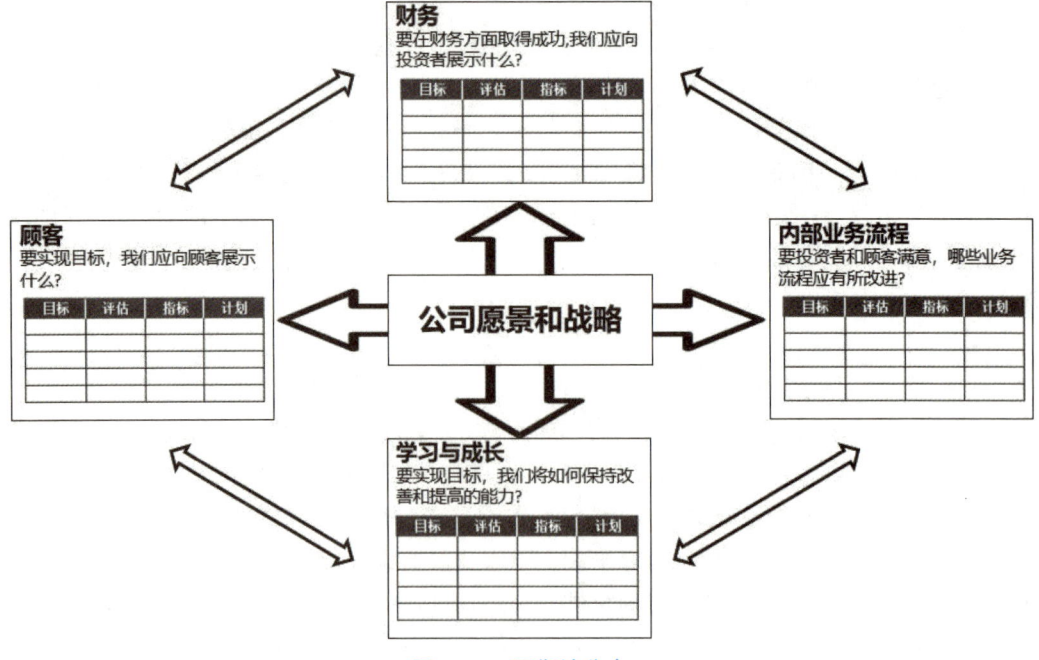

图10-1 平衡计分卡

1. 财务维度

这一维度的目标是解决"股东如何看待我们"的问题。回答这类问题可表明企业的努力是否最终对企业的经济收益产生了积极的作用。众所周知,现代企业财务管理目标是企业价值最大化,而对企业价值目标的计量是离不开相关财务指标的。财务维度指标通常包括投资报酬率、权益净利率、经济增加值、息税前利润、自由现金流量、资产负债率、总资产周转率等。

2. 顾客维度

这一维度回答"顾客如何看待我们"的问题。顾客是企业之本,是现代企业的利润来源。顾客感受理应成为企业关注的焦点,应当从时间、质量、服务效率以及成本等方面了解市场份额、顾客需求和顾客满意程度。常用的顾客维度指标有市场份额、客户满意度、客户获得率、客户保持率、客户获利率、战略客户数量等。

3. 内部业务流程维度

这一维度着眼于企业的核心竞争力,回答"我们的优势是什么"的问题。企业要想按时向顾客交货,满足现在和未来顾客的需要,必须以优化企业的内部业务流程为前提。因此企业应当遴选出那些对顾客满意度有最大影响的业务流程,明确自身的核心竞争能力,并把它们转化成具体的测评指标。反映内部业务流程维度的常用指标有交货及时率、生产负荷率、产品合格率、存货周转率、单位生产成本等。

4. 学习与成长维度

这一维度的目标是解决"我们是否能继续提高并创造价值"的问题。只有持续不断地开发新产品,为客户创造更多价值并提高经营效率,企业才能打入新市场,才能赢得顾客的信任,从而增加股东价值。企业的学习与成长来自员工、信息系统和企业程序等。根据经营环境和利润增长点的差异,企业可以确定不同的产品创新、过程创新和生产水平提高指标,如新产品开发周期、员工满意度、员工保持率、员工生产率、培训计划完成率等。

(三)四个平衡

平衡计分卡的四个平衡主要体现在其评估和管理体系的四个方面,这四个方面相互关联、相互平衡,共同构成了企业全面绩效评估的框架。

1. 财务评价指标与非财务评价指标的平衡

财务评价指标:关注企业的盈利能力、资产运营效率以及偿债能力等方面的直接财务指标,如投资报酬率、权益净利率等。

非财务评价指标:通过非财务指标来评估企业的市场表现、客户满意度、内部运营效率、员工能力和创新能力等,这些指标虽然不直接反映财务状况,但对企业的长期成功至关重要。

2. 短期评价指标与长期评价指标的平衡

短期评价指标:如财务维度中的销售额、利润率等,这些指标反映了企业当前的经营状况和短期内的业绩表现。

长期评价指标:如学习与成长维度中的员工培训与发展、创新能力等,这些指标关注企业的持续成长和未来发展潜力,体现了企业对长期价值的追求。

3. 内部评价指标与外部评价指标的平衡

内部评价指标(内部业务流程和学习与成长):关注企业内部运营效率和员工能力的

提升,确保企业能够高效运作并具备持续创新的能力。

外部评价指标(顾客):强调以顾客为中心,关注市场需求和顾客满意度,确保企业能够满足客户需求并保持市场竞争力。

4. 结果评价指标与动因评价指标的平衡

这两个指标又分别称为成果评价指标与驱动因素评价指标。

结果评价指标,如财务维度中的销售额和利润率,这些指标直接反映了企业的经营成果。

动因评价指标,如顾客维度中的顾客满意度和市场份额、内部业务流程维度中的生产效率和产品质量、学习与成长维度中的员工培训等,这些指标虽然是间接的,但它们是影响企业最终业绩的关键因素。

(四) 对企业战略管理的作用

平衡计分卡与企业战略管理之间存在着紧密的关系。平衡计分卡不仅仅是一个绩效管理工具,而且是一种战略执行的工具,通过将企业的战略目标转化为可衡量的绩效指标,确保企业的战略意图能够得到有效执行。

具体而言,平衡计分卡通过四个维度的综合评估(财务、顾客、内部业务流程、学习与成长),帮助企业将战略目标转化为具体的行动计划和衡量标准,从而确保企业战略的有效实施和监控。

因此,在企业战略管理中,平衡计分卡起到了桥梁和纽带的作用。它使企业能够将战略从抽象的愿景和使命转化为具体的、可操作的行动方案,并通过持续的绩效评估和反馈机制,不断调整和优化战略执行过程,确保企业战略目标的实现。

(五) 一般的应用程序

1. 明确战略目标

平衡计分卡的应用始于对企业战略目标的深入思考和明确界定。企业高层领导需要充分了解市场环境、竞争状况和企业自身优势,并在此基础上制定出具有前瞻性和可操作性的战略目标。这些目标应体现企业的愿景和使命,并能够指导企业未来的发展方向。例如,一家科技公司可能会将"成为行业领导者"作为其战略目标,并制订相应的行动计划来实现这一目标。

2. 构建平衡计分卡

在明确战略目标的基础上,企业需要构建平衡计分卡,将战略目标转化为可衡量的绩效指标。平衡计分卡通常包含财务、顾客、内部业务流程和学习与成长四个维度,每个维度都包含一系列具体的指标。例如,财务维度可能会包含收入增长率、利润率和投资回报率等指标,顾客维度可能会包含客户满意度、市场份额和客户忠诚度等指标。这些指标应该具有可衡量性和可比性,并能够反映企业的战略目标。

3. 制订行动计划

为了实现平衡计分卡上的绩效目标,企业需要制订具体的行动计划。这些计划应该包括明确的责任分配、时间表和资源要求,以确保各项任务得到有效执行。行动计划需要与企业的战略目标和绩效指标紧密相关,以确保能够共同推动企业战略的实现。例如,为了提高客户满意度,企业可能会制订改进客户服务流程、加强员工培训等行动计划。

4. 监控与评估

平衡计分卡的实施需要建立有效的监控和评估机制。企业应该定期对平衡计分卡上的绩效指标进行评估和反馈,以了解战略执行情况,发现问题并采取相应的改进措施。例如,企业可以通过定期召开绩效评估会议,分析绩效指标完成情况,并制定改进措施。此外,企业还应该将绩效评估结果与激励机制相结合,以更好地激励员工创造价值。

【例10-3】某汽车制造公司面临着激烈的市场竞争和日益增长的成本压力,传统的绩效考核方式已无法满足公司快速发展的需求。为了更好地实现提高市场份额和盈利能力的战略目标,公司决定引入平衡计分卡作为新的绩效管理工具。为此,公司开始了以下步骤:

(1) 明确战略目标:公司的战略目标是提高市场份额和盈利能力。

(2) 构建平衡计分卡:在明确了战略目标后,企业需要根据平衡计分卡的四个维度(财务、顾客、内部业务流程、学习与成长),将战略目标转化为具体的绩效指标。这些指标应该具有可衡量性、可达成性和相关性,以确保它们能够准确地反映企业战略的执行情况。

财务方面:为了实现这个目标,公司需要提高销售额和利润率。例如,销售额增长20%,利润率达到15%。

顾客方面:为了提高市场份额,公司需要关注客户满意度和客户保留率。具体的指标可能包括客户满意度调查得分、投诉处理时间、客户回头率等。公司可以设定客户满意度达到90%以上,投诉处理时间不超过2个工作日等目标。

内部业务流程方面:为了提高销售和利润率,公司需要优化生产和供应链管理。具体的指标可能包括生产效率、产品质量合格率、交货准时率等。公司可以设定生产效率提高10%,产品质量合格率达到98%,交货准时率达到95%等目标。

学习与成长方面:为了实现长期发展,公司需要关注员工培训和技能提升、产品研发和创新等方面。具体的指标可能包括员工培训计划完成率、新产品研发周期、员工满意度等。公司可以设定员工培训计划完成率达到90%,新产品研发周期缩短20%,员工满意度达到80%等目标。

(3) 制订行动计划:为了实现平衡计分卡上的绩效目标,企业需要制订具体的行动计划。这些计划应该包括明确的责任分配、时间表和资源要求,以确保各项任务得到有效执行。行动计划需要与企业的战略目标和绩效指标紧密相关,以确保能够共同推动企业战略的实现。

(4) 监控与评估:公司建立监控和评估机制,定期对平衡计分卡上的绩效指标进行评估和反馈。这有助于公司及时了解战略执行情况,发现问题并采取相应的改进措施。同时,通过持续的绩效监控和评估,公司还可以不断优化自己的战略目标和行动计划,以适应市场变化和自身发展的需要。

(六) 相关评价

1. 优点

(1) 战略聚焦:平衡计分卡能够帮助企业将战略目标转化为具体的、可衡量的绩效指标,从而确保所有部门和员工都围绕企业战略展开工作,实现战略聚焦。

(2) 多维度评估:通过财务、顾客、内部业务流程、学习与成长四个维度的综合评估,平衡计分卡能够全面反映企业的运营状况,避免单一财务指标评估的片面性。

(3) 促进沟通与协作:平衡计分卡的构建和实施过程需要企业各层级、各部门的广泛参与和沟通，这有助于打破部门壁垒，促进跨部门协作。

（4）持续改进：平衡计分卡强调绩效监控和反馈机制，能够及时发现企业战略执行中的问题，并为企业持续改进提供数据支持。

（5）增强员工参与度：通过将员工个人目标与企业战略目标相结合，平衡计分卡能够激发员工的积极性和创造力，增强员工的参与度和归属感。

2. 缺点

（1）实施难度大：平衡计分卡的构建和实施需要企业具备较高的管理水平和组织能力，对于一些管理基础薄弱的企业来说，实施难度较大。

（2）指标选择困难：在设定绩效指标时，需要确保指标的可衡量性、可达成性和相关性，但在实际操作中，这些指标的选择往往具有一定的主观性和复杂性，难以做到完全准确。

（3）成本较高：平衡计分卡的实施需要投入大量的人力、物力和财力，包括培训员工、收集数据、建立信息系统等，这些都会增加企业的运营成本。

（4）可能导致短视行为：虽然平衡计分卡强调多维度评估，但如果过分强调某些短期指标（如财务指标），可能会导致企业忽视长期发展和创新能力，产生短视行为。

三、目标管理法

（一）基本含义

目标管理法（management by objectives，MBO）是一种通过将组织的整体目标逐级分解至个人目标，根据被考核人完成工作目标的情况来进行考核的一种绩效考核方法。

在开始工作之前，考核人和被考核人需要就工作目标、时间期限和考核标准达成一致。在时间期限结束时，考核人根据被考核人的工作状况及原先制定的考核标准来进行考核。

（二）遵循 SMART 原则

在目标管理法中，SMART 原则被广泛应用于目标的设定、沟通、执行和评估等各个环节。

通过遵循 SMART 原则，组织可以确保所设定的目标是清晰、具体、可衡量的，并且能够激发员工的积极性和创造力，推动组织目标的实现。

（三）一般的应用程序

（1）设定目标：目标应与组织的愿景和使命相一致。

（2）下达目标：将组织目标层层分解到各个部门和岗位，确保每个员工都清楚自己的工作目标，增强目标的可接受性和执行动力。

（3）执行目标：根据目标制订详细的执行计划，定期对目标的执行情况进行监控，确保各项工作按计划进行。

（4）绩效评估与奖惩反馈：将实际成果与目标进行对比分析，评估目标的达成情况。对达成或超额达成目标的员工给予奖励，以激发其工作积极性和创造力。对未达成目标的员工采取适当的惩罚措施，以促使其改进工作表现。

（四）相关评价

目标管理法强调目标的可衡量性，这使绩效评估更加客观和公正。通过量化的指标

来评估目标的达成情况,有助于减少主观判断的干扰,提高评估的准确性和可靠性。此外,MBO 的实施过程需要上下级之间进行充分的沟通和协商,以确保目标的可行性和可接受性。这有助于增强组织的沟通氛围,促进团队成员之间的合作与协作。MBO 与奖惩机制相结合,能够激发员工的积极性和创造力。员工为了达成目标并获得相应的奖励,会更加努力地工作,从而推动组织整体绩效的提升。

然而,MBO 也存在一些缺点。在实施过程中,有时会出现资源分配不均的情况。一些关键目标可能获得了过多的资源支持,而其他目标则资源匮乏,这可能会导致组织整体发展的不均衡和不协调。此外,MBO 侧重短期目标的达成,可能会使员工和组织只关注眼前利益,而忽视长期发展和战略规划,从而损害组织的可持续发展能力。

四、等级评估法

(一) 基本含义

等级评估法根据工作分析,将被考核岗位的工作内容划分为相互独立的几个模块,在每个模块中用明确的语言描述完成该模块工作需要达到的工作标准。考核人则根据被考核人的实际工作表现,对每个模块的完成情况进行评估。总成绩便为该员工的考核成绩。这种方法通过将工作标准划分为不同的等级,有助于更准确地评估员工的工作表现。

(二) 适用范围

这种方法适用于对员工工作绩效进行定期或不定期的评估,包括但不限于年度绩效评估、季度绩效评估、项目绩效评估等。

(三) 一般的应用程序

(1) 确定评估标准:明确评估的维度和指标,如工作态度、工作能力、工作成果等,并根据企业实际情况制定具体的评估标准。

(2) 划分等级:根据评估标准,将员工工作表现划分为不同的等级,如优秀、良好、一般、较差等。等级划分应清晰明确,便于理解和操作。

(3) 收集评估信息:通过自我评估、上级评估、同事评估、客户评估等多种方式收集员工的绩效信息,确保评估结果的全面性和准确性。

(4) 实施评估与考核:依据评估标准和收集到的信息,对员工进行等级评定。公司根据评估结果对部门和员工进行相应的考核,加强管理策略和培训计划,提升整体绩效水平。

(四) 相关评价

等级评估法以其简单易行的特点受到许多企业和组织的青睐。其操作流程清晰,易于理解和实施,适用于不同行业和规模的组织。此外,等级评估法通过等级划分和反馈机制,能够有效激发员工的积极性和创造力。员工在了解自身绩效等级后,会更有动力改进工作表现,争取获得更高的评价。

然而,等级评估法也存在一些局限性。评估过程中易受评估者主观因素的影响,导致评估结果不够客观公正。此外,企业在制定评估标准和划分等级时,可能面临一定的困难和争议,难以确保标准的合理性和公平性。评估结果往往在一段时间后才能反馈给员工,这可能会影响员工的及时改进,无法及时纠正工作中的问题。

项目十任务二习题

1. 任务描述

思瑞生物科技有限公司专注于生物设备的研发、生产和销售,主要产品为显微镜,其余还包括离心机、生物反应器以及蛋白质纯化设备等。在审视公司整体运营状况时,财务团队遗憾地发现本年度的经营成果未能完全达到既定预期。

鉴于这一背景,公司需要更加深入地聚焦于业绩效益与成本评价两个方面:

(1) 从公司整体经营表现下沉至各部门,评估部门绩效与运营效能。

(2) 从发现问题的部门继续下沉到员工,评估员工绩效与成本意识。

公司年度运营数据、部门追责与绩效奖惩如表10-1和表10-2所示。

表10-1 公司年度运营数据

单位:万元

月份	1月	2月	3月	4月	5月	6月	7月	8月	9月	10月	11月	12月
收入	120.00	108.00	120.00	98.00	100.00	71.00	100.00	95.00	80.00	105.00	50.00	68.00
成本	20.00	25.00	32.00	30.00	27.00	31.00	50.00	37.00	42.00	60.00	80.00	32.00
费用	20.00	15.00	22.00	18.00	23.00	14.00	20.00	16.00	20.00	17.00	25.00	15.00
税金及附加	17.47	15.72	17.47	14.27	14.56	10.34	14.56	13.83	11.65	15.29	7.28	9.90

表10-2 部门追责与绩效奖惩

项目	责任部门	奖惩
业绩效益	涉及业绩效益的责任追究体系通常首先聚焦于总经办与市场部,这两个部门因其核心职能的特殊性而往往成为首要审视对象。当然,这并不意味着其他职能部门就可以置身事外。在明确总经办与市场部的责任后,公司也会根据具体情况,对其他如生产、财务、人力资源等职能部门进行必要的审视与责任追究,以确保整个公司的运营体系能够协同高效,共同推动业绩的提升。	工资薪金的加成或扣减;岗位的升迁与调降……
成本管控	在成本管控方面,公司会根据具体成本类别及实际情况,精准定位并追责相应部门的责任。例如,若生产成本管控不力,则会重点审视生产部的责任;若人力成本超标,则会聚焦于人力部进行追责,以确保成本管理的有效性和针对性。	

注:通常,公司会对单项得分值低于20分的项目给予高度关注。这一举措表明公司对低绩效领域的敏锐识别与快速响应能力。

2. 任务分析

Excel成本可视化分析模型主要涉及:数据计算、静态图表分析与基于参数筛选的动态交互式图表分析。每个页签均设计为上方展示整体数据的可视化图表,便于直观分析。静态图表直接呈现图表以供数据解读,而动态分析则需通过操作界面的【黄色区域】或【窗体】进行参数操作,才能生成并解析图表数据,得到答案。

3. 任务实训

步骤一:分析公司年度经营数据。

项目十　业绩考核与评价认知

从实训界面获取数据,下载表格"公司年度经营数据.xlxs"。在 Excel 表格中标黄处进行明细查询,如图 10-2 所示。

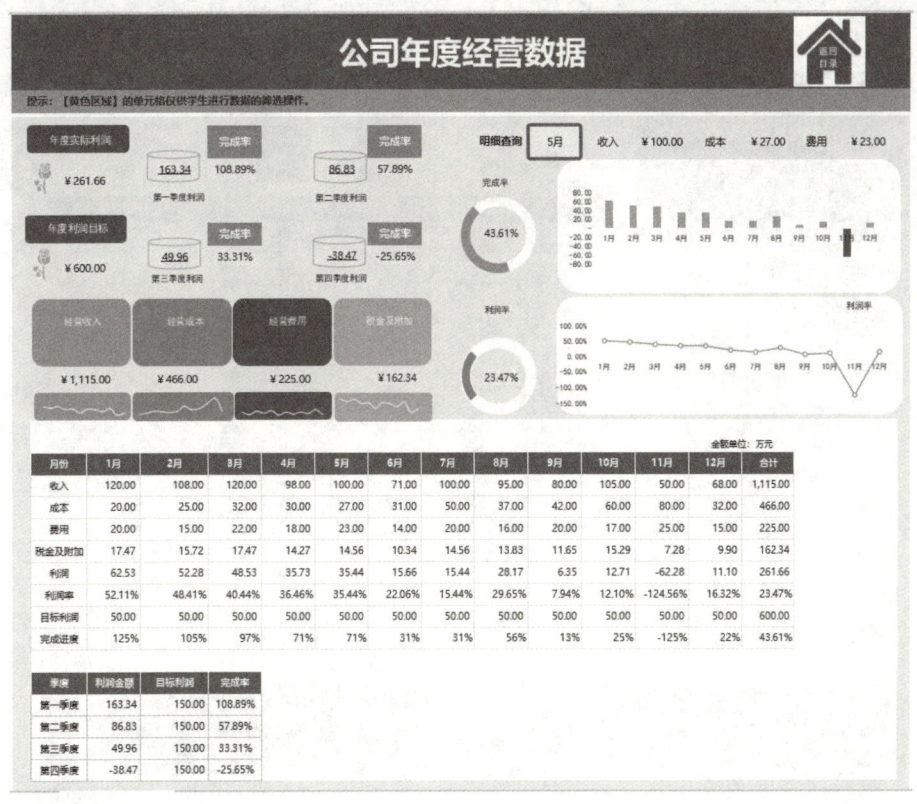

图 10-2　公司年度经营数据

从该 Excel 可视化模型中,可以得出,本年度公司实现的经营收入为 1 115 万元,经营成本为 466 万元,经营费用为 255 万元,税金及附加为 162.34 万元。因此,公司本年度利润率为 23.47%,实现的经营利润为 261.66 万元,远低于年度目标利润。

利润目标完成率最低的月份是 11 月,该月目标利润完成度首次出现了负值,进一步查看表格可以看出当月成本和费用总额超过了当月收入的一倍。

步骤二:分析部门及员工绩效考核与评价。

1. 点击"部门及员工绩效考核与评价"页签,如图 10-3 所示

通过对部门绩效的分析,可以得出,将公司整体经营表现细化至各部门发现,排名第一的是总经办;绩效评估结果显示,市场部和生产部得分相同,这既体现了它们在当前考核周期内的相似表现,也提示了可能需要更精细化的评价指标来区分和激励各部门,促进内部竞争与合作的良性循环。

2. 完成级别和部门统计

选中单元格区域(J16:J20,输入数组公式"＝COUNTIF(＄W＄14:＄W＄411,I16:I20)",按下"Enter"键。

选中单元格区域(J24:J30,输入数组公式"＝RANK(I24:I30,＄I＄24:＄I＄30)",按下"Enter"键。

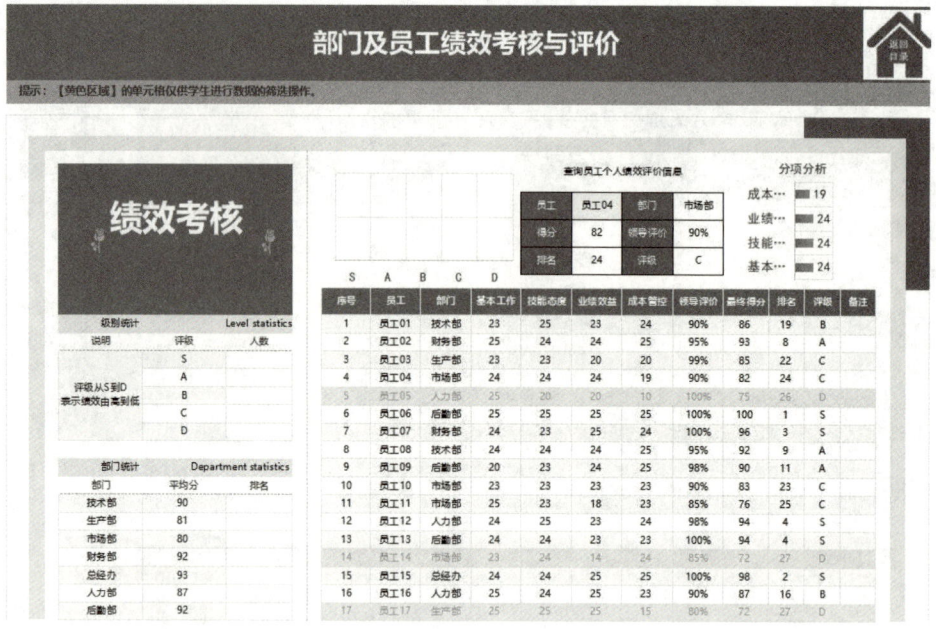

图 10-3　部门及员工绩效考核与评价

结果如图 10-4 所示。

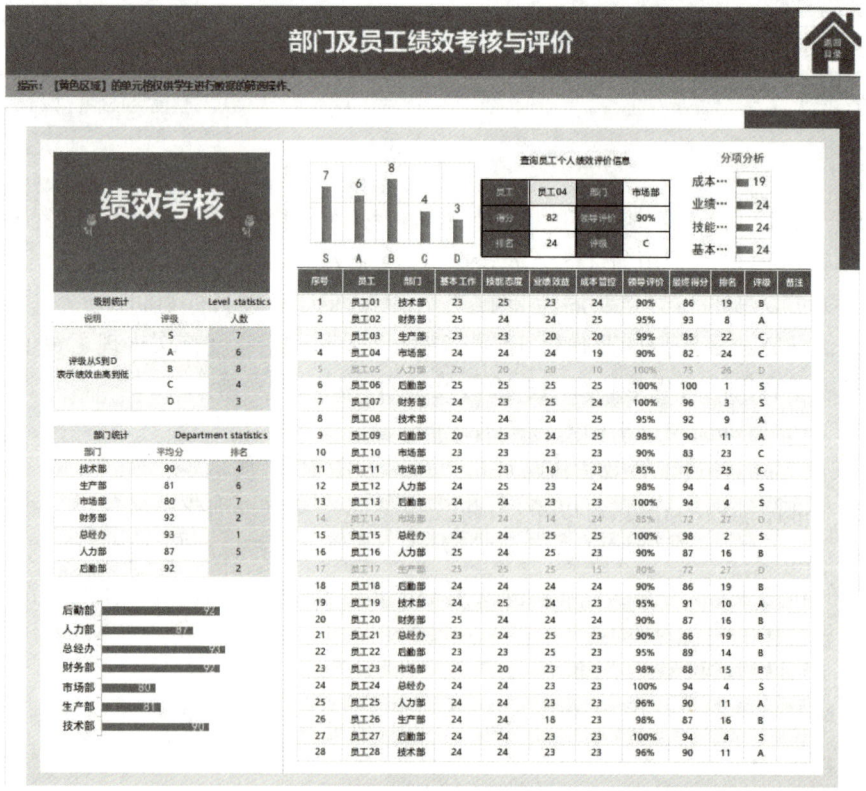

图 10-4　级别和部门统计结果

通过对员工绩效的分析,可以得出以下结论:

(1) 评级为 B 级的员工数量最多,这一分布特点说明 B 级评级代表了公司内员工绩效的一个普遍基准。

(2) 市场部员工 04 在成本管控方面的得分最低,这一数据点直接指出了市场部在成本管理上的薄弱环节。

(3) 财务部员工 07 以 96 分的高分获 S 级评级,排名第 3,彰显个人实力与财务部整体卓越。其佳绩树立榜样,激励同仁共促部门持续发展。

(4) 员工 05 在成本管控方面的得分最低,为 10 分。如果成本控制问题是由于员工的疏忽或不当操作导致的,且经过培训后仍无改善,公司可以考虑调整其工作岗位。

(5) 员工 14 在业绩效益方面的得分最低,为 14 分。根据公司的绩效考核制度和劳动合同约定,扣除相应的绩效奖金或提成。

 决策赋能

在实训过程中,通过对公司年度经营数据的深入分析,公司实现了对绩效管理的全面赋能。从 Excel 表格中提炼出的财务指标,揭示了公司利润率低于预期的现状,尤其是 11 月份利润目标完成率的负值,凸显了成本和费用控制的紧迫性。部门绩效的分析进一步揭示了总经办的领先地位以及市场部与生产部在绩效上的趋同,为优化绩效考核指标提供了依据。企业对员工绩效的细致评估不仅识别了 B 级的普遍基准,还指出了个别员工在成本管控和业绩效益上的不足,为奖惩措施的制定提供了数据支持。整体而言,本次绩效考核为公司在绩效管理上的决策提供了数据驱动的洞察,促进了管理层的精准决策和公司整体绩效的提升。

任务三　掌握业绩考核与评价

 思维引例

恒益制造集团在过去的一年里,虽然销售额稳步增长,但利润却未见明显提升。这时,企业高层开始关注业绩考核与评价体系,以期找出问题所在。企业发现了一个普遍现象:各部门在追求销售额增长的同时,忽略了成本控制和资产利用效率。这导致企业在市场竞争中虽然取得了一定的成绩,但盈利能力却未能同步提升。在这种情况下,企业引入了一种新的业绩考核指标——经济增加值(EVA)。EVA 指标强调的是企业创造真实财富的能力,它将利润与所占用的资本成本相结合,更能反映企业的经营状况。

思考:如何运用 EVA 指标来优化企业的业绩考核与评价体系,从而提高企业的盈利能力和市场竞争力?

任务导入

本任务的主要内容包括:
（1）掌握新型考核工具——经济增加值(EVA)，能基于EVA进行部门及员工业绩考核与评价。
（2）能运用Power BI搭建预算管理与业绩考核评价驾驶舱，实现数据洞察与战略优化研究。

课件26：项目十任务三业绩考核与评价

知识准备

一、业绩考核与评价的内容

（一）基本概念

业绩考核与评价作为企业管理体系中的重要一环，其核心在于通过科学、合理的方法评估员工的工作表现，并以此为基础进行奖惩和激励，进而推动企业整体绩效的提升。

（二）考核原则

业绩考核与评价应遵循以下基本原则：
（1）公平性原则：确保考核过程公正、透明，避免主观偏见和歧视。
（2）客观性原则：以事实为依据，采用科学的方法和标准进行评估。
（3）全面性原则：综合考虑员工的工作成果、工作态度和能力等多个方面。
（4）发展性原则：注重员工的成长和发展潜力，鼓励员工不断提升自我。
（5）及时性原则：及时将考核结果反馈给员工，帮助员工认识其优缺点，并制订改进计划。

（三）考核指标

1. 财务指标

财务指标主要包括收入、利润、成本等财务数据。通过分析财务指标的完成情况，企业可以对各个责任中心的盈利能力、成本控制能力和资源利用效率进行评估。

2. 非财务指标

非财务指标主要包括客户满意度、产品质量等非财务数据。通过关注非财务指标的完成情况，企业可以了解各个责任中心在实现企业战略目标中的综合表现，包括市场竞争力、客户口碑和企业形象等方面。

在选择考核指标时，企业应充分考虑实际情况和战略目标，确保考核指标具有代表性、可操作性和可衡量性。此外，还需根据各个责任中心的特点和职责，制定个性化的考核指标，以更准确地反映其业绩情况。

项目十思维导图

二、基于EVA的业绩考核与评价

（一）基本含义

经济增加值(economic value added，EVA)，是指企业税后净营业利润扣除全部资本成本(包括债务成本和股权成本)后的净利润。它反映了企业在一定时期内为股东创造的真实经济价值,是衡量企业盈利能力的重要指标。

EVA强调资本成本的重要性,认为只有企业的收益高于其资本成本时,才真正为股东创造了价值。作为一种衡量企业经济利润的方法,它在企业管理和绩效评估中占据重要地位。

(二) EVA管理体系的4M

EVA管理体系的核心由四个相互关联的要素组成,简称4M,分别是评价指标(measurement)、管理体系(management)、激励制度(motivation)和理念体系(mindset)。

1. 评价指标

EVA提供了一种精确评价公司业绩的方法。企业在计算EVA时,会对传统的会计收入进行一系列调整,以消除会计处理可能带来的偏差,确保评价结果更加贴近企业的真实经济表现。

2. 管理体系

EVA作为一个综合性的财务指标,可以作为企业全面财务管理体系的基石。这个体系包括指导日常运营、制定战略的政策、流程和方法,以及用于衡量绩效的各项指标。

3. 激励制度

EVA管理体系中的激励制度设计是为了促使经理人员从股东的利益出发,采取长远视角来处理问题,并在实现EVA增长的同时获得相应的回报。这种制度旨在最大化股东价值。

4. 理念体系

EVA体系还包含一套理念体系,即企业文化和价值观的塑造,这是支持EVA管理和评价方式的基础。这套理念体系有助于在整个组织中推广EVA的价值观念。

总之,EVA管理体系的这四个要素相互支撑,共同作用,帮助企业更有效地进行价值管理和创造。通过实施EVA体系,企业能够更好地聚焦于价值增长,从而提升整体的财务表现和竞争力。

(三) 应用与评价

1. 不同EVA的计算

在企业管理和财务绩效评估中,经济增加值本身并不直接划分为不同的种类,但它可以通过不同的应用方式、分析维度或计算调整来适应不同的企业需求和情境。

1) 基本的EVA

公式:基本的EVA = 税后净营业利润 − 报表平均总资产 × 加权平均资本成本

释义:根据未经调整的经营利润和总资产计算的经济增加值。

2) 披露的EVA

公式:披露的EVA = 调整后税后净营业利润 − 调整后的平均资本占用 × 加权平均资本成本

释义:根据公布的财务报表及其附注中的数据进行调整后计算的,其计算结果更为准确。

调整项目:

(1) 研究与开发费用:会计将其作为费用立即将其从利润中扣除,经济增加值要求将其作为投资并在一个合理的期限内摊销。

(2) 战略性投资：会计将投资的利息（或部分利息）计入当期财务费用，经济增加值要求将其在一个专门账户中资本化并在开始生产时逐步摊销。

(3) 为建立品牌、进入新市场或扩大市场份额发生的费用：会计将其作为费用立即从利润中扣除，经济增加值要求把争取客户的营销费用资本化并在适当的期限内摊销。

(4) 折旧费用：会计大多使用直线折旧法处理，经济增加值要求对某些大量使用长期设备的公司，按照更接近经济现实的"沉淀资金折旧法"处理（前期折旧少，后期折旧多）。

3) 简化的 EVA

公式：基本的 EVA ＝ 税后净营业利润 － 资本成本
        ＝ 税后净营业利润 － 调整后资本 × 平均资本成本率
税后净营业利润 ＝ 净利润 ＋（利息支出 ＋ 研究开发费用调整项）×（1－25%）

(1) 利息支出指企业财务报表中"财务费用"项下的"利息支出"。

(2) 研究开发费用调整项指企业财务报表中"期间费用"项下的"研发费用"和当期确认为无形资产的开发支出。

其一，对于承担关键核心技术攻关任务而影响当期损益的研发投入，可以按照100%的比例，在计算税后净营业利润时予以加回。

其二，对于勘探投入费用较大的企业，经国资委认定后，可以将其成本费用情况表中的"勘探费用"视同研究开发费用调整项目予以加回。

(3) 企业经营业务主要在国（境）外的，25%的企业所得税税率可予以调整。

调整后资本 ＝ 平均所有者权益 ＋ 平均带息负债 － 平均在建工程

平均资本成本率 ＝ 债权资本成本率 × 平均带息负债 /（平均带息负债 ＋ 平均所有者权益）×
　　　　　　　　（1－25%）＋ 股权资本成本率 × 平均所有者权益 /
　　　　　　　　（平均带息负债 ＋ 平均所有者权益）

【例10-4】 某中央企业运用简化的经济增加值评价2024年的经营绩效。相关资料如下：

(1) 本年度税后净利润为3 800万元；本年度平均所有者权益为6 000万元，平均带息负债为14 000万元；

(2) 报表附注中的资本化利息为200万元；财务报表中"财务费用"项下的"利息支出"为500万元；

(3) 财务报表中"管理费用"项下的"研发费用"为100万元，当期确认为无形资产的开发支出为50万元。

(4) 年初在建工程金额100万元，年末在建工程金额为300万元；

(5) 所得税税率为25%；

(6) 股权资本成本率为6.5%。

要求：

计算该企业2024年的税后净营业利润、调整后资本、平均资本成本率、经济增加值。

解析：

税后净营业利润 ＝ 3 800 ＋（500 ＋ 100 ＋ 50）×（1－25%）＝ 4 287.5（万元）

平均在建工程 ＝（100 ＋ 300）÷ 2 ＝ 200（万元）

调整后资本＝6 000＋14 000－200＝19 800(万元)

债权资本成本率＝(500＋200)÷14 000×100%＝5%

平均资本成本率＝5%×(1－25%)×14 000/(14 000＋6 000)＋6.5%×6 000/(14 000＋6 000)＝4.575%

经济增加值＝4 287.5－19 800×4.575%＝3 381.65(万元)

最终,经济增加值(EVA)的计算结果为正值,即3 381.65万元,这一结果体现了企业的盈利能力,即企业在经营活动中能够赚取足够的利润来覆盖其资本成本,同时也意味着企业有效地使用了其资本资源。它鼓励企业投资于那些能够产生高于资本成本的回报的项目,同时避免投资于低回报或亏损的项目。

2. 指标分析

1) 正负值

正值:EVA为正值意味着企业在扣除所有资本成本后,仍然为股东创造了经济价值。这表明企业的盈利能力高于其资本成本,企业能够为股东带来回报。

负值:EVA为负值意味着企业在扣除所有资本成本后,无法为股东创造经济价值。这表明企业的盈利能力低于其资本成本,企业未能有效利用资源创造价值。

2) EVA与利润的比较

利润:利润是企业收入减去成本的差额,它反映了企业的盈利情况。但利润并不考虑资本成本,因此无法真实反映企业的盈利能力。

EVA:EVA在利润的基础上扣除了资本成本,因此更能真实反映企业的盈利能力。EVA为正值的企业,其盈利能力高于行业平均水平,而EVA为负值的企业,其盈利能力低于行业平均水平。

3. 相关评价

1) 优点

考虑资本成本:EVA强调资本成本的重要性,促使企业关注资本使用效率,避免盲目投资和过度扩张。

真实反映盈利能力:通过扣除资本成本,EVA能够更真实地反映企业的盈利能力,为股东和投资者提供更有价值的决策依据。

促进价值创造:EVA激励企业不断寻求提升运营效率、降低成本、优化资本结构等方式来增加经济价值,从而实现股东价值的最大化。

2) 缺点

计算复杂性:EVA的计算涉及多个复杂因素,如资本成本的估算、税后净营业利润的调整等,需要较多的专业知识和技能。

行业标准差异:不同行业和企业的EVA计算结果可能存在较大差异,难以直接比较。

 任务训练

1. 任务描述

华宇智联科技有限公司(以下简称"华宇智联"),从最初的单一计步与通知提醒功能

微课10 业绩考核与评价(含实训)

起步，公司不断突破技术壁垒，深耕用户需求，现已成功转型为一家集健康管理、便捷支付、即时通信、休闲娱乐等多功能于一体的智能手表综合制造商。产品线不仅全面覆盖成人市场，满足各年龄段消费者的多元化需求，更前瞻性地将智能科技服务对象延伸至儿童与老年人群，推出专为这些特殊群体设计的智能手表。儿童智能手表集安全定位、紧急呼叫、学习娱乐于一体，为孩子的成长保驾护航；而老年智能手表则侧重于健康监测、一键求助、亲情通话等功能，让关爱与陪伴无时不在。

目前，需要财务团队用 Power BI 快速搭建一个预算管理与业绩考核评价驾驶舱，其目标是针对公司三种主要用户群体（儿童、成年人、老年人）的智能手表市场进行深入的数据分析。该驾驶舱旨在通过精确的数据呈现和市场洞察，以数据驱动决策，优化资源配置，提升市场竞争力。

2. 任务分析

关于市面上对三款智能手表的供应需求如下：

（1）由于儿童款的智能手表越来越受市场追捧，相关材料进价增加。

（2）由于成年人对智能手表的智能需求增加，公司计划增加智能设备的预算，相关费用增加。

（3）由于老年人智能手表尊享版的定价高、市场占有率低，公司考虑降低相关生产预算。

3. 任务实训

运用 Power BI，综合预算管理及业绩考核评价等知识，搭建预算管理与业绩考核评价驾驶舱，实现数据洞察与战略优化研究，如图 10-5 所示。

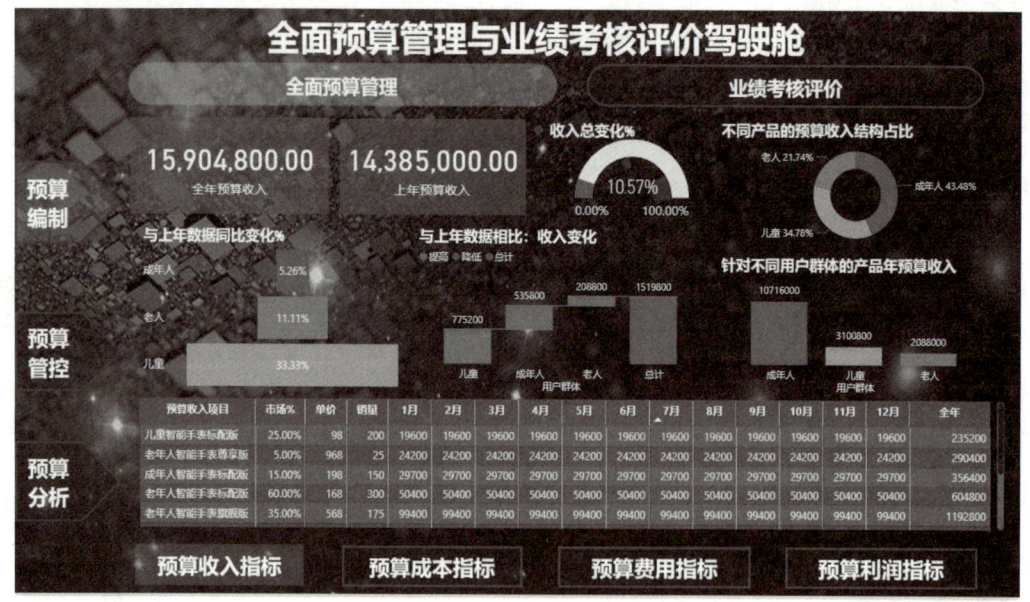

图 10-5 全面预算管理与业绩考核评价驾驶舱

（1）根据对预算收入指标的分析，可以得出：全年预算收入为 15 904 800 元，收入总变化为 10.57%。与上年数据相比，不同类别的产品预算收入均有所提高。

项目十　业绩考核与评价认知

(2) 根据对预算成本指标的分析,与上年数据相比,产品的单位生产成本变化最大的是成年人智能手表尊享款。

(3) 根据对预算费用指标的分析,全年预算费用为 3 758 100 元,费用总变化为 -3.16%。在三项费用结构图中,管理费用占比最高。

(4) 根据对预算成本费用编制变化的原因分析,提高儿童智能手表旗舰版产品的预算成本项目预算额的原因是市场升温推动材料成本上涨。提高成年人智能手表旗舰版产品的预算成本项目预算额的原因是智能需求增加。增加生产预算导致水电费的预算额增加原因是能耗增加。

(5) 根据对预算利润指标的分析,预计本年实现的预算净利润为 3 295 886.62 元,预计本年实现的成本利润率为 60.63%。

(6) 根据对预算收入、成本、费用指标执行情况的管控与追踪,在没有任何调控措施的情况下,水电费的预算差异最大。

(7) 根据对全年预算与实际执行情况的整体分析,此时收入指标类差异绝对值为 314 162 元,费用指标类差异绝对值为 13 374.30 元,成本指标类差异绝对值为 100 568.30 元,此时净利润为 3 159 967.11 元。

(8) 根据对全年预算与实际执行情况的明细分析,在各战区所涉及的城市中,广州的营业额最高。导致费用指标超预算的主要是水电费、业务招待费、差旅费。其中,技术开发部门的水电费超预算金额为 3 870 元。

 决策赋能

在能源管理方面,人力资源部的高水电消耗问题揭示了资源使用效率的重要性,提出的节能措施如引入节能设备、制定节能目标、提升员工节能意识等,不仅能够有效降低运营成本,也为公司树立了绿色发展理念,为长期的环境可持续性奠定了基础。

在员工绩效评价方面,通过对 S 级和 B 级员工的识别,公司能够更加精准地实施人才管理策略,优化人力资源配置,激发员工潜力,提升整体工作效率和质量。

对于公司经营状况的考核表明,EVA 增长率的不稳定性提示了公司需要更加关注财务健康和风险控制。当前股权筹资为主的融资模式提供了调整空间,建议的未来融资策略,如转向债务融资,不仅能够降低融资成本,还能优化资本结构,增强公司财务弹性。

应收账款上升趋势的分析强调了现金流管理在绩效评价中的关键作用。通过对应收账款的有效控制,公司能够提高现金支付能力,减少流动资金占用,从而提升可持续发展能力,为未来的业绩增长创造有利条件。

项目十任务三习题

 项目小结

笔记

本项目深入探讨了企业业绩考核与评价的核心内容,旨在帮助企业建立科学的绩效管理体系,提升整体运营效率和竞争力。通过构建责任体系,明确责任成本和控制目标,将成本管理和控制的责任落实到各个部门和员工,有效

激发成本控制积极性。同时,本项目介绍了四种基本的绩效管理工具:关键绩效指标法(KPI)、平衡计分卡(BSC)、目标管理法(MBO)和等级评估法(REM),并分析了其优缺点和适用范围,为企业选择合适的绩效管理工具提供了参考。此外,本项目还重点介绍了经济增加值(EVA)的概念和计算方法,强调了EVA在业绩考核与评价中的优势,即考虑资本成本、真实反映盈利能力和促进价值创造。通过项目学习,学生能够理解并掌握企业业绩考核与评价的基本原理和方法,为企业建立科学的绩效管理体系提供理论支持和实践指导。

巩固练习

一、思考题

1. 责任成本与可控成本、不可控成本的关系是什么?如何在实际工作中区分可控成本和不可控成本?
2. 平衡计分卡的四个维度之间存在着怎样的因果关系?企业应该如何根据自身战略目标选择合适的绩效指标?

二、讨论题

1. 你认为在绩效管理中,应该更注重财务指标还是非财务指标?为什么?
2. 如何将EVA指标与企业的绩效考核体系相结合,以更好地激励员工创造价值?